U0140645

Center for Chinese and Greek Civilizations

中希文明互鉴中心·努斯译丛

认识你自己

从古希腊到当代的哲学史考察

Ursula Renz

[瑞士] 乌苏拉·伦茨＿编

王萱婕 等＿译

中国出版集团

东方出版中心

图书在版编目（CIP）数据

认识你自己：从古希腊到当代的哲学史考察／
（瑞士）乌苏拉·伦茨编；王萱婕等译. －上海：东方
出版中心, 2023.8
　　ISBN 978-7-5473-2222-2

Ⅰ. ①认… Ⅱ. ①乌… ②王… Ⅲ. ①哲学史－研究
－世界 Ⅳ. ①B1

中国国家版本馆CIP数据核字（2023）第110566号

上海市版权局著作权合同登记：图字09-2023-0679号

认识你自己：从古希腊到当代的哲学史考察

编　　者　[瑞士] 乌苏拉·伦茨
译　　者　王萱婕 等
责任编辑　陈哲泓
装帧设计　陈绿竞

出 版 人　陈义望
出版发行　东方出版中心
地　　址　上海市仙霞路345号
邮政编码　200336
电　　话　021-62417400
印 刷 者　上海颛辉印刷厂有限公司

开　　本　890mm×1240mm　1/32
印　　张　10.25
字　　数　235千字
版　　次　2023年9月第1版
印　　次　2023年9月第1次印刷
定　　价　69.80元

鸣　谢

如果没有许多人与机构的支持，这本书是不可能面世的。我非常感谢所有作者在整个过程中的付出。如果没有他们的热情、灵感及修改他们的观点和章节的意愿，这本书就不会成为现在的样子。在哈佛求学期间，我不断受到理查德·莫兰（Richard Moran）、马特·波意耳（Matt Boyle）以及艾利森·西蒙斯（Allison Simmons）的鼓励。非常感谢克里斯提亚·墨瑟编辑这本书，以及她在完成这本书的过程中坚持不懈提供的建议与帮助。与艾米丽·罗蒂（Amelie Rorty）以及罗伯特·施奈夫（Robert Schnepf）的讨论从一开始就是灵感与洞察的源泉。特别感谢迪娜·埃蒙茨（Dina Emundts），她不仅通过多次讨论分享她对这一主题的兴趣，还一同组织了在康斯坦茨大学的"自我认知的观念"研讨会，在这期间，本书一些主要章节的初版被讨论。感谢德国研究协会、亚历山大·冯·洪堡基金会及康斯坦茨大学为此次活动提供资金支持。最后，我还要感谢克拉根福大学提供了准备本书终版所需的资金，以及约翰·斯特凡·特谢美尼亚克（Johann Stefan Tschemernjak）和塞巴斯蒂安·克雷茨尔（Sebastian kletzl）在这个过程中所提供的帮助。

克莱根福/苏黎世，2016年1月

撰稿人简介

　　马塞尔·范·阿克伦（Marcel Van Ackeren）是伯尔尼（瑞士）大学哲学客座教授。他研究古代哲学，尤其是赫拉克利特、柏拉图和马可·奥勒留。他出版了一部论马可·奥勒留的两卷本专著，编辑了布莱克维尔的《马可·奥勒留指南》（*Companion to Marcus Aurelius*）。他也研究道德要求，并合编劳特里奇社的《道德义务的限度》（*The Limits of Moral Obligation*）。他对哲学中的历史性及系统性视角感兴趣，未来将主编《哲学与历史视角》（*Philosophy and the Historical Perspective*）（英国国家学术院），由牛津大学出版社出版。

　　约翰内斯·布拉滕多夫（Johannes Brachtendorf）是天主教神学院（图宾根大学）哲学教授，曾多次在美国、奥地利和智利担任访问学者。2002年，他在美国的维拉诺瓦大学出任奥古斯丁会讲席教授，著有《费希特的存在学说》（*Fichtes Lehre vom Sein: Eine Kritische Darstellung der Wissenschaftslehren von 1794,1798/99 und 1812*）（1995），《奥古斯丁视野下的人类精神结构》（*Die Struktur des menschlichen Geistes nach Augustinus: Selbstreflexion und Erkennntis Gottes in "De Trinitate"*）（2000）以及《奥古斯丁的〈忏悔录〉》（*Augustins Confessiones*）（2005），并出版了奥古斯丁《论自由意志》（*De libero arbitrio*）（2006）以及托马斯·阿奎那《论幸福》（*On happiness, Summa Theologiae* I-II q. 1-5）（2012）的

译本。他是奥古斯丁全集拉丁语—德语对照版的编者，与人合编了《牛津奥古斯丁接受史指南》（*Oxford Guide to the Historical Reception of Augustine*）。

迪娜·埃蒙茨（Dina Emundts）是康斯坦茨大学的哲学教授。著有《康德〈遗著〉中的过渡性概念》（*Kant's Übergangskonzeption im Opus postumum*）（2004）以及《体验与认识》（*Erfahren und Erkennen: Hegels Theorie der Wirklichkeit*）（2012）。她主编了《自我，世界，艺术：康德与黑格尔的形而上学论题》（2013）（*Self, World, Art: Metaphysical Topics in Kant and Hegel*），并（与萨利·塞奇威克）合编了《德国观念论国际年鉴》（*International Yearbook of German Idealism*）

贾思敏·艾斯博特（Yasmine Espert）是哥伦比亚大学艺术史博士候选人，也是富布莱特美国学生项目的校友。她的研究兴趣包括电影媒介、加勒比海地区及侨民。她是数字化黑大西洋项目的已毕业研究员，该项目组由哥伦比亚大学社会差异研究中心资助。

亚隆·加里特（Aaron Garrett）是波士顿大学哲学副教授。他专门研究早期近代及近代道德和政治哲学，他发表了许多近代哲学的文章，如《斯宾诺莎方法论中的意义》（*Meaning in Spinoza's Method*）（2003），以及《贝克莱对话三篇》（*Berkeley's Three Dialogues*）（2008），也是不少作品的编者，包括弗朗西斯·哈奇森和约翰·弥勒《劳特里奇18世纪哲学指南》（*The Routledge Companion to Eighteenth Century Philosophy*），《18世纪苏格兰哲学》（*Scottish Philosophy in the Eighteenth Century*）的批驳本（与詹姆斯·哈里斯合编），以及即将出版的《牛津启蒙哲学手册》

（*Oxford Handbook of the Philosophy of the Enlightenment*）（与詹姆斯·施密特合编）。

查尔斯·吉尼翁（Charles Guignon）于海德堡和伯克利大学完成了他的学业，并出版了《海德格尔与知识的问题》（*Heidegger and the Problem of Knowledge*）（1983），《什么是诠释学》（"What Is Hermeneutics?"）（1999, in *Re-envisioning Psychology*），《善好生活》（*The Good Life*）（1999），《论本真》（*On Being Authentic*）（2004），以及关于存在主义、查尔斯·泰勒等人的书籍和文章。他目前是南佛罗里达大学的教授。

拉恰纳·卡姆泰卡尔（Rachana Kamtekar）是亚利桑那大学哲学副教授。她的专长是古希腊和罗马哲学，尤其是古典伦理学、政治学和道德心理学。她发表的大部分文章都是关于柏拉图的，也发表过有关亚里士多德、斯多葛学派以及古代和当代美德伦理学的文章。她目前正在写作《欲望与善：柏拉图道德心理学研究》（*Desire and the Good: An Essay on Plato's Moral Psychology*）。

约翰·里皮特（John Lippitt）是赫特福德大学宗教伦理学和哲学教授。著有《克尔凯郭尔思想中的幽默与反讽》（*Humour and Irony in Kierkegaard's Thought*）（2000）；《劳特里奇哲学指南：克尔凯郭尔及〈恐惧与战栗〉》（*Routledge Philosophy Guidebook to Kierkegaard and Fear and Trembling*）（2003, 第二版），以及《克尔凯郭尔与自爱问题》（*Kierkegaard and the Problem of Self-Love*）（2013）。他与乔治·帕丁森合编了《牛津克尔凯郭尔手册》（*The Oxford Handbook of Kierkegaard*）（2013）。他的其他兴趣包括美德研究、爱与友谊哲学、哲学与神学的关

系，以及哲学与心理治疗的关联等。

德谟特·莫兰（Dermot Moran）是都柏林大学的哲学教授，也是爱尔兰皇家学院的一员。他在中世纪哲学（尤其是基督教柏拉图主义）以及当代欧陆哲学（尤其是现象学）方面出版了大量著作。著书包括《现象学导论》（*Introduction to Phenomenology*）（2000），《埃德蒙·胡塞尔：现象学的创始人》《*Edmund Husserl: Founder of Phenomenology*）（2005），《胡塞尔〈欧洲科学危机〉：导论》（*Husserl's Crisis of the European Sciences: An Introduction*）（2012），以及与约瑟夫·科恩合著的《胡塞尔词典》（*The Husserl Dictionary*）（2012）。他是《逻辑研究》（*Logical Investigations, 2 vols.*）（2001）以及《劳特里奇20世纪哲学指南》（*The Routledge Companion to Twentieth Century Philosophy*）（2008）的编者。2012年，他被授予爱尔兰皇家学院人文学科金奖。

托拜厄斯·迈尔斯（Tobias Myers）是康涅狄格学院古典文学助理教授。他的研究主要集中于古希腊诗歌的叙事策略，尤其是特奥克利托斯和荷马。他即将完成一本分析《伊利亚特》中诸神作为诗歌行动观察者角色的研究书目。

多明尼克·佩勒（Dominik Perler）是柏林洪堡大学的哲学教授。目前的研究主要集中于中世纪晚期和早期近代哲学的心灵理论。著有《古代与中世纪意向性理论》（*Ancient and Medieval Theories of Intentionality*）（编著，2001），《意向性理论在中世纪》（*Theorien der Intentionalität im Mittelalter*）（2002），《怀疑与确信》（*Zweifel und Gewissheit: Skeptische Debatten im Mittelalter*）（2006），《感觉的转型》

（ *Transformationen der Gefühle: Philosophische Emotionstheorien 1270-1670* ）（ 2011 ），以及《官能的历史》（ *The Faculties: A History* ）（ 编著，2015 ）。

劳拉·昆尼（ Laura Quinney ）在布兰代斯大学教授英语和比较文学，著有《文学的力量与真理的标准》（ *Literary Power and the Criteria of Truth* ），《威廉·布莱克论自我与灵魂》（ *William Blake on Self and Soul* ）以及《失望的诗学：从华兹华斯到阿什贝利》（ *The Poetics of Disappointment: Wordsworth to Ashbery* ）。

伯纳德·雷金斯特（ Bernard Reginster ）是布朗大学哲学系教授和系主任。他出版了大量关于19世纪哲学的著作，尤其是伦理学和道德心理学方面，著有《肯定生命》（ *The Affirmation of Life* ）（ 2006 ），目前正在完成另一本有关尼采道德批判理论的书，《虚无的意志》（ *The Will to Nothingness* ）。他对由精神分析引出的哲学问题也很感兴趣，并开始发表关于主体间性的最新精神分析理论的研究。他是布朗大学伦理研究项目的主任，也是马塞诸塞州奥斯丁里格斯中心埃里克森研究所学者委员会的成员。

鲍琳娜·雷姆斯（ Pauliina Remes ）是乌普萨拉大学理论哲学，特别是哲学史方向的教授，著有《普罗提诺论自我："我们"的哲学》（ *Plotinus on Self: The Philosophy of the "We"* ）（ 2007 ）以及《新柏拉图主义》（ *Neoplatonism* ）（ 2008 ），并与斯维特拉·斯拉瓦·格里芬合编了《劳特里奇新柏拉图主义主义指南》（ *The Routledge Handbook of Neoplatonism* ）（ 2014 ），她也发表了大量关于柏拉图的文章。

乌苏拉·伦茨（Ursula Renz）是奥地利克拉根福大学的哲学教授，著有《文化的合理性》（*Die Rationalität der Kultur: Kulturphilosophie und ihre transzendentale Begründung bei Cohen, Natorp und Cassirer*）（2002），《经验的可解释性》（*Die Erklärbarkeit der Erfahrung: Realismus und Subjektivität in Spinozas Theorie des menschlichen Geistes*）（2010），并与人合编了《古典情感理论手册》（*Handbuch Klassische Emotionstheorien*）（2008, second edition 2012）以及《巴鲁赫·德·斯宾诺莎》（*Baruch de Spinoza: Ethica more geometrico demonstrata. A Collective Commentary*）。她的著作《经验的可解释性》被授予2011年哲学史杂志图书奖。

塞巴斯蒂安·罗德尔（Sebastian Rödl）是莱比锡大学的哲学教授。他曾是匹兹堡大学的副教授，以及巴塞尔大学的哲学教授。他的著作包括《时间的范畴》（*Categories of the Temporal*）（2012）以及《自我意识》（*Self-Consciousness*）（2007）。

克里斯托弗·希尔兹（Christopher Shields）是乔治·N. 舒斯特哲学教授，也是圣母大学古典文学教授。他是牛津大学的荣誉研究员，曾是玛格丽特·霍尔夫人的导师和古典哲学的教授，著有《亚里士多德〈论灵魂〉，附导论与注释》（*Aristotle's De Anima, Translated with Introduction and Notes*）（2015），《多中的秩序：亚里士多德哲学中的和谐》（*Order in Multiplicity: Homonymy in the Philosophy of Aristotle*）（1999），《古典哲学》（*Classical Philosophy: A Contemporary Introduction*）（2003），修订并拓展为《古代哲学》（*Ancient Philosophy: A Contemporary Introduction*）（2012），以及与罗伯特·帕斯诺合著的《托马斯·阿奎那的哲学》（*The Philosophy of Thomas Aquinas*）（2015, 第二版）。他主编了《布莱克维尔

古代哲学指南》(*The Blackwell Guide to Ancient Philosophy*)(2002)以及
《牛津亚里士多德手册》(*The Oxford Handbook of Aristotle*)(2013)。

克里斯蒂娜·范·戴克(Christina Van Dyke)于2000年获得康奈尔大学博士学位,现为加尔文学院哲学系教授。她出版了许多有关中世纪哲学的著作,目前正在写一本关于阿奎那论幸福的书,这与她(与托马斯·威廉姆斯合著)对阿奎那的《论幸福》(*Treatise on Happiness*)的新翻译及评注有关。此外,她正在编辑四卷本的劳特里奇版中世纪哲学主要著作。

克里斯托弗·S. 伍德(Christopher S. Wood)是纽约大学德语系的教授及系主任。在来纽约大学之前,他曾在耶鲁大学、加州大学伯克利分校、瓦萨学院和耶路撒冷希伯来大学任职,并获得多个奖学金资助(如罗马美国学院、柏林美国学院、普林斯顿高等研究院、维也纳国际文化研究中心、柏林自由大学的高等图像研究组,以及约翰·西蒙·古根海姆基金会);著有《阿尔布雷希特·阿尔特多佛与景观的起源》(*Albrecht Altdorfer and the Origins of Landscape*)(1993,2014年再版,有新的后记);《伪造,复制与虚构:德国文艺复兴艺术的时间性》(*Forgery, Replica, Fiction: Temporalities of German Renaissance Art*)(2008)(获得苏珊娜·M.格拉斯科克人文书籍跨学科奖);《落伍的文艺复兴》(*Anachronic Renaissance*)(与亚历山大·内格尔合著)(2010)。主编《维也纳学派读本:19世纪30年代的政治与艺术史》(*The Vienna School Reader: Politics and Art Historical Method in the 1930s*)(2000)。

目　录

导　论

乌苏拉·伦茨

1.1　自我认知概念的双重重要性

自我认知的概念通常被认为有两方面的重要性。首先，假设某一个体是行动者或认知主体，那么他需要具有在认知层面熟悉自身某些属性和状态的能力，而这类属性和状态是他者不能认知到的。[1] 换言之，若我们缺乏自身实际应该拥有的那种认知上的自亲性（self-intimacy），我们就不会成为现在之所是。其次，长期以来的观点认为，智慧需要一定程度上的自我认知。[2]这种观点认为，人们通过更好地认识自己，或者通过对人性的普遍认知来认识自己，才能变得成熟。这两种信念并非仅是哲人使用的抽象理念，而是根植于民间心理学概念中的直觉。在日常生活中，我们也许不会时常思考此问题，但也理所当然地认为，我们作为个体或精神主体存在的方式，取决于认识上

---

[1] 此观点被许多研究自知的学者采纳；参见Brie Gertler, *Self—Knowledge*(New York: Routledge, 2011), 2-4; Gertler, "Self—Knowledge," in *The Stanford Encyclopedia of Philosophy*, ed. Edward N. Zalta, Summer 2015 ed., http://plato.stanford.edu/archives/sum2015/entries/self—knowledge/。

[2] 此观点经常在有关智慧概念的著作和精神分析学的认识理论中被提及；参见John Kekes, "Wisdom," *American Philosophical Quarterly* 20 (1983), 277–83, 280; Valerie Tiberius, *The Reflective Life: Living Wisely with Our Limits* (Oxford: Oxford University Press, 2008), 111–20; Jonathan Lear, "Wisdom Won from Illness: The Psychoanalytic Grasp of Human Being," *International Journal of Psychoanalysis* 95 (2014), 677–93。

的自亲性形式。[1]我们也习惯于认为，一个智者所应具有的特质之一即是他/她异于他者的高度的自知之明。[2]

在最近的论辩中，人们更多地从自知在人类心理中所担当的建构性作用的角度来考察。尤其是分析哲学的探讨几乎完全集中于那些有关自知的属性，这些属性与人类主体关于自身心理状态的知识的所谓认知特权或权威关系有关，因而也关注与人类主体性问题相关的特质。当然，关于自身心理状态的某种认识论上的特权地位也可能被认为是人类主体性的构成要素。[3]因此，提供一种对这类特权可能由哪些内容组成的认识，是一项重要的哲学任务。[4]但这种关注容易忽略的一面是，自知的哪些方面可能有助于解释它在道德方面的影响，或者更具体地说，自知在获取智慧方面所起的作用，这在近期的哲学中几乎没有得到研究。

考虑更长远的历史可知，自知概念被赋予如此重要性的原因在于，它常常在获得智慧的过程中起着同样重要的作用。一些哲人甚至声称，哲学探究的最终目的就是获得自知；他们认为从事哲学意味着去探索自我和提升自我。与许多现代解释相反，他们对自知的关心是要能够即刻付诸实践的。这些哲人认为自知不仅构成了我们当下的存在，而且对我们将要或想要成为的个体来说也至关重要。尽管这些哲

---

[1] 这一点明显地体现在心灵哲学中与僵尸相关的思想实验上。假如我们没有共同的直觉，即人与僵尸的区别在于人具有某种原初性的自我认知，那么这将是不可理解的。

[2] 近期关于普通人的智慧概念的心理学研究可以参考 J. Glück and S. Bluck, "Laypeople's Conceptions of Wisdom and Its Development: Cognitive and Integrative Views," *Journal of Gerontology: Psychological Sciences* 66B (2011), 321–24。

[3] 近期对此观点的批评参见Quassim Cassam, *Self—Knowledge for Humans* (Oxford: Oxford University Press, 2014)。

[4] 关于此问题的一项可能解释，参考William Alston, "Varieties of Privileged Access," *American Philosophical Quarterly* 8 (1971), 223–41。

人如此强调自知崇高的作用，但他们通常认为这个是难以达成的理想。

人们也许会感到遗憾的是，自知的第二个方面，即与道德和智慧有关的方面，这在自知概念的历史中占据重要地位，但在当代的哲学讨论中已然销声匿迹。显而易见，造成这种关注点转移的原因之一是现今的哲学已成为研究机构中的一门学术性学科。相反，在古代，哲学被人们当作一种合理的生活方式在学园中践行。[1]在中世纪早期的修道院文化中，哲学同样被视为一种生活方式，彼时自知常常跟人与上帝的差异和关系这样的问题联系起来被讨论。[2]

然而近期对主体自身心理状态的认知关系的关注也有其优势。考虑一下，在"自我认知"这一概念背后，是什么导致其运用范围如此广泛？构建我们作为精神主体的自身关系的方式，和促进我们人格及道德完善的洞察力，以这两种方式援引自知概念的根据又是什么？起初，人们倾向于认为无法清晰地在这两种方式上使用自知概念，只能是一种含混的用法。的确，我对自身被当前想法捕获的自我意识，有别于苏格拉底对他享有全雅典最智慧之人的声誉的自我认知。但这并不意味着这是两个完全不同的、缺乏任何更深层次联系的哲学现象。相反，当许多哲人在谈及自知如何能够产生智慧的问题时，都致力于探究人类自我意识中的结构特征，这些探究同样出现在有关第一人称视角所拥有的通达自身心理生活的特权的讨论中。正像本书前两章所展示的那样，柏拉图和亚里士多德都对为什么自知既可以是知识本身，又可以是关于知识的原因表现出极大的兴趣。

4

---

[1] 参见Pierre Hadot, *Philosophy as a Way of Life*, ed. Arnold I. Davidson, trans. Michael Chase（Oxford: Blackwell, 1995），264–76。

[2] 参见Pierre Courcelle, *Connais—toi toi—même de Socrate à Saint Bernard*（Paris: Études Augustiniennes, 3 vols. 1974–75），这一点在修道士文化一章中被指出，1:232–91。此情况与中世纪大学中的哲学讨论是不同的；参见Hadot, *Philosophy as a Way*, 270f。

事实上，仔细考察上述自知概念的两个面向，就会发现它们有一个共同的特点，强调这一点对有关自我认识概念的任何讨论都至关重要。在这两种情况下，自知都不只是认识某一特定对象的问题。从哲学的角度来说，自知不能被简化为从某一确定事实获得的再认知。假设我意识到我被当前想法捕获：要作为自知的一个例子，我认为"乌苏拉·伦茨被某一思想p捕获"是不够的；相反，我必须认识到"被思想p捕获"这一表达的所有特性适用于此刻的我。同样，苏格拉底并不只是因为采用了德尔斐神谕的说法，即"苏格拉底是所有雅典人中最智慧的"，就知道自己是雅典人中最智慧。相反，甚至在苏格拉底能够问自己这个句子是否为真之前，他必须清楚这个句子在指涉他自身。这表明，对于拥有信念p的认知主体来说，自我指称是使得命题p成为自知的必要条件。[1]用术语讲，自知本质上就是关于自我（de se）的知识。[2]虽然要如何详尽说明此特征仍是一个开放性的问题，然而其必要性已在某种程度上解释了为什么哲人们曾将截然不同的信念都当作某种自知的例子。

不过，正如苏格拉底的故事所揭示的，人们对这种被指望能产生

---

[1] 有关自我指称的作用，参见拙作 "Self—Reference and Self—Awareness," *Journal of Philosophy* 65（1968），555–67；Hector—Neri Castañeda, "'He': A Study of the Logic of SelfConsciousness," *Ratio* 8（1966），130–57；Elisabeth Anscombe, "The First Person," in Collected Papers, vol. 2: *Metaphysics and the Philosophy of Mind*（Minneapolis: University of Minnesota Press 1981），21–36；and chapter 7 of Gareth Evans, *The Varieties of Reference*, ed. John McDowell（Oxford: Oxford University Press, 1982），205–66。更近期的研究将自我指称问题和自我认知问题关联在一起，参见Lucy O'Brien, *Self—Knowing Agents*（Oxford: Oxford University Press, 2007），49–73。

[2] 在使用此术语时，我并不采取大卫·刘易斯（David Lewis）仅作为命题的理论的立场，此理论认为关于自身的态度优先于关于被言说之物的态度，参见他的 "Attitudes De Dicto and De Se," *Philosophical Review* 88（1979），513–43。我也并不认同刘易斯的观点，即对他者的知识是一种自知。我的观点仅仅是一种算作自知的信念（证实为真）必须被持有他的人思考为应用于他自身。参见，François Recanati, "De Re and De Se," *Dialectica* 63（2009），249–69。

智慧的自知有额外要求。我可以知道自己被当前这些想法捕获了，仅仅是通过有这些想法。但苏格拉底的情况是不同的。在苏格拉底判定德尔斐神谕所宣判的内容是否为真之前，他需要先考察其他那些自诩聪慧的雅典人是否真的聪明。这表明，虽然一些自知事例以自明的方式指涉认知主体，但仍需要额外的特殊努力才能确证。而正是由于这种特殊努力，此类自知事例才能被认为是一种道德成就，以及获得智慧的必要条件。

正如我们将看到的，这一推论带来几个有趣的哲学问题。不过在详尽阐释这些问题前，让我先澄清后面将使用到的术语的含义。为了把被认为是一种成就和智慧的必要条件的自知与我们在日常生活中所表现的琐细的自知区分开来，我将用"苏格拉底式的自知"一词来指代前者。然而，即便使用了这个术语，我也不想承认这是两个完全不同的问题。相反，自知概念所包含的诸多现象享有一些家族相似性；我认为更清楚地认识这些现象，与许多问题都息息相关。

6

1.2 关于苏格拉底式自知的民间心理学：引言

一些生性多疑的人也许会怀疑苏格拉底式自知是否只是个神话。苏格拉底式自知是不是一个原则上真的能由人们实现的选择？难道这并不仅是幻觉吗？是否正如古代和早期近代怀疑论者们所宣称的那样，我们越是渴望获得苏格拉底式的自知，就越是倾向于陷入自欺的罗网？事实上，正如本书中若干章节和反思所显示的那样，自我认知的可能性的确时常在哲学与文学作品中遭受质疑。[1]

---

[1]　在本书中，有关皮浪的怀疑主义参见第五章；有关早期近代道德主义者的作品参见第九章；有关浪漫主义的诗歌参见反思2。

这些都是苏格拉底式的自知所遭到的强反对意见。然而，在恰切回应这些意见之前，我们还需要谈谈，我们期望在获得苏格拉底式的自知方面可能有什么问题。为便于讨论，我们先假设人们能够获得苏格拉底式的自知。那么，这个成功获得这种认知的人都知道些什么？或者说，苏格拉底式的自我认知要求哪些认识论条件？

让我们再回看一下苏格拉底的故事。首先，要注意苏格拉底所拥有的自知，远超于当代在关于自知的论辩中进行的假定范围。最近的分析表明，通常情况下，我们对自己当前的心理状态和立场态度都有自我认知。当然，这绝非意味着忽视其他并非如此的情况，而只是为了描述人类思维的普遍状态。事实上，有可能我已经非常饿了，但只有当我的同事问我是否想和他一起吃午饭时才会注意到这个事实。同样，我们也可能将真实的自我隐藏在内心深处，让一种欲望轻易地消失，同时避免意识到这种欲望。鉴于有关我们心理状态的认识有可能受到抑制，因而当前的心理状态也有可能处于潜意识阶段。但还有一种假设是，只有在一个人能够自由地认知事物的前提下，才能谈论他是否成功地认知到自身当前的心理状态或立场态度。

但苏格拉底式的自知则不太一样。他所知道的既不是自身当前的心理状态，也不是自身的立场态度。相反，当他最开始听到神谕所说的有关于他的事时，苏格拉底可能会感到这与他当刻的自我意识存在一种确切的张力。他并不认为自己是雅典人中最智慧的一个，因为他意识到自己对于雅典人所看重的几乎所有东西都一无所知。但随后他意识到，正是因为他认识到自己在这些事情上的无知，才使得他有别于那些自称所知甚多但实际上什么也不知道的雅典人。

现在，也许有人会说，这并不是真正的自我认知：这并非苏格拉底对他自身或自身的属性的知识。相反，这是关于其他雅典人认知失败的知识，因此这个故事既讽刺了雅典人的自负，又呈现了苏格拉底的认知过程。此外还可以认为苏格拉底的无知之知也极其讽刺。[1]但即使这一点是毋庸置疑的，我们关于苏格拉底最后所达到的心理状态还有很多需要说明。想想看，是什么让我们（或是柏拉图）认为苏格拉底比其他雅典人更智慧。想来，这一观点有赖于两个方面：第一，假设那些雅典人的认知失败并非完全偶然，而是陷入了一些真正的误区。第二，苏格拉底被认为对这些误区有所了解，他清楚是什么导致雅典人自知失败。苏格拉底的智慧本质上与此两个方面有关，即声称了解某事物但实际上并不知道，而声称了解某物的人都倾向于认为他们自己知道。这只会加深他对许多事情一无所知的认知，也使苏格拉底认识到，作为一个人，他不可能不受到所观察到的高估自己学识的倾向的影响。

因此，苏格拉底的智慧包含了至少四项认识论上的成就。他必须：

（1）把握信念与知识的区别

（2）意识到一个有关人类的事实，即当人们思考自身拥有的信念时，往往会忽略上述区分

（3）了解自己并不是学识渊博之人，并且

（4）注意到他自己能够很容易受到前文中提及的倾向所影响，把自己的信念当作知识。

当然，此处的分析还能进一步展开。因此，有人可能会问，人们倾向于高估自己的学识这一事实最终意味着什么？从心理学上看，承认自身处于这种（或类似）情况下，涉及哪些内容？此外，人们可能会质

[1]　Jonathan Lear, *A Case for Irony* (Cambridge, MA: Harvard University Press, 2011) , 22–24.

疑这些是不是真正清楚的要求，或者是不是某些人类学事实的知识并不必然地，甚或是很一般地涉及承认自己受这一倾向影响。最后，怀疑者可能反对道，这种分析忽略了这则故事的讽刺之处。必须要抓住这个讽刺，才能看到故事所呈现的自知的真正困难之处。诚如是，我们可以假定，苏格拉底的智慧中的确有一些自知的实例。他并不只是对外在事实或对象有认知。

1.3　关于民间心理学的更多内容：
自知的四种类型及它们的关系

在第一节中，我通过以下条件定义了什么可以被称为自我认识的总体属类：对于公认的真信念p，如果此信念p符合自知的条件，那么它必须是关于持有p的主体自身的。由于此条件适用于涵盖一系列现象的知识，因而引入某种初步的分类也许是有帮助的。考虑到一些历史因素，我尤其建议区分以下四种自知：

1. 对自身当前心理状态的自我认知。第一种自知通常被认为是对一个人当下心理状态的认识或意识，比如他的感觉、印象、知觉、残影或过往思绪。必须注意的是，强调心理状态并不意味着排除同样方式的对身体状态的认知。相反，此类自知包括对疼痛、痒、困倦和疲惫、饥饿和口渴等状态的认知，还包括对我们四肢所处位置的认知等。因此，关于这些已知属性到底属于身体还是心理，在这里其实无关紧要。最重要的事实上是另外两个特征：（1）对当前心理状态的自知被认为存在于一种特殊的认识关系中；也就是说，它假定我们能以一种不可还原的、其他立场都不具备的第一人称方式认识这些状态;(2)由于第一种类型的自知与当下瞬时易逝的状态有关,当周围环境发生改变时,[1]我们通过自我归属这些属性所强调的,通常只是在那确切的瞬间我们所拥有的属性。

2. 对自身长期心态的自我认知。第二种自知将主体与立场态度联系在一起。最重要的,这包括对一个人的信念和命题态度的认知,除此之外也包括对一个人价值观、奋斗目标以及各种偏好、欲望和性情的认知。拥有这些属性的人是如何认识到它们的,这仍然是一个有争议的问题。[2]然而,毋庸置疑的是,正如第一类自知所预设的前提,这些特征从属于与第一人称视角紧密关联的认知特权。但与第一类自知的情况不同,对自身立场态度的自知并不必然是此人现实的意识;我能够,但不需要意识到我确信我母亲这些天身体健康。相反,当我反思自己的所想,并关注它的内容时,我才知道我逐渐认识到自身的态度,无论"反思"或"关注"在这里确切意味着什么。还要注意,态度的属性不同于第一类自知的对象,因为心态属性总能更长久地留存在人身上。这也许能够解释,为何对自身心态的自知总被认为参与构成了一个能持存的、对主体自身至关重要的自我关系。

3. 对自身意向属性的自知。第三种自知包括关于自身意向的

---

[1] 参见 Richard Moran, *Authority and Estrangement: An Essay on Self—Knowledge* (Princeton: Princeton University Press, 2001) , xxxiii, 在这里前两类自知的区别被首次注意到; 同样可以参见Matthew Boyle, "Two Kinds of Self—Knowledge," *Philosophy and Phenomenological Research* 78(2009) , 133–64。

[2] 除了Moran在*Authority and Estrangement*的方法之外, 还可参见Sidney Shoemaker, "Self—Knowledge and 'Inner Sense,'" *Philosophy and Phenomenological Research* 54(1994) , 249–314; Tyler Burge, "Our Entitlement to Self—Knowledge," *Proceedings of the Aristotelian Society* 96(1996) , 91–116; Akeel Bilgrami, *Self—Knowledge and Resentment* (Cambridge, MA: Harvard University Press, 2006) ; 以及O'Brien的*Self—Knowing Agents*。

主观知识，例如性格特征、行为模式、能力和局限性，包括某些源于文化环境或生平经历等影响的特点。人们也许好奇，为何这些会构成一种独立的知识类型。事实上，这些属性一般而言总是与前文提到的立场态度混杂在一起。此外，我认为将这两者都认作是主体人格的关键方面是正确的。一个人坚信生活是令人激动的，这和她总是耗费时间的倾向一样，都可以成为她的一个特征。然而，在我们认识这些特征的方式中，存在一个重要的认知差异：虽然我们能只通过考虑一个人对生活的看法就能知道她坚信生活是令人激动的，但我们不能通过只考虑一个人的计划和偏好来了解她有耗费时间的倾向；我们更可能通过反思信息的外在来源来了解这些事情，例如他人的观察、历史或传记信息。[1]这表明，在意向属性的知识方面，我并没有处于首要的特权认知位置；事实上它们也许对我来说完全隐藏着。因此区别第三种自知依赖于这样一种前提，即我们可以通过注意到自己的某些特性来更好地了解自己，同时这些特性对我们的性格是必不可少的，并且不隶属于某些第一人称认知特权。

4. 受限于人类自身条件的自知。凭借第四种类型的自知，我们也许能认清与人对自身条件的接受相关的洞察力。正如上文所言，这一类的自知并未被简化成对人类学学说的辩护。相反，它要求主体接受自身的所得。至于它们为何被明确界定为自身所得，仍是不清楚的。无论如何，这并非仅是一个暗示问题；为符合自我认知的实例，对人类学学说的确证必须包括我意识到这些学

---

[1] 参见 Crispin Wright, "Self—Knowledge: The Wittgensteinian Legacy," in *Knowing Our Own Minds*, ed. Crispin Wright, Barry C. Smith, and Cynthia Macdonald（Oxford: Clarendon Press, 1998），13–45, 14。

说也适用于我。不过从广义上看，尽管有这一与人类特质有关的要求，经验来源仍然在这类自知中起着重要作用。至于哪种经验则仍是未定的：有可能是科学知识[1]，也可能是衍生自生活经验，对小说和传记的阅读，或是对历史的沉思。因此，存在第四类自知，则必然存在通过将关于人类的一般知识运用到自身情况中来认识自我的方法。

对这四类认知，我们可能会生出几个疑问。通常人们可能会疑惑这四种类型之间是否有真正的区分，或者它们是否真的从与自知相关的概念中分离出来。但我并不这样认为，至少这并非此前的分类想要向我们展示的，即其基本原理假设构成不同类型的自知对象的不同内容，与人们可能会具有的不同类型的自我认知关系相一致。因此，对不同种类自知内容的区分，可能作为探索不同种类的自我关系间更根本差异的先导，这些种类的自我关系都可以，或已被认为是构成自知的一部分。

还存在第二个疑问。假设这四种类型的自知都存在。作为哲学家，难道我们不应该深入探索，并尝试在这些类型之间建立基础关系，以使其中的一个能被设立为所有自知关系的基础吗？哲学分析不正是从认真对待这后一项任务之处开始的吗？也许正是如此。[2]其实历代哲人都曾尝试去解决这个问题，不过——很明显的——所达成的结果完全不同。考虑到此概念的历史，有关人们在努力获得自知时应该留

---

[1] Peter Carruthers在*Notre Dame Philosophical Reviews*（2015.04.16）中对Cassam的*Self—Knowledge for Humans*的评论中已经指出了这一点。

[2] 参见Boyle, "Two Kinds of Self—Knowledge." Boyle令人信服地论述我们不应该假设人们只以一种单一的方式认识自己的心理（142f.），尽管如此但还是要问自知需要怎样的自我关系呢？他更进一步认为要回答这个问题，对自身态度的自知"必须在任何对自知令人满意的解释中找到一个基本位置（147）"。

意哪些现象这一问题的答案已经发生了好几次改变。当反思例如古老的"认识你自己"的箴言时，哲人们长期借助于第四类自知。注意，这正是人们最初倾向于理解德尔斐箴言的方式。当碑文"Gnothi seauton"（认识你自己）被刻在阿波罗神庙内时，这是为了提醒它的读者，那些正准备进入神庙祭祀这位最伟大的神灵的人，他们所属的类别不过是纯粹的凡人。[1]相反，哲人们被柏拉图的《阿尔喀比亚德前篇》激励，同时被文中为强调人类灵魂的永恒部分而提出的自知理念吸引。[2]还有另一种将自知当作培育自我的手段的古老传统，强调人性的重要意义，以及它在建构我们道德和认知意向中的关键作用。[3]因此，即使这些都是与苏格拉底式自知相关的方法，也存在很多差异。

如果认为对自知在认识论上的兴趣，连同对上述提到的前两类自知日益增进的重视，都是近代哲学的产物，那也是错误的。[4]许多近代哲人对自知的道德方面尤感兴趣，而有关当前心理状态和立场态度的自知的认识论问题也一直吸引着历代哲人。与当代对第一人称的关注不同，他们通常凭借对认识论问题的分析来捍卫与第三、第四类自知有关的看法。此书中的几章的确显示，与第一人称有关的结构性分析已经可以在柏拉图、亚里士多德和奥古斯丁等哲人的思想中找到，这

---

[1] Walter Burkert, *Griechische Religion der archaischen und klassischen Epoche*（Stuttgart: Kohlammer, 2011），30，指出德尔斐的训令需要对一般人类状况的承认。引自Burkert早期版本的书中的观点，F. P. Hage "Selbsterkenntnis," in *Historisches Wörterbuch der Philosophie*, ed. Joachim Ritter and Karlfried Gründer, vol. 9（Basel: Schwabe, 1995），406–13, 406。注意德尔斐箴言的最初含义要么是"人，认识你自己并非神！"，要么是"人，认识你自己，作为凡人，在你的死亡里！"。

[2] Hager, "Selbsterkenntnis," 407 以及410f., 但也可参见此书第一章对柏拉图的《阿尔喀比亚德》可替代的理解。

[3] 参见Hadot, *Philosophy as a Way,* 206f., 以及本书中的第三章。

[4] 对自知概念的历史的错误观念在Gertler另一本精准的书*Self—Knowledge*（28f）中被决定性地展示。

同样表明，道德方面的自知问题依然存在于近代哲学中。[1]

在自知概念的历史中，最引人注目的并不主要是此概念的宽广范畴，而是当代分析哲学对前两类自知近乎专有的兴趣。因此，从历史性视角看，我们应该抵制将这四类自知还原为一种基本的自我关系的诱惑。可能的确存在这样一种基本的自我关系，不过至今为止仍然没有任何确凿的论据。

1.4　困难与疑问

正如本书所载，历史上关于自知概念的讨论涉及一系列互相关联的问题。

1. 自知的结构特点。讨论与自知概念有关的几个结构特点。究竟自知是高阶知识的一种形式，还是一种针对特别对象的与一般知识属于同一层级的独特知识？[2]自知是否要求知识由一种反身关系构成，或者说，知识是否就像视觉一样，排除了作用于自身的可能性？[3]自知的过程是怎样的？它需要我们经历特定的阶段，遵循特定的顺序吗？或者，自知仅根据它的结果及某些我们通过不同方式达到的认知状态来定义？

这些问题中仍有一部分是当代争论中广为探讨的议题。不过在过往的文本中，它们通常是在对德尔斐箴言"Gnothi seauton"的某些特殊理解的背景下被讨论的。总而言之，它们通常在与苏格拉底式的自

[1]　一方面参见本书第一、二和五章，另一方面参见本书第十二、十三和十四章。

[2]　这是中世纪学者面临的关键问题；参见本书第六章。

[3]　柏拉图和亚里士多德都关心此问题；参见本书第一和第二章。

知有关的问题中被讨论,例如:

2. 自知的道德面向。根据德尔斐箴言,自知被认为对我们的道德行为和态度都产生了影响,或者说使自身变得高尚。但是这种影响最终存在于何处呢?这仅仅是给行为主体提供能够使他们遵照自己的目标行动的人类学知识,还是意味着提升正在实现自知的人的整体德性?若如此,我们如何能够解释这种崇高的影响?这是自控力加强的结果,还是相反地,是人们在慎思后接受自己的结果?[1] 自知真的是必要的吗?或者说,任意被特意挑选出来的自我概念都可以做这项工作?最后,自知是否会使人们变得更狡猾,甚至更邪恶?

3. 苏格拉底式自知的内容。哪些内容是苏格拉底式自知的典型对象?人们也许会倾向于认为,苏格拉底式自知主要是根据上述第三种知识来进行的,而这种自知主要与构成自身弱点和恶习的性格有关。而苏格拉底式自知往往被认为包括对自己受限于人的条件的知识。此外,在描述人类状况时,一些人会诉诸人类心智的结构特点,[2] 而另一些人则会指出我们作为具体的个人的重要性。[3] 最近,传记的和历史的观念对人的生活的影响也被纳入考虑范围,[4] 这种关切也存在于现代文学和艺术的讨论。[5]

---

[1] 参见本书第十二章对叔本华和弗洛伊德的讨论。

[2] 这一点在本书得到讨论,与普罗提诺相关的部分见第四章,与奥古斯丁相关的部分见第五章,与胡塞尔相关的部分见第十三章,与分析哲学中对第一人称的争论相关的部分见第十五章。

[3] 正如本书第七章中讨论的,这是中世纪女性神秘主义者的关注重点。

[4] 这是诠释学传统的关注重点,参见本书第十四章。

[5] 参见反思3中的案例分析。

4. 第二、三人称视角下的自我。在许多情况下，仅对一个人的精神生活进行反思或者关注，这对获得苏格拉底式的自知是不够的。我们总是依赖于外部的知识来源。这就引出一个问题，什么样的外部知识是我们可以依靠的？科学的见解能帮助我们更好地认识自己吗？可视化技术的作用是什么？例如，自拍可被认为是自知的源泉吗？[1]朋友的作用是什么？反思他人生活能带来怎样的贡献，以及对塑造我们共同体的文化的历史认知的作用是什么？哲学家如何实践某些确定的方法，诸如诘问、自我对话或是采取第二人称视角的例子？[2]我们如何从第三人称的迹象中获取关于自我的知识[3]？最后再考虑宗教的方法，问题出现了，我们如何以第二人称的方式与上帝产生关系，这又是如何有助于自知的？[4]

5. 苏格拉底式自知的可能性。获得自知的要求促使我们面临几个认识论和心理学上的挑战。自然，存在着犯错的危险；我们总是错误地设想自己。又比如，在缺乏客观知识时，我们不可能做得更好，但是还存在一种普遍的倾向，即拒绝从本质上承认某些属性属于自己，此处尤其包括接受一种对自己不满意的看法。这些困难促使哲人们质疑，苏格拉底式自知对人类而言是不是能够达到的某些成就。此外，一些哲人甚至否定了自知必然是一个有价值的目的。他们声称，追求自知使人们变得更关注自我，或

---

[1] 肯定的答案参见反思3。

[2] 这一点在本书中被讨论，与马可·奥勒留《沉思录》相关部分见第三章，与沙夫茨伯里《独白》相关部分见第八章。

[3] 在本书中参见本书第八章对笛卡尔和霍布斯的讨论。

[4] 这是克尔凯郭尔晚期关于基督教思想重要的一点；参见本书第十一章。

是与最初的人类立场疏远。[1]

显然，这一系列的问题暗示了存在于自知概念历史中一些被关注的困难，这里罗列出的每个独立的问题还有许多可谈之处。从中可知，自知概念很明显地有着极其丰富的历史，即便不是十分精确，那么至少也是在一定程度上，超过了当代哲学中的问题范围。

1.5　本书目标

18　　本书宣称的目的是要引起人们对自知被热烈讨论的前史的关注，也要注意当代经常被忽视的问题。因此，作者们被要求不仅仅，或者主要地关注自知的认识论或是认知心理学上的琐碎特点，还要关注直接与苏格拉底式自知相关的，或者可以被解释为与苏格拉底式自知相关方面的问题。特别是，德尔斐箴言得到的诸多极其不同的阐释，表明了它是许多哲人、诗人和艺术家的共同灵感来源。此外，对当代自知讨论的背景提供一个历史性的把握，并着重探索当代哲学不同流派的观点，也是本书的目标。总之，我们希望能启发人们以一种新的方式看待自知问题及自知概念对我们学科和文化的影响。

（齐雨霁　译）

---

[1]　法国和英国的道德学者在其著作中对自知普遍持有怀疑论的观点。参见本书第九章。

反思一:

荷马笔下的奥德修斯认识他自己吗?

托拜厄斯·迈尔斯

特洛伊陷落十年之后,一个陌生人独自出现在费埃克斯人的国度。费埃克斯人对他的礼貌和举止印象深刻,但并不像我们一样知道他是那位仍然在努力从特洛伊返乡的奥德修斯。在为这位陌生人举办的招待宴会上,宫廷诗人德摩道科斯唱诵了一首关于特洛伊战争的诗歌,其中内容提及"那光辉的业绩已传扬广阔的天宇"[1],即"奥德修斯和佩琉斯之子阿基琉斯的争吵"(νεῖκος Ὀδυσσῆος καὶ Πηλεΐδεω Ἀχιλῆος, 8.75)。[2]这时奥德修斯已开始低声啜泣;国王阿尔基诺奥斯觉察到此情景,便委婉地命令换一种娱乐方式。当天晚些时候,奥德修斯赞扬了德摩道科斯早前唱诵的诗歌是如此令人信服,就像"亲身经历或是听他人叙说一样"。紧接着奥德修斯请求诗人再唱诵一首特洛伊战争叙事诗"歌唱木马的故事"(ἵππου κόσμον ἄεισον/δουρατέου, 8.492–93),奥德修斯补充:"神样的奥德修斯把那匹计谋马送进城,里面藏着许多英雄,摧毁了特洛伊。"(ὅνποτ᾽ἐςἀκρόπολιν δόλον ἤγαγε δῖος Ὀδυσσεὺς/ἀνδρῶν ἐμπλήσας οἵ ῥ᾽ Ἴλιον ἐξαλάπαξαν, 8.494–95)[3]

---

[1] [译注]全篇引用的所有荷马史诗中的中文译文皆出自王焕生译《奥德赛》,上海人民出版社,2014。

[2] 本反思中的翻译都是我自己译的;荷马文本的索引源自Thomas W. Allen 编写的版本,*Homeri Opera*(Oxford: Clarendon, 1949–51)。

[3] 特洛伊战争中另一从未发生的事件,读起来很像是《伊利亚特》序言中的变奏曲。

德摩道科斯满足奥德修斯的请求后，奥德修斯再次开始低声啜泣。这次，阿尔基诺奥斯认为应该公开请求这位陌生人表明他自己的身份，讲述他的身世——以及解释他为什么流泪。"我就是奥德修斯，"奥德修斯向目瞪口呆的费埃克斯王公贵族们宣称道，"那个拉埃尔特斯之子奥德修斯，平生因对特洛伊的骗计而为世人称道，声名达天宇！"然而，尽管奥德修斯的叙述持续了整整一个夜晚，在《奥德赛》中足足占据了四卷的分量，他也从未直接回答为何哭泣的问题。

当然，回忆过去的苦难在《奥德赛》中反复出现。但最后这首由奥德修斯请求而吟诵的诗歌，是关于他自己在战争中的伟大胜利，也是荷马式的英雄力求的美的典范。为什么奥德修斯为这首诗歌而哭呢？荷马使用了一个出色的延伸明喻[1]描述奥德修斯此时的反应：

ταῦτ' ἄρ' ἀοιδὸς ἄειδε περικλυτός·αὐτὰρ Ὀδυσσεὺς
τήκετο, δάκρυ δ' ἔδευεν ὑπὸ βλεφάροισι παρειάς.
ὡς δὲ γυνὴ κλαίῃσι φίλον πόσιν ἀμφιπεσοῦσα,
ὅςτε ἑῆς πρόσθεν πόλιος λαῶν τε πέσῃσιν,
ἄστεϊκαὶ τεκέεσσιν ἀμύνων νηλεὲς ἦμαρ·
ἡ μὲν τὸν θνήσκοντα καὶἀσπαίροντα ἰδοῦσα
ἀμφ' αὐτῷχυμένη λίγα κωκύει·οἱδέτ' ὄπισθε
κόπτοντεςδούρεσσιμετάφρενονἠδὲκαὶὤμους
εἴρερον εἰσανάγουσι,πόνοντ' ἐχέμενκαὶὀιζύν·
τῆςδ' ἐλεεινοτάτῳἄχεϊφθινύθουσιπαρειαί·
ὡς Ὀδυσεὺς ἐλεεινὸν ὑπ' ὀφρύσι δάκρυον εἶβεν.

（Od. 8.514–31）

---

[1]　[译注]"延伸明喻"（extended simile）指在一首诗的某段或整首诗中反复出现、贯穿全诗的明喻。

著名的歌人吟唱这段故事，奥德修斯

听了心悲怆，泪水夺眶沾湿了面颊。

有如妇人悲恸着扑向自己的丈夫，

他在自己的城池和人民面前倒下，

保卫自己的城池和孩子们免遭残忍的苦难；

妇人看见他正在死去作最后的挣扎，

不由得抱住他放声哭诉；在她身后，

故人用长枪拍打她的后背和肩头，

要把她带去受奴役，忍受劳苦和忧愁，

强烈的悲痛顿然使她面颊变憔悴；

奥德修斯也在睫毛下流出伤心的泪水。

此时，那位著名的吟游诗人开始歌唱；奥德修斯听到他自己在城邦被洗劫的过程中扮演核心角色，哭得像一个自己的城邦被洗劫的女人。然而，叙述者却对奥德修斯的精神"官能"，即激情、理智等的运作，保持沉默，它们经常出现在荷马式富于强烈情感的场景描写中。此处暂时无法去考量更多研究学者为这一幕和这一富于激情的明喻所提出的解释。[1]对我而言，我相信这一幕的作用恰恰就是为了用多种可能性去吸引观众，而不是引导我们对奥德修斯的想法有任何特定的理解。这的确是人们在文学作品中描绘心理深度的方式——通过描写

---

[1] Stephen Halliwell, *Between Ecstasy and Truth: Interpretations of Greek Poetics from Homer to Longinus*（Oxford: Oxford University Press, 2011），88 n. 104，包含了关于此段落研究非常有用的文献资料；在其中应该再加上William H. Race, "Phaeacian Therapy in Homer's Odyssey," in *Combat Trauma and the Ancient Greeks*, ed. Peter fteineck and David Konstan（New York: Palgrave ftacmillan, 2014），47—66。重要的问题包括：此隐喻是否指向一个奥德修斯未察觉的讽刺？奥德修斯真的置身于他自己的情感变化中吗？许多文本中的线索都指向自称诡计大师的奥德修斯自导自演了整个场景。

人物的行为举止，而非直接揭示出原因。[1]

　　相比直接显露出奥德修斯的想法，这一幕实际上让我们去思考的是何种心理体验导致了奥德修斯的反应。人们可能会这样描述此种效果：荷马正给我们描绘着一个男人的形象，这个形象是正凝视着镜子的奥德修斯。我们与阿尔基诺奥斯一样，观察着奥德修斯的外貌：脸颊，睫毛，泪水和眉毛（8.15, 31）。然而，与阿尔基诺奥斯不同的是，我们被引导着去思考奥德修斯内心体验中那个被自我反思的形象，通过反复地、并列地使用特定的名称"奥德修斯"，来指代正在倾听的奥德修斯（8.83, 92, 486, 521, 531）和在特洛伊的奥德修斯（8.75, 494, 502, 517）。这两者处在不同的年龄和不同的境遇之下，而正在倾听的奥德修斯被视为比德摩道科斯的诗歌中所描述的奥德修斯具有更高的存在论上的地位。不过，正如一个人凝视着镜子一样，这两者也是一体的。当奥德修斯对费埃克斯人说"我正是奥德修斯"时，他自己就暗示了这一点。此时此刻，"奥德修斯"已经成为他们共享的交流框架中的一个指称：因此，奥德修斯不仅在陈述自己的名字，还在声明第一人称的"我"和他们刚刚一直听到的被诉说的那个人物之间的关系。他的声明因此就包括这样的观念："我是奥德修斯，那位你们听到他的名声被详述的人"，也就是说，"我和诗歌中的那位奥德修斯是同一个人"。[2]

　　问题是：这是关于自知的场景，是以叙事的方式来预期表现出

[1] 许多研究表明Erich Auerbach在 *Mimesis* 中提出的观点，即荷马式的风格并不能表现人物的心理深度，遗漏了诗中许多有价值的内容。参见, Michael Lynn—George, *Epos: Word, Narrative and the "Iliad"* (London: ftacmillan, 1988), esp. 1–49。

[2] 另一种可能的选择，"我是奥德修斯，不是诗歌中的那个奥德修斯"，即"我才是真实的奥德修斯"，早已被排除，因为奥德修斯在请求德摩道科斯唱诵最后的诗歌之前，已经对他的唱诵做出赞扬。赞誉实际上构成一个声明：德摩道科斯讲述（对他，则是回忆）的"奥德修斯"忠于他的真实行为。

德尔斐箴言"认识你自己"所体现的由主体到客体的内在反身性吗？可以肯定的是，一般认为德尔斐箴言出现的时间为荷马时代之后，实际上，荷马也从未用反身代词来指称"主体的心理面貌"。[1]尽管如此，这个场景仍可被视为一种通过复杂且在心理方面令人信服的方式探索自知的想法。

正如书里9至12卷所展示的，通过奥德修斯对自己旅程专业的叙述，他清楚地知道自身那些已成为故事的经历；因此德摩道科斯的叙述可能会促使奥德修斯在心中改变他诉说跟自己的有关的故事。德摩道科斯的木马诗既强调了奥德修斯的荣耀，也突出了特洛伊人命运的悲苦。于是，一方面，诗人对这首诗歌的叙述虽然结束于"奥德修斯……经历了最险恶的战斗，在伟大的雅典娜的助佑下，最终获得胜利（Ὀδυσσῆα … αἰνότατον πόλεμον … τολμήσαντα/νικῆσαι … διὰ μεγάθυμον Ἀθήνην 8.517–20）"。但另一方面，这首诗歌同样运用典型的悲剧术语描述了等待着特洛伊人的悲惨命运，即在无法逃避的命运背景下，他们未能做出正确的选择（8.511）。奥德修斯的情感反应因而可被理解为源于叙事主旨的改变，通过这种改变，他在心理上把自己的事迹置于诗歌的语境中来理解。

然而，重要的是，对于奥德修斯来说，被德摩道科斯编织出的故事不仅以一种可能的、新奇且独特的角度展示了奥德修斯的事迹，还促使奥德修斯直面他自身强有力的、不朽的一部分。荣耀（Kleos），归根结底，对一个荷马式英雄而言，代表了他在战场上所赢得的荣誉，是名声的总和，以及对超越死亡的存在的首要希望。正如维尔纳特所说，"通过他在公共舞台上所全力获取的功勋，（荷马式的英雄）超越了死

---

[1] Edward Jeremiah, *The Emergence of Reflexivity in Greek Language and Thought: From Homer to Plato and Beyond*（Boston: Brill, 2012）52,引用了George Bolling的早期作品。

亡,持续存在于活着的人们的共同体中"。[1]实际上,正如德摩道科斯的诗歌所详述的,在奥德修斯的史诗名号"城市劫掠"背后,隐藏着木马战术。

因此,此处的考虑包含了一个类似于在之后有关自我认知的哲学论述中被反复发现的悖论,即关于自我的知识同时包含着人对自身必朽的有限性的认识,和对神性和超越性的分有。对于荷马式的英雄而言,超越并非关乎灵魂的神性,而在于在史诗中实现"不朽的荣耀"。正因如此,奥德修斯的矛盾在于:即使他承受着不再对自己的故事抱有美好幻想的痛苦,也以观众的身份参与了一场有无限多诗歌的演出,并且相信这些演出将会共同永久地保存和放大他的自我。

（齐雨霏　译）

---

[1] Jean—Paul Vernant, "A 'Beautiful Death' and the Disfigured Corpse in Homeric Epic" (originally published in 1982 as "La belle mort et la cadavre outrage") in *Oxford Readings in Homer's Iliad,* ed. Douglas Cairns (Oxford: Oxford University Press, 2001) 320.

第一章

柏拉图的自知

拉恰纳·卡姆泰卡尔

1.1　导　言

苏格拉底这样描述他生命中的决定性时刻：当他听说阿波罗神谕
宣称他为最智慧的人时（《申辩篇》）[1]，他想起了那句刻在德尔斐神庙
的箴言——"认识你自己"：[2]

> 我听到那句话，心里就反复想："神的话暗含着什么意思呢？
> 我自己意识到我并不智慧，既没有很多的智慧，也没有很少的智
> 慧。那么神说我最智慧是什么意思呢？ 他当然不是在说谎，因为
> 那是不可能的。"[3]

苏格拉底有（一定的）自知，这正是箴言要求所有人都要获得的东

---

[1] 柏拉图，《申辩篇》21a。 所参考的柏拉图的文本是标准的Stephanus分页，其次是古希腊原文
本和主流翻译。这一章的翻译都由我译自牛津经典柏拉图文本，*The Oxford Classical Texts of
Plato*, ed. J. Burnet（vols. 1—4: 1900—1902），但读者可能会觉得查阅 John M. Cooper 和 D.S.
Hutchinson所合编的*The Complete Works of Plato*（Indianapolis: Hackett, 1977）要方便些。

[2] 在柏拉图《普罗塔戈拉篇》中，苏格拉底说，在神庙（343B）里刻着古代的圣人们的智慧之言；
虽然我们有可能怀疑古代的圣人们是否真的有这些箴言，但苏格拉底似乎认为其存在是理所
当然的。

[3] 《申辩篇》，21b2—7。

西（在苏格拉底之前，人们有可能将箴言理解为"弄清楚你所处的位置"）。而现在这种知识的内容，即他既没有很多智慧，也没有很少的智慧，正在受到声称他是最智慧的人的神谕的质疑。为了回应他的自知与神谕之间的矛盾，苏格拉底尝试着通过测验那些享有博学声誉的人[1]来反驳神谕。但他发现那些政治家与诗人，以及只知道手艺的匠人，其实一无所知，总是在自己并不了解美德时宣称他们了解。[2]发现了这一点后，苏格拉底意识到，尽管他也不知道什么是好，什么是善，也不知道关于人或城邦的美德，[3]但至少他并不拥有阻碍他寻求知识的"最应被谴责"[4]的错误且狂妄的观念。在这件事上，非常难得的是，他意识到了自己的无知。这的确是难得的"人类智慧"。[5]这便是神谕称他为最聪明的人所表达的意思：他在人类智慧方面是最聪明的。苏格拉底认为他是遵照神对他的指示，来检视自己和他人。[6]他认为未经检视的人生不值得过。[7]但检视了的人生就一定值得过吗？检视对一个人认识到自己的无知是必要的吗？对于寻找关于好与善的知识，哪一个是先决条件呢？[8]我们会在下文1.2节中回到这些问题。

与《申辩篇》形成对比的是，在《斐德若篇》中，苏格拉底声称自己缺乏自知：

---

[1] 《申辩篇》，21b—c。

[2] 同上书，22a—c。

[3] 同上书，20c。

[4] 同上书，29a—b。

[5] 同上书，20d。

[6] 同上书，30a, c。

[7] 同上书，38a。

[8] 《智者篇》，230a—c。

我还不能按德尔斐神庙的箴言所说做到认识我自己。……看看自己是否碰巧是什么怪兽，比百头怪还要曲里拐弯、欲火中烧，又或是个更加温顺单纯的动物，天性便带有几分神性。[1]

到底是如何——苏格拉底拥有自知吗？

本章以假设苏格拉底已拥有的自知与他所缺乏的自知不同为前提，解释了这两种知识在内涵上的区别，并呈现了针对两种不同自知的探究。我们可以区分两个问题，分别对应听到认识自己的训令的两种方式：

（1）关于一个人的状态：他是博学之人还是无知之徒？他是好人还是坏人？

（2）关于一个人的能力：一个人变好或变坏，变博学或变无知的人之本性，即探究、渴望、愤怒等等的能力是什么？

这些问题对于一个人是谁是否同等重要？或许问题（1）的答案已暗含了问题（2）的答案。柏拉图（早期的）几篇对话仅针对问题（1），考察了各种重要的话题，以检验苏格拉底及其对话者关于这些主题是博学的还是无知的；而其他几篇（中期）对话针对问题（2），确定了灵魂的基本组成，并考察了在不同情境下人们的行为。这两种诘问都将被认知的自我（即状态或能力的集合）看作能够在现实中与它自己所显示的方式完全不同的自我。对问题（2）的回答揭示了自我最佳的要素便是认知能力。当其真正发挥功效之时，它便处于最佳状态，使灵魂整个是善的。但是——不同于之后的柏拉图主义者及其他的解释者

[1] 《斐德若篇》，229e5—30a6。

（见1.3）——柏拉图对（1）与（2）的回答并未将自我简化为正在认知的自我。

1.2　对一个人状态的认知

在柏拉图的《卡尔米德篇》中，克里底亚指出，节制的本质便是自知，[1]而有节制的人明白自己知道什么、不知道什么。[2]一些评论者批评说，这个讨论使我们从讨论自我之知转向了知识之知。[3]但如果苏格拉底的"智慧"就是"认识你自己"所要求的自我知识，我们讨论的话题就并没有转变，并且在《卡尔米德篇》中，克里底亚和苏格拉底都承认，正是知识之知（想必也是无知之知）使其持有者拥有自我认知。[4]这种观点似乎认为，自我认知，被认为是有关自己的知与无知的知识，这是对每个人自身知与无知的认识的一个应用。

在《卡尔米德篇》中，苏格拉底声称，关于知识与无知的知识是不可能的，即便有可能，也是无益的——正如人们期望（拥有）节制这种美德一样。这些主张与苏格拉底的无知之知[5]以及他不断地通过诘问去检验别人有知或无知有何关系？在《卡尔米德篇》的相关段落中，克里底亚这样说道（由苏格拉底阐述）：

---

[1] 《卡尔米德篇》，164d。

[2] 同上书，167a。

[3] Julia Annas, "Self—Knowledge in Early Plato," in *Platonic Investigations*, ed. D. J. O'Meara（Washington, DC: Catholic University of America Press, 1985）, 134. See M. M. McCabe, "It Goes Deep with Me: Plato's Charmides on Knowledge, Self—Knowledge, and Integrity," in *Philosophy, Ethics, and a Common Humanity: Essays in Honour of Raimond Gaita*, ed. Christopher Cordner（New York: Routledge, 2011）, 167.

[4] 《卡尔米德篇》，169e。

[5] 《申辩篇》，21b。

（1）自我认知即知识（*epistēmē*）。尽管所有其他知识都是关于别的什么而不是关于它们自身的知识，[1]但节制/自我认知是既以它自己，又以其他知识为对象的知识。[2]

克里底亚所描述的知识之知并不是某种二阶知识，不是像某人由于拥有某种一阶知识，如医学，而对某个特定主体有认识。相反，正如所有一阶知识，知识之知被认为独立于任何其他（主体）的知识，它是基于其主体对象而成为知识的。

（2）一个关于自身和其他一切知识的知识，必须同时也知道相反的对象（就像医学是关于健康的知识，也是关于疾病的知识）。[3]

（3）只有拥有这种知识之知和无知之知的人，才能够探讨自己或他人是否拥有知识。[4]

（在这里，*ti tis oiden kai oietai, eiper oiden, kai ti au oieitai kai men eidenai, oiden d'ou* 这句话显然呼应了苏格拉底对于他"是最智慧的"这个说法描述的方式。）[5]

苏格拉底反驳道：

---

[1] 《卡尔米德篇》，166a。

[2] 同上书，166e5—6。

[3] 同上书，166e7—8。

[4] 同上书，166e—67a。

[5] 《申辩篇》，21d。

（4）这以知识和无知为认识对象的能力是自成一类的,（正如）[1]没有一种"看"会看不见颜色,却看见它自己和其他的"看",听、欲望、恐惧、意见都是如此。[2]

（5）知识是关于某某对象的知识,且具有联系到某某对象的能力。[3]

（6）同样地,一个较大的东西正是有了这种能力,因此它大于较小的东西。[4]

（7）如果较大的东西既不大于自己,也就不小于自己。

（8）总之,那具有联系到自己的能力（pros heauto）的,也保持着联系到对象的能力。[5]就比如,"看",如果它看见自己,那只能在有颜色的条件下才能成立。

（9）但我们怎么确定是否所有能力都不限于相区分的事物,还是有些能力蕴含于事物自身? [6]

问题在于,是否所有的能力都如"量"（如: 大于）一般,由于与被关系者相反的性质有关（更大、更小）,因此阻碍了自身与自身性质的相关。因为这要求其同时具有两个相反的性质。[7]若"非物质性""不可易性"是使知识的对象"知识化"的关键特征,那么这些就不是知识

---

[1] 《卡尔米德篇》,165c4, 168a10。

[2] 同上书, 167c—68a。

[3] 同上书, 168b。

[4] 同上书, 168c。

[5] 同上书, 168d1—3。

[6] 同上书, 170a。

[7] 同上书, 168e。

了，至少就假设知识是非物质的和不可易的而言。[1]

从（1）到（9）可能获得的一个结论是，苏格拉底的"无知之知"不应该被叫作知识（ *epistēmē* ），因为严格来说，它必须是自己的对象（即对象的本质），而同样的知识就不得不既涉及它自身，又涉及它的对象。或许，它应该被认为是某种形式的认识或意识，而不一定是相对立的。[2]毕竟，"看"是关于色彩的，但不是没有颜色的。苏格拉底继续说道：

> （10）假设知识之知是可能的，它（有别于某些特定对象的知识，如医学或制鞋）能使其所有者知道某个人拥有某种知识，但并不知道是关于什么的知识。[3]

知识之知如何使一个人知道某人在除了他所掌握的专业技能之外，对其他事物是有知的呢？也许是因为拥有知识之知的人知道什么是知识（或者说，知识之知是一种认知能力，知道什么是知识，要更符合一点）。[4]这能让一个人在不知道其他人具体拥有什么知识的情况下，判断他们是否有知识吗？很难知道他会怎么做：他会诘问他们吗？

32

---

[1] 茱莉亚·安纳斯（Julia Annas）认为："知识之知之所以会消失，是因为没有办法用苏格拉底所要求的方式将知识理解为对某事物的知识；显然，只有将知识看作一个主体和一个独立的客体之间的关系，才能满足这一要求。"（ Annas, "Self—Knowledge in Early Plato", 135）相反，我认为，这种要求并不是要将主客体区分开来，而是要求主体（通过给定一个具体的能力）和客体要具有这样的性质，即能让主客体相契合的能力。

[2] 参见Hugh Benson, "A Note on Socratic Self—Knowledge in the *Charmides,*" *Ancient Philosophy* 23, (2003)：31–47. Benson认为，知识必须是对立面的，仅仅是意识并不一定是对立的。Benson认为卡尔米德的观点表明了，由于缺乏知识，苏格拉底只能辨别非知识，而不能辨别知识；这纠正了苏格拉底在《申辩篇》中的假设，即"追问"可以使他在自知无知的同时，又能够区分无知的人和拥有知识的人（ Benson, 33, 40 —45）。

[3] 《卡尔米德篇》，170a—c。

[4] 《泰阿泰德篇》，152c。

关于什么呢？即使他们证明了自己是驳不倒的，但这也不能证明他们是有知识的。在没有回答这些问题之前，很难确定《卡尔米德篇》是否支持或纠正了苏格拉底在《申辩篇》中的假设，即尽管苏格拉底是无知的，但他能够辨别出有知识的人和无知的人。此外，以上考量还提出了一个问题：通过诘问，苏格拉底是否只能知晓对话者无知，而不知道他具体对什么无知——这与他在《申辩篇》中的论断相反，即政治家、诗人和匠人对人类以及社会美德一无所知。[1]

然而，尽管承认有可能知道一个人有知识与否但不知道具体是什么，苏格拉底继续说道：

（11）知识之知，以及知道某人是否拥有知识，并非像节制这样的美德是有益的，正是通过关于某一对象的知识，有益于一个人对特定领域的了解：例如，通过医学，人们知道一个人（自己或另一个人）是否健康或有无疾病。通过将这类事物交给相应领域的专家，我们能够远离生活中的很多错误。[2]

苏格拉底缺乏这种有益的知识。[3]他在《申辩篇》中被认为拥有

---

[1] 参见Charles Kahn, "Plato's *Charmides* and the Proleptic Reading of the Dialogues," in *Journal of Philosophy* 85（1988）：第541—49页。Kahn的结论是，这些论点表明，一个人可能只拥有关于有知或无知的知识，或者"第二阶"的知识，只要他拥有能够定义知识的一个分支——特定主题的一级知识。Kahn认为，苏格拉底要成功地分辨出对话者的无知，前提是他拥有考察这些特定的知识领域的知识——总的来说，即乎人类的卓越和好坏问题。见Kahn, "Plato's *Charmides*," 546–48。

[2] 《卡尔米德篇》，169b、171b—72a。

[3] 参见理查德·麦德金（Richard Mckim），"Socratic Self—Knowledge and 'Knowledge of Knowledge,'" in "Plato's *Charmides*," *Transactions of the American Philological Association*（1985）：59—77。McKim补充说，苏格拉底的诘问方法无法获得这种有益的知识，我认为文本并没有提到这个问题。

浅薄的"无知之知"，尽管很少见，但对于追求知识而言是必要的，而且对苏格拉底来说，真正地激发了对知识的追求，这并不是什么了不起的事。也许柏拉图意在表明，苏格拉底拒绝了克里底亚的夸大其词恰好说明了他是节制的典范。又或者他是在用谦逊赞扬苏格拉底——不是赞美美德本身，而是"人的谦逊"。

是时候退一步来问问：既然在直觉上认为了解自己的局限——包括自己的无知——应该是自我认知的一部分，那么，为什么苏格拉底只关注有关一个人有知与无知的知识，而实际上却排除了其他所有知识？了解一个人的喜好和厌恶的知识呢？价值观与目标呢？为什么苏格拉底在追求自我认知（或让别人追求）的时候不探究这些问题呢？

答案分为两个部分。首先，正如柏拉图所讲述的苏格拉底故事，苏格拉底似乎一开始就获得了有关一个人有知与无知的知识中自知的那一部分，这是他对事物存在方式广泛探寻的意外（尽管是自然的）结果，而不是因为他从一开始就寻求自知。在《斐多篇》中，苏格拉底说，他年轻时就热衷于研究自然，但这导致他甚至忘却了以前拥有的最基本的知识。因此他假设了各种"理念"，并研究了它们的后果以及可能的根据。[1] 柏拉图的《巴门尼德篇》呈现了年轻的苏格拉底被巴门尼德诘问时，发现了这些假设的许多问题。苏格拉底很可能在神谕出现之前就开始去诘问别人了（很可能在公元前430年和公元前431年战争爆发之前）。尼西亚斯（Nicias）说，只有在孩提时代的苏格拉底才不会诘问你，让你讲述自己的一生；[2] 而苏格拉底在30年代时就

34

---

[1] 《斐多篇》, 96a et sq。

[2] 《拉刻篇》, 187d—88a。

已经三十多岁了，距离孩提时代已经过去了十几年。[1]关于他为何在神谕出现之前就开始诘问别人，原因在《普罗塔戈拉篇》（戏剧性的是，此篇对话的日期是公元前433年）中有所说明：苏格拉底（至少在一开始）询问普罗塔戈拉，是否认为自己有足够的知识去教希波克拉底什么是美德。这是一个诘问他人的充分理由，即便此时没有神赋予他揭露他人之无知的使命。最终，苏格拉底试图通过寻找到一个比他聪明的人来探寻与反驳（*elenchein*）神谕的意思。[2]这一事实表明，他更善于通过点明矛盾所在，来激发对问题更深层次的理解。[3]苏格拉底在追求知识的过程中，逐渐意识到了自己的无知，也许也意识到了他人的无知，但正是神谕的判断使他将自己所谓的智慧和经验体会到的无知本身作为他探究的对象。苏格拉底在神谕出现之后所继续的诘问工作也不只是为了揭露人们的无知。因此，在《卡尔米德篇》中，苏格拉底向克里底亚保证，他反驳克里底亚之言的理由，与反驳自己之言的理由是相同的：以免克里底亚认为他知道一些他其实并不知道的东西，并且这是为了真理，这真理乃是人类所共有的善。[4]在《高尔吉亚篇》中，他告诉高尔吉亚，他宁愿被反驳也不愿去反驳别人，因为反驳会使他产生一种错误的信念。[5]因此，苏格拉底对一个人有知和无知的知识的关注，是他起初追求知识的结果。

其次，苏格拉底似乎认为，了解我们所相信或珍视的事物的方法是不断询问自己，以便探究事物的真相，因为（否则）我们并不知道自

---

[1] 这就是为什么尼西亚斯不能谈论苏格拉底"精英的使命"的开始，正如C. D. C. Reeve所说的，见*Socrates in the "Apology"*（Indianapolis: Hackett, 1989），21。

[2] 《申辩篇》, 21b。

[3] 《普罗塔戈拉篇》, 339a—48a。

[4] 《卡尔米德篇》, 166c—d。

[5] 《高尔吉亚篇》, 458a。

己所相信的是什么。[1]举个例子，在《高尔吉亚篇》中，苏格拉底说，波鲁斯并不认为（ouch hōs ge phēsin）做自己认为合适的事即是拥有大权，尽管波鲁斯自己说他是肯定（phēmi）这一点的；[2]苏格拉底却说波鲁斯（和其他人）认为做不正义的事比遭受不正义更糟糕，即使波鲁斯坚称遭受不正义才更糟糕。[3]（参考第俄提玛告诉苏格拉底：爱不是神。这与苏格拉底原来关于爱是神的主张是相反的。）[4]

　　苏格拉底的诘问法解释了为什么人们会得出"他们自己也不知道自己相信什么"的结论。苏格拉底诘问的方式是这样的：他向对话者提一个问题，对话者以p来回答（在他看来，这通常是因为p就是事物的本质，尽管有时p是为了探究某问题而给出的假设）。苏格拉底从对话者那里得到一些主张q、r、s、t等，然后证明这些主张中并不包含p。随后，苏格拉底问对话者，p或其他断言何者是他想要修正的，或者告诉他，p已经被证伪了，或者说，与他回答了p相反，对话者被证明并不相信p。最后一个理由是，根据这样的推测，对话者并没有一直坚定地持有p或者非p的主张（对话者通常会对苏格拉底的质问感到震惊或愤怒）并且一直忽略q、r、s、t或它们及p所遵循或假定的内容，而只关注其中的一部分。在这种情况下，对话者并不知道他相信什么，这不仅是在"他所相信的一切"的意义上，而且他也不知道，对于任何

[1] Tad Brennan 在即将出版的 *Keeling Colloquium in Ancient Philosophy*, ed. Fiona Leigh, "Reading Plato's Mind"一文中认为，《书简七》呈现了柏拉图有一种更深邃的自我认知（比关于一个人自己有知或无知的知识更加深邃）——他用自己的信念和价值观来向叙拉古的僭主、狄奥尼修斯以及狄翁解释自己的计划并为自己的行为辩护，后者曾是前两者的朋友，后来成了狄翁的敌人。这说明理念——行动的价值观导向——类似于在《理想国》卷8和卷9中的章节框架。我得出了这样的结论：这样的情况下并不需要自我认知——对于那些自欺欺人的人来说，它们是可用的，它们所需要的仅仅是一个信念，而价值观似乎可以为一个人的行为找到解释。

[2] 《高尔吉亚篇》，466e。

[3] 同上书，474b。

[4] 《会饮篇》，201e—2d。

具体的信念p或q、r、s、t,他是否相信——如果相信一个对象意味着接受其蕴涵、据它来行事,等等。在某种意义上,一个人相信什么是通过这种诘问来找出(既产生又发现)将要相信什么来确定的。

然而,不一致的询问结果并不能确定对话者所相信或不相信的一系列p、q、r、s、t有哪些,所以苏格拉底是如何知道他的对话者的上述情况,而不是只知道他在某些方面无知? 我们也许会认为,苏格拉底的辩证法可以帮助他来辨别对话者所坚持的信念是什么,因为它们是对话者已经相信的事物之必然结果,但它们本身并不能确定,对话者所相信的两种相互冲突的信念中的任何一种为真。苏格拉底说人们相信什么,是基于他考察人们的经验,却发现没有人能坚持某些信念吗? 还是因为他相信真理就在我们每个人心中,而他对这个真理具有某种把握? [1]

37 到目前为止,我们的讨论已经把向对话者的诘问也看成对自己的一种诘问,而苏格拉底确实说过,二者可以发生在同一场谈话中。然而,拉斐尔·伍尔夫(Raphael Woolf)注意到,对话中从来没有出现过苏格拉底诘问自己的场景——除了在《希庇阿斯前篇》(*Hippias Major*)中,"某人"(最终是苏格拉底自己)对苏格拉底提出质疑,并批

---

[1] Gregory Vlastos, "The Socratic Elenchus: Method Is All," in *Socratic Studies*, ed. Myles Burnyeat (Cambridge: Cambridge University Press, 1994), 1–37, 作者认为由于不一致性的发现而不能决定对话者相信什么,苏格拉底必须创造一种基于长期经验的辩驳假设,也就是:"任何一个有错误道德信念的人,都会同时拥有真信念,从而否定错误的信念。"(Vlastos, "Socratic Elenchus," 25)从这个假设苏格拉底"可以稳妥地推断出任何一套内部一致的道德信念都将包含完全真的信念"(26)。苏格拉底自己的信念在其内部是一致的,所以他可以将其归因于他的对话者,甚至与对话者的叙述相反。在《美诺篇》中,为了确证苏格拉底的"先天认识论"(Gregory Vlastos, "Socratic Elenchus," 28—29),柏拉图提出了这样一种理论,即我们已经以某种潜在的形式拥有了所有的知识,所以我们所说的学习其实就是回忆我们已经知道的东西(《美诺篇》81a–86b)。

评了他的回答。[1]伍尔夫解释了这一场景的缺失，他认为对信念的诘问需要与此信念拉开距离，但"相信"使得这一距离不可能存在。因此，我不能在相信p的同时，又真诚地认为p是假的。（根据这个观点，相信p就是相信p为真——而不是，对p负责，或者判断p比其他可能选项更具说服力。）但这使得苏格拉底式的自省成为不可能。伍尔夫担心他的主张使得"苏格拉底如何一开始就知道自己的无知"变得令人困惑，[2]但我们并不需要感到困惑。首先，苏格拉底将思考描述成灵魂对正在被考察的事物进行无声讨论，[3]而让苏格拉底大声对自己说出他的想法，则会破坏其真实性。其次，在苏格拉底的讨论中，所涉及的不仅是信念，还有许多认知的态度，它们是如此坚定，以至于无法在不失去此坚定地位的情况下被审视：就比如，美德即知识的主张及其后果；[4]从一个角度来看，好人是能够在他想做的时候做F而不做F的人，不过从另一个角度来看则是相反的；[5]拥有节制这种美德在有节制的人心中产生节制的印象。[6]因此，第三，如果苏格拉底需要检审自己的一个坚定的信念，他应该做到暂时削弱自己对其为真的承诺，并将其视作一种假设或是表象，如果这对开放积极的诘问是必要的话。然而，第四，我们尚不清楚诘问是否需要这么做，因为我们可能非常强烈地相信p，同时认为（我们没有注意到的）包含非p的q、r、s、t；然而，一旦我们注意到这一点，即使我们并非先前就意识到，但对自己无知的新

38

---

[1] 参见Raphael Woolf, "Socratic Authority," in *Ancient Philosophy of the Self*, ed. Paulina Remes and Juha Sihvola（Dordrecht: Springer, 2008），86—92。

[2] Woolf, "Socratic Authority" 103–7。

[3] 《泰阿泰德篇》，189e—90a。

[4] 《美诺篇》，87b &sq。

[5] 《希庇阿斯前篇》，372d—e, 376c。

[6] 《卡尔米德篇》，159a。

认识也能够拓展我们的思维。

1.3　对自己能力的认识

在承认自己不知道自己是否"比提丰更复杂"还是"更单纯……[以及]……分享神性……"[1]之后，苏格拉底表示，他认为所有灵魂都是不朽的，[2]并描述了人类灵魂的结构是什么样子，他把灵魂比作一辆有翼的战车，由两匹代表欲望和愤怒的马牵引着、一位代表理性的车夫驱动着。[3]后来，在《斐德若篇》中，苏格拉底解释说灵魂作为一种自然的事物，应该根据"希波克拉底的方法和真理"来研究：对于每一事物，先判断它是单一的还是复合的；如果是复合的，则枚举它的组成部分；而对于每一个单一的，则判断它的能力，以及它能对什么起作用，或者其他事物通过什么方式能对它起作用。[4]在《理想国》第4卷和第10卷中有关灵魂三分的论述表明，只要通过考虑一个事物对立的态度或运动所要假定不同的主体作为这些态度或运动的承担者，这个事物就可以被分析为单一的；[5]要确定每个单一之物的行为以及受作用的能力，似乎需要在不同的环境中考虑每一个简单的因素：例如，具身性的——体现在人类身上，如善良与邪恶；体现在非人类身上——即非具身性的。《理想国》第4卷中的对立例子是对灵魂进行三分：欲望的、愤怒的和理性的部分。

这些文本似乎回答了苏格拉底关于他本质上是什么的问题，但在

---

[1] 《斐德若篇》，229e—30a。

[2] 同上书，245c—e。

[3] 同上书，246a—56e。

[4] 同上书，270d。

[5] 《理想国》，436b—41c。（[译注]原书误标为《斐德若篇》）

《理想国》的最后，苏格拉底说，为了了解灵魂的真实面貌，它应该被认为是与肉体相分离的（而讨论进行到目前为止已经考虑到了具身性的灵魂，并根据经验提出了心理冲突和性格类型的例子），以及灵魂是热爱智慧的。[1]他为一种条件和一种活动——哲学——赋予优先性，以确定灵魂的真正本质是什么，并主张关于灵魂的哲学的研究应该包括对其是单一的还是复合的回答。

迈尔斯·伯纳耶特（Myles Burnyeat）认为，《蒂迈欧篇》和《斐德若篇》探究了《理想国》这一段落中所描绘的两种选择，一种是本质上单一、理性的灵魂，一种是本质上由三部分构成的灵魂。[2]《斐德若篇》把人的灵魂描述为可三分的，无论是具身性的还是非具身性的，[3]但在《蒂迈欧篇》中，灵魂在（它的第一次）具身化之前是纯粹理性的，而具身化至人身为灵魂的三分提供了机会。[4]我们可以进一步考察这个主张。这两段对话都遵循《理想国》的教导："看灵魂对智慧的热爱"，即在观照理念（《斐德罗篇》）的活动中，或通过思考宇宙的理知性（《蒂迈欧篇》）而变得理性。在看灵魂的哲学性时，《蒂迈欧篇》的关注点在于事物将如何建立——在世界中，或者更确切地说，在身体里——以便给具身化的灵魂一个机会来研习哲学，回到它之前的单纯状态，在此之后，它的认知将会与世界灵魂的认知别无二致。《斐德若篇》既关注一个复合灵魂的动机必须是什么，才能使哲学成为可能，也探究哲学如何影响一个复合灵魂的各种动机。柏拉图提醒道，《斐德若篇》不

40

---

[1] 《理想国》，611e—12a。

[2] 参见Myles Burnyeat, "The Truth of Tripartition," Proceedings of the Aristotelian Society 106（2006）：1—23。

[3] 《斐德若篇》，246a—56e。

[4] 《蒂迈欧篇》，42a—b, 43a—44b, 69c—72d。

是在论述灵魂的构成，而是论述灵魂是什么样子，[1]而《蒂迈欧篇》的论述主体与一个模型相似，模型和相似物本身都不稳定。[2]两篇对话都没有明确回答"灵魂是单一的还是复合的"这个问题；相反，一个假设灵魂是单一的，另一个则主张灵魂是复合的，两者都为灵魂的哲学性探讨了一些可能的后果。真正得到某种答案的是关于与灵魂的哲学性相关的（根据不同的假说）每个单一部分的能力是什么的问题。

《理想国》中著名的人类灵魂形象是一个人、一头狮子和一头多头野兽的复合体，[3]灵魂的理性部分是人的内在，也同样有两个方面。一方面，理性的部分是人的形象。另一方面，苏格拉底指出，由于人的身体有人内在的相似性，那些只看到外在而非内在的人，会产生一个灵魂形象单一的（错误的）外表映像（ phainesthai ）（588d10-e1）。[4]

最后，我想说的是，《阿尔喀比亚德篇》也在教导我们"审视灵魂的哲学性"以了解灵魂自身，其中对其哲学性的描述要比《蒂迈欧篇》和《斐德若篇》少一些，"灵魂中像神一样的，是能认识和思考者"。[5]在《阿尔喀比亚德篇》中，苏格拉底认为，要知道如何照顾自己，使自己变

41

---

[1] 《斐德若篇》, 246a。

[2] 同上书, 29b—c。

[3] 同上书, 588b—e。

[4] 同上书, 588d10—e1。

[5] 《阿尔喀比亚德》133c。我不想就此篇对话的真伪问题表明立场，但我想指出，它对自我关怀和自我认知的描述的所有要素都可以在《斐多篇》《高尔吉亚篇》《泰阿泰德篇》和《理想国》中找到。有些人会认为这有利于说明其真实性，而另一些人则会认为这有利于怀疑者的观点，即这些是《阿尔喀比亚德》前篇中东拼西凑的来源：
（1）对灵魂的观照与对智慧和真理的追求紧密相连（《申辩篇》, 29d—30b）
（2）苏格拉底不是他的身体，所以一定是他的灵魂（《斐多篇》, 115c—16a）
（3）灵魂就像它所知道的那样，纯洁的、永恒的、不变的形式；而这灵魂是肉体的主宰（《斐多篇》, 79d—80a）
（4）灵魂是正确的感知主体，眼睛、耳朵等为它的工具（《泰阿泰德篇》, 184c—e）

得更好，我们就需要如德尔斐神谕所要求的那样去认识自己。[1]他的理由是，既然人的本质不在肉体，而是使用和支配肉体的灵魂，[2]那么，认识我们自己的箴言意味着我们应该认识自己的灵魂。[3]我们认识自己的方式，是通过类比来说明的，就像一只眼睛是如何看到自己的：通过观察它所看到的部分，这部分倒映在另一只眼睛里。同样地，我们通过了解灵魂中我们所知的那一部分来认识自己，因为那就是智慧的来源，它使灵魂变得更好。[4]

看来，至少在这里，苏格拉底似乎把真正的自我与进行探究和获得知识的主体联系起来，在《理想国》《斐德若篇》和《蒂迈欧篇》中，他对这个问题进行了非常细致的探究，但没有得出结论。然而，苏格拉底并不需要这样回答他最初的问题，即"我们应该如何使自己变得更好"[5]，因为答案是"通过倾听、关注和引导灵魂的一部分趋向智慧，使灵魂变得美好"。[6]他也不需要来回答"我们是什么"这个问题，在某种程度上，这与回答最初的问题密切相关，因为即使我们培养的某一部分能让我们变得优秀，这也并不意味着我们就只是优秀的那一部分。事实上，认为我们只是这优秀的一部分，可能会掩盖对我们的道德以及理智状态的了解，以及我们在成为更好的人时可能面临的内部挑战，而承认我们是由一个比较好和比较坏的部分组成的（如果我们是这样的话），则会增强我们变好的愿望，使我们能更准确地描述我们

---

[1] 《阿尔喀比亚德前篇》，128e—9a。

[2] 同上书，130c。

[3] 同上书，131e。

[4] 同上书，132d—33c以及130d—e。

[5] 同上书，128e—29a。

[6] 同上书，133b。

的状态，无论好与坏。[1]

实际上，苏格拉底在《阿尔喀比亚德前篇》中并没有用"知识/探究的主体"来回答"什么是真正的自我"这一问题。就像《理想国》《斐德若篇》和《蒂迈欧篇》一样，《阿尔喀比亚德前篇》对其有关灵魂的不准确描述表达了歉意。《阿尔喀比亚德前篇》表明，对自我更精确的认识的条件是知道"它自己"是什么，而不仅仅像现阶段所讨论的"每一个自我"（*auton hekaston*）是什么；[2]然而，灵魂比我们身上其他的任何东西都更权威（*kuriōteron*）[3]这一事实足以将灵魂与自我区分开来：自我是身体及其财产的使用者和统治者。所有这一切都表明，尽管进一步精确地描述自我是可能的，但在本文讨论中还暂时不会找到这种可能性。在这种情况下，我们不应该期望用眼睛的类比来精确说明什么是自我，什么是"灵魂"。[4]眼睛的类比是在建议我们应该如何去探究"什么是灵魂"这个问题：就像眼睛通过注视另一只眼睛来观察自己，特别是注视瞳孔，这是眼睛最好的部分。而一个灵魂所看到的部分，也将通过观察灵魂中产生智慧的美好部分来认识自己。[5]当然，如果眼睛看的是面部或眼睛的某个不反光的部分，眼睛就根本看不见自己，瞳孔是眼睛中负责眼睛的最佳活动——看——的一部分（实际上也是决定性的活动）。但如果认为眼睛就是瞳孔，那就错了。同样地，如果我们忽视掉灵魂中追求智慧的那部分，就会错过我们灵魂的独特性和重要性；错过人类中最具决定性的能力，但这并不意味着其他部

43

---

[1] 《理想国》, 430e—31a。

[2] 《阿尔喀比亚德前篇》, 130c—d。

[3] 同上书, 130d5。

[4] 同上书, 132b。我们已经回答了那个问题。

[5] 同上书, 133a—b。

分或能力在任何意义上不是"我们"。[1]至于我们如何认识智慧——寻找灵魂的一部分——正如我们可以从《理想国》的"观察灵魂的哲学性"和《斐德若篇》中"对于每一个单一的事物，都要观察它的行动以及作用"获得的眼睛的类比——《阿尔喀比亚德前篇》就是这样将我们引向智慧的活动与对象。

《阿尔喀比亚德前篇》的不少当代读者认为，它把自知视为（用安纳斯的话来说）"并非范式上的主观，也不是具体的个人；[而是]客观的范式，使真正的自我最终成为上帝，达到最终的实相"[2]。不过，将《阿尔喀比亚德前篇》中有关自我认知的部分放在追求自我认知的对话的语境中来看，对一个人的灵魂的认识，是人之为人的一种能力，得出的客观性及普遍性（而非主观性及个体性）的回答并不令人惊讶。个体之间的差异在于状态，而非能力。

（王萱婕　唐艺纯　译）

---

[1] 这种（广泛的）观点的一个最近的表达出现在保利娜·雷姆斯(Pauliina Remes)那里。她表示正确的自我认知的对象是思维与理性的主体，而不是身体的推动者(尽管自我与世界之间的界限由于自我的附庸如身体、语言和理性这些存在而变得复杂)。参见Pauliina Remes, "Reason to Care: The Object and Structure of Self—Knowledge in the *Alcibiades I*," Apeiron 46（2013）: 285。

[2] Annas, "Self—Knowledge in Early Plato," 133.

亚里士多德论自我认知的必要条件

克里斯托弗·希尔兹

2.1 亚里士多德框架下的赖尔两难

在亚里士多德去世很久后,他最热心的崇拜者之一对我们认识自己的能力提出了一个两难问题:

> 我可以,还是不可以,将"认识我自己"列入那类我能认识的
> 事情清单?如果我回答"不可以",这似乎就会使我对自我的认知
> 变成一个理论上无法解释的谜团。但若我回答"可以",这似乎就
> 像把渔网收束成自己捕捞的一条鱼一样。似乎不管认可还是否认
> 法官可以被置于被告席中,都是一件冒险的事情。[1]

45　　　这是吉尔伯特·赖尔(Gilbert Ryle)于20世纪中期重新讨论的在当时已有定论的问题。这或许就是为什么赖尔认为在提出这个问题时不必超越比喻。不幸的是,尽管赖尔所运用的比喻或许十分生动、发人深省,他的两难论证并不比一个被认为永远不可能被我们所掌握的自我更容易把握。为什么一个法官不会受到审判?为什么一张网不会被网本身束缚住?

---

[1]　Gilbert Ryle, *The Concept of Mind* (Chicago: University of Chicago Press, 1949) , 187.

尽管如此，赖尔的普遍担忧也许会成为一个更尖锐的焦点。我们是否可以说，一个正在进行认知的主体认识他自己？如果不可以，那么这个正在进行认知的主体自身就将永远不被认识；在这种情况下，我们关于自我的理论注定永远保持沉默。然而，如果我们可以认识自身，那么当我们寻求自我认知时，似乎便参与进一个明显有误导性的活动，就好比我们是渔夫，为了捕捉海鱼而例行撒下渔网，却因错误的放置而让网束住了网，相互纠缠。而有些东西——赖尔并没有说是什么——在这样一个程序中奇怪地出了错。也许赖尔关心的是，要求正在进行认知的主体去认识自己时，我们像是在要求一个工具把它的活动转向自身，而不是它的合适对象，就好比试图用锤子敲击锤子本身，而不是钉子：每当我们用锤子敲击锤子自身时，锤子会向一边移动，偏离原本的轨道，使它在指向自身的时候显得无能为力。把这两者结合在一起考虑，那么，要么我们首先承认，一个正在认知的自我是无法认识自身的，要么我们就会发现，这个认识的活动阻止了自我将此活动转向自身。在任何一种情况下，自我都逃脱了认识自己的能力。如果真是这样，那么不幸的是，我们只能绝望地面对苏格拉底处的德尔斐神谕："认识你自己。"这也是苏格拉底的劝诫（γνῶθι σεαυτόν; v.Chrm. 164d; Prt. 343b; Phdr. 229e; Phlb. 48c; Laws. 2.923a; I Alc. 124a, 129a, 132c）。或许我们愿意听从苏格拉底的劝诫：但是，我们该怎么做呢？

　　赖尔并没有明确表示，他提出的上述困境与亚里士多德有关。但是，我们可以这样理解，这种两难在亚里士多德有关人类思维的总体框架那里，以两种不同的方式找到一个天然的归宿。其中一个相当普遍，另一个则相当具体且独特。前者包含一个行为—对象的思想概念，正是这种思想基础，在某种程度上激发了赖尔提出两难问题。为了理

46

解亚里士多德的方法,我们可以举一个例子。例如在苏格拉底思考一些事物的主题中,正义总是作为一种被寻求的对象。这种情况有且仅发生在苏格拉底思考某个合适的思想对象时。这是亚里士多德在他所设立的思考和感知并行的基础上作出的推论。正如一个人通过与适当的感知对象(*aisthēton*)保持适当关系而感知到这个感知对象一样;当一个人站在一个思维对象(*noēton*)的角度时,他也会思考(《论灵魂》3.4, 429a13—15)。从这些案例的形式中,我们看到了某种结构的相似性:思考(与感知一样),包含一个主体S,一个思考者(与感知者一样),位于一段关系R中来思考(同样,感知亦如此)。所以,在每一种情况下:S对于o来说位于R。

这样的比较令人担忧。人们可以在此基础上假设,正如我们的眼睛看不见自己的眼睛,除非间接地通过镜子来看。所以,我们的思维不思考我们的思维本身,至少不是以任何直接的方式。我们不认为自己是我们所认为的其他思考对象。我们只是偶然地,甚至需要通过一个反思中介的帮助而成为自己的思想与感知的对象。事实上,在这里,亚里士多德的这个比喻似乎确实给正在进行认知的主体制造了一些特别的难题:它,即正在进行认知的主体,无法通过镜子来认识自己。然而眼睛至少可以并且确实能通过镜子发现自己正在"看"。

很明显:关于行为—对象的认识概念,无论其优点或缺点如何,本身不是造成赖尔的自我认识困境的原因。毕竟,行为—对象这个概念本身不回答有关思维是否可能进行自我反思的问题;并且在这里,任何与作用于自身的工具的比较都可能显得非常不恰当。锤子不能锤炼自己,这是事实,但这是因为锤打这个行为显然是一种非反身关系。相比之下,似乎没有普遍理由认为思维必须是反身的。相反,思维似乎非常适合进行自我反思,因为与视觉不同,思维可以把它的精神凝视转向它思考的对象,包括——并不存在相反的论点——它本身。更重要的是,亚里士多德屡次强调,思维与感知是不一样的。因为思维完全是可塑的,在其对象中并不受约束,而感知在延伸性与范围上是有限的(《论灵魂》3.4,429 a29—b9)。如果思维像亚里士多德说的那样可以思考"一切",(*panta*;《论灵魂》3.4,429 a18),那么想必它便可以思考自身,也可以意识到自己正在思考自身。

然而,这使我们看到亚里士多德与赖尔困境有关的第二个特质。亚里士多德认为,努斯(*nous*)"实际上不属于它思考之前就存在的事物"(《论灵魂》3.4,429a22—24),[1]这是一个具有挑战性的说法,这一段落也引起了许多不同的解释。他宣称这一点的基础,恰恰在于他的论点,即努斯最终是可塑的:他认为,如果努斯具有自身的特性,那么它将被排除在不同的对象之外,因为其特性会封闭或阻碍自己。就好像我们的眼睛的物理结构使我们不能看到红外光谱中的颜色一样,或者在我们遭受了震耳欲聋的巨大噪音时,耳朵的物理结构也会使我们暂时失聪。这一理论的确认反过来又促使亚里士多德陷入一种担忧。亚里士多德由此引出了一个非常类似于赖尔的担忧:"还有一个困难:努斯本身是否就是理性的一个对象?因为,要么其他事物也具有理性——如果它并非由于其他事物,而是自身就是理性的对象,而且理性的对象是某种形式上为一的事物;要么它具有某种混合的事物,而该事物令其像其他事物一样成为理性的对象。"(《论灵魂》3.4,

---

[1] 对这段文本中亚里士多德的考察,参看 Christopher Shields, "Intentionality and Isomorphism in Aristotle," *Proceedings of the Boston Area Colloquium in Ancient Philosophy* Ⅱ(1995):307—30。

429b26—29）这听起来就好像亚里士多德提出了这样一个简单的问题：心灵是如何自我运作的呢？如果它失去了自己的任何正面性质，那么它如何认识自己呢？这样，又如何声称"知道"呢？当它转向自身时，它躲避自己，因为它自身的可塑性使它不适合作为自己运作的对象。[1]

综上所述，亚里士多德的总体框架，连同他对心灵的最终可塑性的独特概念，使他产生了一个赖尔式的问题：如果一个正在进行认知的主体没有一个被人知晓的本性，那么每次当它将注意力转向自己时，它如何能认识自己？

亚里士多德并没有正面解决赖尔的问题。也就是说，尽管他确实在《论灵魂》3.4中思考了心灵作为自己的对象之一的能力，但他没有提出并回答一个关于自我认知之可能性的抽象难题。然而，亚里士多德所做的却要有趣得多：在思考人类友谊所需的自我认知时，亚里士多德深刻地思考了一个人必须了解他自己的什么方面——他的本性、他的品格、他的道德性情——来达到和成就一段稳定、长期的关系。这种自我认知以一种适合人类生活需要的深刻的、实际的方式来面对苏格拉底的训诫。同时，这种自我认知也解决了试图使自我认知无法实现的赖尔谜题。

2.2 迂回法1：镜中无望的一瞥

正在视物的眼睛不能直接看到自身，而只能间接地在反射中看见

---

[1] 这似乎是 S. H. Rosen, "Thought and Touch: A Note on Aristotle's *De Anima*," *Phronesis* 6（1961）: 127—37最后的意见："如果灵魂（*psyché*）本身是不确定的，那么它就不能思考自己，因为这样做是为了确定不能确定的。"他认为亚里士多德的这样一种判断会有令人不愉快的后果："理知灵魂导致了一种柏拉图式的结论，即让直接认识自身成为不可能（136）。"我们将看到一些怀疑这个推论的理由。

自身。当眼睛在镜子里直接盯着自己，眼睛会看到自身，甚至看到自己正在看。眼睛可能同样能看到自己在其他地方的反射，例如，凝视
爱人那可以反射景象的眼睛。所以，我们也可以在他人的眼睛中看见
我们自己的眼睛。将亚里士多德的比喻再推进一步，也许只有从了解
自己在另一个人那里的认识活动中的反映，才能认识自己。通过这种
方法，我们会获得自我认识，不过是通过反射而不是反身机制。

事实上，亚里士多德似乎在《大伦理学》（*Magna Moralia*）2.15[1]
的一有趣段落里提出了回应。这一段落主要在回应对友谊的担忧。这
种担忧源于对幸福的自足之假设：如果我们相信一个幸福、繁荣的生
活是什么都不缺的，那么我们便会认为幸福对一个美好的生活而言是
足够的。然而，即使是幸福的人也需要朋友：失去朋友的生活不如一
个拥有很多朋友的生活。的确，朋友似乎是生活中的幸福所必需的。
因此，有人也许会说，要么与我们对幸福（*eudaimonia*）的描述相反，
幸福的生活并非自足的，或者与明显的事实相反，友谊并不能使生活
更美好。亚里士多德的回应是：

> 但是，我们进行探究的自足不是关于神的而是关于人类的。
> 这个问题是关于自足的人是否需要友谊。如果，当你看到一个朋
> 友，你可以看到朋友的本质和属性……至少在你交了一个非常好
> 的朋友的前提下，就好比第二个自我。正如俗语所说，"这里有另
> 一个赫拉克勒斯，亲爱的另一个我"。这样一来，这两件事情都成
> 了非常难以实现的事。正如圣人所说，获得关于自我的知识——
> 这同时也是最愉快的——与我们无法通过我们自己来看到自己是
> 什么样的（并且显而易见我们不能这样做，因为我们责怪别人的

[1] Aristotle, *Magna Moralia*, ed. F. Susemihl (Leipzig: Teubner, 1883) .

第二章 亚里士多德论自我认知的必要条件 —— 047

同时不能意识到我们自己也做同样值得责怪的事情）……

虽然这段文本比较棘手，但仍然包含了一些对亚里士多德的友谊、幸福以及自我认识的理解的丰富建议。在这一文段中，它主要令人感兴趣的地方在于一个惊人的暗示：一个亲密的朋友是"第二自我"或"另一个自我"（*heteros einai egō*; ἕτερος εἶναι ἐγώ, 1213a12），这样一种理解为我们提供了一个宝贵的自我认知途径。亚里士多德暗示，认识到另一个自我的价值源于一个令人悲哀但无可争辩的事实，那就是我们往往对自己的认识不明晰。正如亚里士多德所认为的，这种不明晰作为一种证据，通过它我们可能会在别人身上发现自己沉迷于所从事的活动中的缺点：我们对邻居的易怒感到愤怒，我们抱怨我们的配偶抱怨太多。

幸运的是，我们可以通过看到自己在朋友身上的倒影来克服自我不明晰的倾向：

> 因此，当我们希望看到自己的面孔时，我们照镜子。同样，当我们想了解自己的时候，我们可以通过观察我们的朋友来获得这些知识。因为正如之前论述的，朋友，是另一个自我。如果认识自己是一件愉快的事，并且若不将他人作为朋友便不可能知道这件事，那么，一个自给自足的人就需要友谊来认识自己。

我们通过观察自己的朋友来认识自己，因为看到他们，我们就看到了第二个自我。从这个角度来看，我们认识到，与消除这样的一种可能性恰恰相反，幸福感的自给自足肯定需要友谊。要做到自我的完整，我们必须有自知之明；要有自知之明，我们必须要从朋友那里获益，即我们通过第二个自我来进行反思。当我们看到自己在朋友身上的反映时，我们就设法得到了一种令人愉快的自我认识。否则，而这些自我认识本来是被排除在视线之外的。

必须指出，到目前为止，亚里士多德的策略似乎没什么希望。当然，他主张自给自足的自足性和幸福的完整性是以人类友谊为前提而不是排除它，这似乎是正确的。然而，令人吃惊的是，在这种情况下，亚里士多德显然抛弃了赖尔两难的第二个困境：他似乎认为我们不能直接或通过自省认识自己。因此，如果我们要获得自我认知，就必须有朋友。只有通过了解反映在朋友身上的我们自己，我们才能知道我们是谁。这就是说，自我认识只能是反射性的，而不是反身的。然而至少到目前为止，我们没有理由认为上述便是事实。那么，在某种程度上，即便亚里士多德假定这一点没有争论，他的主张仍不令人信服：为什么我们应该同意，一个正在进行认知的主体对自我进行认知就像一张网网罗自身或锤子锤打自己？当有人用食指揉搓拇指时，他会触碰到自己。为什么必须以眼睛看而不用触摸为例子？有什么事物是要求它本身是非反身性的？事实上，在另一处文本中，亚里士多德自己非常高兴地认为，成功的思维就像触摸（《形而上学》，1051b24—25）。

更重要的是，在这一段文本中，亚里士多德似乎承认，直接的自我认识是不可能的——我们不能直接认识自己，而只能间接地认识自己——即使他承认，这种自我认识是令人愉快的。无论如何，他在这里的这种推定显然是为了对友谊辩护，那就是：（1）幸福感需要自我认知；（2）只有通过反射才能获得自我认知；（3）这种思考只有朋友能提供；因此，（4）朋友是幸福所必需的。如果所有这些都正确，那么直接的自我认识便无法实现。自知所带来的快乐并不完全来自自己。虽然这种形式没有矛盾，但它确实在亚里士多德的方法中引入了一种张力。或许——尽管这件事可能是不确定的[1]——圣人所认为的那种令人愉快的自我认识并不是折射或反射出来的，而是直接的。例如，在柏拉图那里，这种认识指的是贤人作为神谕的来源的认识。[2]亚里士多德在这段选文中提供的间接认识，在所谓的胭脂测试（rouge test）中，是一种推理性的或准推理性的。在胭脂测试中，当灵长类动物或小孩去看的时候，往往惊愕于镜子里的眼睛是自己眼睛的映像。[3]

亚里士多德在这一段的陈述中有一个更亟须解决的问题：他假设，而非通过论证或立论，自我认识不能简单地是反身性的，它不是即时的，一个人自己不能通过快速地捕捉掌握自己的心理状态，而必须通过镜子作为媒介。至少在某些情况下，这确实非常奇怪：一个人不需要依靠朋友的反应来了解到自己正处于饥饿中。毫无疑问，我们的朋友确实教会我们认识自身，但坚持我们的朋友总是比我们更了解我们自己，这似乎是一种怪诞的扭曲。这种扭曲同样反映在我们不能从自己身上学习自己，而必须依赖于我们对他人反应的快速捕捉。

2.3 迂回法2：再照镜子里的自己

那么，我们是否应该得出这样的结论：亚里士多德不经论证就采

---

[1] 或许，亚里士多德并没有特别提到贤人，而是打算通过为一句格言提供一个可敬的谱系来体现其崇高的实践性。参见H. Parke and D. E. W. Wormell, *The Delphic Oracle*（Oxford: Blackwell, 1956），I:389。

[2] 柏拉图列举了七贤作为来源，其中包括泰勒斯和梭伦（《普罗塔戈拉篇》，343a–b）。

[3] 这项测试旨在测量幼儿和一些灵长目动物的自我意识。参见 G. G. Gallup, "Chimpanzees: Self—Recognition," *Science* 167（1970）：86–87;以及Jens B. Asendorpf et. al.。

纳了这种极端的观点,并确信那种直接、无中介的自我认知是不可能的?在某些文段中,亚里士多德似乎倾向于提供这种观点,也许是因为他理解行为—对象概念的方式预示了赖尔观点的提出。因此,在他的《形而上学》12.9 里的一段暗示性的文字中,亚里士多德主张,"看来,认知、感知、信念和理解只将其他事物作为他们的对象,而以他们自己为对象则只是作为一种顺带的产物"(《形而上学》1074b35—36;φαίνεται δ'άει άλλου ἡ ἐπιστήμηκαί ἡ αἴσθησις καί ἡ διάωοια,αὐτῆς δ'ἐν παρέργωι.)。这就足以理解亚里士多德在此处几乎确信的这个理论:所有的思考,如同所有的感知,首先是指向其他物体,而不是自身,其结果是,自我仅仅作为一种副产品,或者说是次要的或衍生的(*en parergo*;ἐν παρέργωι)。这相当于说,思考并不比视觉感知更具有反身性:当思想思考自身时,它是通过捕捉在其主要对象中的自身来实现的。这反过来似乎表示思考不是,也不可能是反身性的:于是,那个正在思考的自我,将只能间接地思考自我,当它被其他主要的对象反映出来时。

应该强调的是,这段话的语境是对神的自我意识的复杂描述,[1]但这里所描述的心理状态非常普遍,当然不限于神的活动。如果从表面上看,那么几乎可以确信——都不需要论证——思维必须是间接的,因为它从不进行自我反思。有人或许会好奇为什么亚里士多德持这种观点,如果他真的持这种观点的话。就算他确实持有此种观点,这也不能给我们一个充足的理由去认为思维本身不能思考它自己:自我思考,但这与思维的过程并不相同。思维的非反身性并不代表它不转向

[53]

---

[1] Sandbach提供了这段话结构的明晰视角,但不太成功,因为他做了一个不必要的词语转换,见F. H. Sandbach, "A transposition in Aristotle, *Metaphysics* Λ c.9 1074 b"*Mnemosyne* , 4th ser.,7(1954) :39—43。

显现中的自我。[1]如果有人要用有说服力的方式来完善亚里士多德在
《大伦理学》里的论证，那么，他需要的要么是一个技术性的理由，来证
明思维绝不会反思，要么是其他的一些理由来证明无中介的自我认知
是不可能的。至少到目前为止，亚里士多德并没给出这两者中的任何
一个。

此外，值得注意的是，亚里士多德在接下来的两个文段中发展了
他"幸福的人需要朋友"的论证，第一个是在《尼各马可伦理学》9.9
中，他自始至终回避对自我认知的探讨。在这一章中，我们再次看到
亚里士多德在争论一个好人是否需要朋友的问题。而现在，他的解答
相比之下慎重不少，并且以一种完全不同的方式被组织起来：

> 当然，让这个被祝福的人成为一个孤独的人，是很奇怪的；因
> 为没人乐意在独身一人的条件下拥有一切美好事物，因为人是一
> 种政治动物，其本性是与他人共处。因此，即使是幸福的人也与
> 他人一起生活；因为他拥有本质上美好的东西。显然，与朋友和
> 好人一起过日子比和陌生人或任何随机的人在一起要好。因此，
> 幸福的人需要朋友。

亚里士多德以两种不同方式缓和了他在《大伦理学》里的回答。
首先，也是目前最关键的一点，他现在主张友谊的必要性，不仅是

---

[1] Oehler就是这么理解这个文段的。见Klaus Oehler, "Aristotle on Self—Knowledge", *Proceedings of the American Philosophical Society* 118（1954）：493–506："因为思考的真正作用在亚里士多德看来是目的论的，不是反思性的，他们的自我认知只可能是偶然性的或次要的……是一种只能通过参照一个不同的对象而得到的自我认知。"（497）这些观点被关注时自然产生两个问题：（1）为何要支持一个非此"目的论的" 即彼"不具反思性"（可是关于目的自身没什么与反思悖反的）?（2）假设确有这种矛盾，自我认知受限于"只通过参照一个不同的对象而发生"，这种说法的依凭何在？我们是否永远受限于参照从某种镜子中看到的某物来思考自身？

基于任何关于自我认知的假定事实,而且更是建立在对人类的政治特性的主张上。在说人是政治动物时,亚里士多德试图在有关人类本性的事实中寻求对友谊的需要。因此,对自我认知的诉求完全消失了。其次,亚里士多德为友谊的好处提供"值当的选择"的证明:友谊的价值显见,不是因为它提供了自我认知,而是因为它为人类的利益作出了确定贡献。从一个不同的角度看,这两个理由将友谊的价值定位在客观的、自然的,而不是朋友为了获得自我认识而可能具有任何工具价值的特征上。在《尼各马可伦理学》9.9中,[1]亚里士多德理论依靠的并不是镜子,而是本性。最终,他的确这样做到了,这一方式似乎将他引入一个明显的非连续性。如前所述,该论点表明,朋友是身外的财富,而人需要外在的财富才能幸福,基于此,为了幸福朋友不可或缺;但这不是因为一个人需要身外财富才能获得幸福,而是认为所需要的身外财富包括了友谊带来的好处。为了敉平这之间的断裂,还需要进一步的讨论。

因此,本章关于友谊的讨论,似乎与亚里士多德对自我认知的探讨无关,但事实上这是一种假象。它与自我认知的关联性以令人惊讶的、更完善的方式在《欧德谟伦理学》(*Eudemian Ethics*)7.12中的几行字显现。[2]在那儿,亚里士多德将他在《大伦理学》中关于自我认知的想法以一种启发性的方式嵌入《尼各马可伦理学》的客观框架中。《欧德谟伦理学》又一次地提出由朋友提供的具有反射性的自我认知,但现在是从一个新的角度提出的。亚里士多德现在暗示,迄今为止被考虑的两种方式都是对同一问题的巧妙的解决方案。这在亚里士多德

---

[1]　Aristotle, *Ethica Nicomachea*, ed. I. Bywater (Oxford: Oxford University Press, 1963).

[2]　Aristotle, *Ethica Eudemia*, ed. R. Walzer and J. Mingay (Oxford: Oxford University Press, 1991).

通达自我认知的路上产生了崭新深远的启示。

在这里，关于自足与友谊的关系问题再一次被提出，但现在似乎对《尼各马可伦理学》的不合理之处应更加小心：

> 我们还必须考虑自足和友谊，以及它们之间的关系。有人或许会质疑，如果一个人在各方面都自足，他是否会有一个朋友，如果一个人基于某些需要寻求一个伙伴，而善者完全自足。如果那个卓越的人是幸福的，那他为何需要一个朋友呢？既然自足的人并不因为别人有用或者别人能激励他而需要他人；更别提他需要社会了：他自己的社会对他来说已经足够。这在一个神的例子上最直白显著；显然，神既不需要一个朋友，也不会有一个朋友，假设他并不需要一个朋友的话。

这个答案提供了一个新的转折，将亚里士多德在《大伦理学》中谈到的关于反身性的自我认知联系于《尼各马可伦理学》中更客观的方法：

> 显然，生命，作为一种活动和一个目标，是感知和知识；因此，共同生活（to suzen；τό συζην）是共同的感知（to sunaisthanesthai；τό συναιθάνεσθαι）和共同的知识（to suggnorizein；το συγγνωρίζειν）……所有人都渴求自我感知和自我认知，因此对生命的渴望是与生俱来的；因为它必须被当作一种知识……因此，想要感知自己就是希望自己具有某种特定的品格——因为，我们本不具备所有这些品格，只有通过感知和认识参与这些品格——那么感知者便以这种方式变得可感知，而且在这方面他最初就是以这种方式感知，

以及以他感知的方式和对象为根据；认知者以同样的方式获得认知——正是因为这个原因，一个人总是渴望生命，因为一个人总是渴求知识；而这是因为他自己想要成为可被知晓的对象。

在这一段中，亚里士多德完全颠倒了方向。他进行了一系列讨论，每个论点都令人印象深刻，且与迄今为止任何关于友谊价值的讨论都不一样。在这里，他首先想要说明被认知的欲望是天生且自然的，因为在现实生活中，渴望共同生活的欲望对于繁荣是自然和必要的。因此，被人所知的欲望是作为假设的命题而引入的。然而，亚里士多德进一步主张，这样的知识要求共同的认识，因为共同生活既要求共有的知识又要求共有的感知。这些也被称为共同认知。社会生活需要共同的认知，这看起来是理所当然的，至少就共同生活要求分工合作式的活动这一理由来说，不管是完全平淡无奇的活动还是要求高度精细与灵巧的活动。如果这是正确的，那么，按照亚里士多德的说法，对所有人来说，先天所具有的生命的形式都要求共同认知和相互的认知。

现在，反过来：共同的认知和相互认知需要自我认知作为基础条件。比如说，我知道，只有当我清楚自己的品德正如清楚你的品德时，我才能说我们俩在品德上是一样的；更确切地说，只有当你自己有了必要的关于自己意愿的自我认知，你才知道我知道我们应该在歌剧结束后见面。接着，按亚里士多德的方法，自我认知是人类繁荣昌盛的必要条件：并非排斥相互依存，相反，幸福的自我完备实际上对共同生活有所要求，因此也要求共同的认知和相互认知。然而，这两者都以感性的自我意识和自我认知为前提。

这就是为什么亚里士多德的结论是：认识自己是最有价值的选择，因此，对所有人来说对生命的渴望是自然的（或者说，天性如此）（《欧德谟伦理学》1244.25—26）。简而言之，亚里士多德的论证就是这样，分三段：（1）人的生命，作为一种实现和终点（ *to zen to kat'energeian kai hos telos* ），是认知和感知。每个人都渴望生命，因此，每个人都渴望认知和感知。（2）人类天生寻求共同生活。只有当过群体生活的人有共同的感知和相互认知时，共同生活才成为可能。因此，每个人都发现相互感知和认知是最值当的选择（ hairetōtaton; αἱρετώτατον ）。（3）只有当那些过共同生活的人拥有自我感知和自我认知时，相互的感知和认知才成为可能。因此，人天生就认为自我感知和自我认知有价值且令人愉悦。

在这个论证中有许多可以探究的地方，但现在必须说明两点。在第一段，亚里士多德这么说很古怪且显得被迫："看来，生命，作为一种活动和目标，是一种感知和认知；因此，共同生活是共同的感知和共同的认知。"生命看起来不是感知和认知；相反，有生命物看起来会去感知和认知。亚里士多德想表达的确实就是他所说的，然而，他通过声称"将生命视为一种活动和一个目标，或一个结束，它是认知与感知"来表达他的观点。在这里，他引入在《论灵魂》2.4中被阐释得最清晰的一种观点，即"存在就是生命"（415b13），同时在同一章里坚持认为，灵魂不仅是肉体的形式因，更是它的目的因（415b1, b17; telos ）。将这些理论合在一起，亚里士多德开始解释他令人惊异的看法，即生命，被看作一种活动和目标，是认知和感知：人类本质上是认知者与感知者，他们做什么都是为了保障认知和感知。其次，这个论证采用了一种目的论的带假设条件的三段论的形式。最简洁地说，亚里士多德在这里说为了让人达到他最好的状态，为了他的繁荣——当然，他有一个天生的冲动——必须去过共同生活，于是与他人一样有共同的认知和感知，就有了自我认知。最终他想说的是，朋友不是被用作自我认知的工具,恰恰相反,自我认知是友谊的必要前提,是人们天生追求的一种外在的善。

2.4 总 结

如果说以上讨论呈现了亚里士多德最复杂的观点,那么他对友谊的描述就以具有启发性的方式凸显了自我认知的来源和价值。他认为自我认知是最可取和最令人愉快的,这并不是附和德尔斐神谕的一种陈词滥调。它是一些高度理论化的观念,衍生自一些关于人类本性和社会生活的实质性且有争议的讨论。

他最终的观点并不是说,在他人之中看见自身的反射构成了自我认知的一种形式,也不是说,看见一个被反射的自我便是自我认知的必要或首要来源。相反,要看到某人的品格,无论是吸引人的还是糟糕的,都是以另一个人为例,并且同时看到其他人眼中的他的特性是以自身为典型的,这需要相互的认知和感知。人类的繁荣所需要的相互认同,因此就预设了而非产生了自我认知。最后,亚里士多德并没有设想一个自恋地盯着镜子中某物的主体,它从所看到的对象的形象中推断出某种特征。相反,他设想这些主体认识他们自己,在共同的主体性中相互映照,以被相互认知和感知所反映的自我认知为前提。这一切说法都看起来非常贴切。毕竟,只有当我们意识到自己在镜中看见自身时,才会将镜子中的自己视为自己。否则,我们就只是看到另一个人而已。

那么,就从我们开始的地方结束吧:赖尔的担忧的确为真,但亚里士多德的解答也是一个真的解答。当我们了解自己的时候,也就知道我们不是什么:我们不是束缚自己的网。更一般地说,我们也不是任何无目的出现的工具。确切而言，我们是一种名为人类的动物，于是在我们社会存在的本性中，其最充分和最好的属性存在于我们相互的认知与感知里。它无法避免地从自我知识与感知中产生。因此，认为自我认知对每个人都是最值当和愉快的选择，也就不足为奇了。没有它，人类就不能繁荣。事实上，没有自我认知，我们就不可能成为我们所认识的自己。

致　谢

感谢乌苏拉·伦茨，她在这篇论文草稿阶段提供了深刻而有益的见解，同时感谢2014年7月在康斯坦茨举办的关于这个主题的丰富而激动人心的会议的与会者们。

（刘欣欣　范香凝　译）

第三章

晚期斯多葛学派论自我认知

马塞尔·范·阿克伦

斯多葛学派的创始人芝诺因阅读苏格拉底而被哲学吸引。[1]这一影响之大，以至于斯多葛派"也愿意被称为苏格拉底学派"。[2]但斯多葛学派是如何将作为苏格拉底思想核心的自我认知概念化的呢？他们借鉴了苏格拉底的核心思想，这在爱比克泰德的作品中体现得尤为明显。他们吸收了理智主义伦理主张的内核和普遍的哲学实践追求，包括哲学作为生活艺术的概念和对诘问的重要性的强调。[3]

其中，核心的伦理主张认为，错误与不一致的信念会使人们不道德和痛苦，[4]这一主张通过一种错误理论和自我认知相联系在一起："每一个错误都蕴含着一个心理冲突……每一个理性的灵魂自然地就反对冲突，但只要未意识到正身处冲突之中，就无法阻止他产生不一致的行为。然而，一旦他意识到了，他就会强烈地想摆脱、避开这种

62

---

[1] 参见Diogenes Laertius, "Diogenis Laertii Vitae philosophorum," ed. Miroslav Marcovich, in *Bibliotheca scriptorum Graecorum et Romanorum Teubneriana*, vol.1: *Books I–X*; vol.2: *Excerpta Byzantina*（Stuttgart: Teubner, 1999–2002），7.2, 28, and 31–32。

[2] Philodemus, "On the Stoics," *Cronache Ercolanese* 12（1982）XIII, 3. 参见 Francesca Allesse, *La Stoa e la tradizione socratica*（Naples: Bibliopolis, 2000）. 参见Rene Brouwer, *The Stoic Sage: The Early Stoics on Wisdom, Sagehood and Socrates*（Cambridge: Cambridge University Press, 2013）.

[3] 参见Anthony A. Long, Epictetus: *A Socratic and Stoic Guide to Life*（Cambridge: Cambridge University Press, 2002），ch. 3.1。

[4] 见Arrian, *Epictetus Enchiridion*, 5。

冲突。"[1]

这种"错误"理论也解释了斯多葛学派自我探索方法的某些特征。比如，爱比克泰德认为完美一致的信念是真信念，而真信念是对被反驳信念的否定，他声称诘问能够导向真信念。[2]

因此，论证和反驳的专业知识[3]是生活艺术的一部分。[4]对于苏格拉底和斯多葛学派而言，艺术是对一个主体（*ergon*）总体性质（*physis*）的连贯叙述（*logos*），它允许某人给出理由（*aitiai*）并进行精确的解释。每种艺术也涉及关于适当的对于主体的规范以及对其最有利的知识。[5]作为一种生活艺术的哲学需要自我认知，因为"每个个体的生活都是生活艺术的材料"[6]。

斯多葛派的自我认知理论受到苏格拉底传统的强烈影响，但他们也赋予了自我认知一些不同的特点：（1）关于自我知识的对象；（2）关于它的道德和政治后果；（3）关于它的一些认识论分析。接下来，我们将重点关注罗马斯多葛学派，主要是马可·奥勒留，因为他的学说（4）突出展现了晚期斯多葛学派的特征：自我对话，这也成为实践哲学以及获得自我认知的工具。《沉思录》是独一无二的，因为它是作家与自己的第一次真正对话。对马可来说，获取自我认知并不需要其他人，

63

---

[1] Arrian, *Epictetus Discourses*, 2.26.1–5.

[2] 参见Long, *Socratic and Stoic Guide*, 83。另见Gregory Vlastos, "The Socratic Elenchos," *Oxford Studies in Ancient Philosophy I* (1983)：27–58。

[3] Arrian, *Epictetus Discourses*, 2.26.1–4.

[4] 参见Sextus Empiricus, *Against the Ethicists* (*Adversus Mathematicos XI*), trans. Richard Bett (Oxford: Clarendon Press, 2000), 170。另见Stefan Radt, *Strabons Geographika*, 10 vols. (Göttingen: Vandenhoeck & Ruprecht, 2002–11), 1.1.1。另见*Diogenes Laertius* 7.89以及 *Stoicorum Veterum Fragmenta* 3.560。

[5] 参见柏拉图，《伊翁篇》，530c—33c以及540b；柏拉图，《高尔吉亚篇》，463c—64c以及501c—504a。

[6] Arrian, *Epictetus Discourses*, 1.15.2.

如助产士（苏格拉底）或朋友（亚里士多德）的帮助。这将导向（5）关于"我"和"自我"的精神一元论。

3.1　我是什么？

根据马可·奥勒留的观点，自我认识应该提供了解自己本性的能力，即：

（1）人类完全是有形宇宙的一部分。

（2）灵魂最重要和最主要的能力（ *hegemonikon* ）是宇宙理性的一部分。

（3）宇宙理性为所有人共有，这使宇宙成为一个共同体。

（4）为这个共同体作出贡献是最高的行动指导目标。

诠释者们曾争论过马可的人类学论述是新柏拉图式的，因而是二元论的，[1]还是坚持身心一元论的正统斯多葛派的。相关意见可分为两组。第一组提到肉体/身体（ *sarcs/soma* ），灵魂（ *psyche/pneuma* ）和理性/主导部分（ *nous/hegemonikon* ）的区分。[2]第二组提到了所谓的柏拉图式的身体与灵魂的二元论。[3]

两者都不容易解释，尤其它们的关系是成问题的。总的来说，马

64

---

[1]　见Francesca Alesse, "Il tema delle affezioni nell'antropologia di Marco Aurelio," in *Antichi e moderni nella filosofia de et à imperiale*, ed. Aldo Branacacci（Naples: Bibliopolis, 2001）。另见Giovanni Reale, *The Schools of the Imperial Age*（Albany: SUNY Press, 1990）, 89–100。

[2]　例见Marcus Aurelius, *Meditations*, trans. R. Hardie（Ware: Woodsworth, 1997）, 12.14, 12.3, 8.56。

[3]　同上书, 10.1,6.32,3.7,10.11, 6.17,10.24,8.3,8.60。

可的说法在斯多葛学派的历史上是史无前例的。有人可能会争辩说，马可不是一个专业哲学家，他也没有意识到他的区别是非正统的。然而，马可最好被解释为正统的斯多葛主义者。虽然他提出了上述区别，但他一直假设上述的所有——包括理性——都是有形的。[1]因此，他的区别不基于柏拉图的形而上学和本体论的二元论。爱比克泰德，[2]甚至马可，都喜欢用柏拉图式的语言表达斯多葛派观点。但是，这意在表达，只有领导精神和美德才是重要的，特别是领导精神需要自主决定。[3]

自我认知是关于人（作为理性的和社会性生物）的本性的知识。[4]这两个特征不能分割，因为斯多葛学派的一元论认为身体、灵魂和理性不仅是物质世界的一部分，还认为存在"唯一一个宇宙灵魂"[5]和"一种物质、法则和所有智慧生物共有的理性"[6]。理性是一种把人类彼此联系在一起的东西，它是人类共有的。然而，一个共同体不需要用理性来构成，因为一个人灵魂的理性本质已经是"来自共同城邦"的某物了。[7]宇宙理性和宇宙共同体要先于个体理性和特定共同体。

---

[1] Marcus, *Meditations*, 5.26,11.20。见Anthony A. Long and David N. Sedley, *The Hellenistic Philosophers*, vol. 1（Cambridge: Cambridge University Press, 1987），53 B. 参见 Sextus Empiricus, *Adversus Mathematicos*, 7.2。

[2] Arrian, *Epictetus Discourses* 1.3.3–6, 1.9.11.另见Long, *Socratic and Stoic Guide*, 158。

[3] 参见Marcus Aurelius, *Meditations* 3.16 and 8.3; Christopher Gill, "Marcus Aurelius' Meditations: How Stoic and How Platonic?" in *Platonic Stoicism—Stoic Platonism: The Dialogue between Platonism and Stoicism in Antiquity,* ed. Mauro Bonazzi and Christoph Helmig（Leuven: Peters, 2007）; Marcel van Ackeren. *Die Philosophie Marc Aurels*, vol. 1: *Textform—Stillmerkmale—Selbstdialog;* vol. 2: *Themen—Begriffe—Argumente*（Berlin: de Gruyter, 2011），ch. 3。

[4] Marcus, *Meditations*, 5.29.

[5] 同上书, 12.30。

[6] 同上书, 7.9。

[7] 同上书, 4.4。

早期的斯多葛学派似乎倾向于认同这样的观点：只有圣人和神，也就是那些拥有完美理性和知识的人，才是真正的公民，这就需要与其他不那么理性的愚人区别开来，愚人只是宇宙城邦的居民。[1]相反，马可认为每个至少有推理能力的人都是一个真正的公民。他在圣人和愚人之间并不区分。

人类的理性和社会性都决定了人类的目标是为了获得幸福，他们需要以一种有益于社会的方式行动。马可·奥勒留主张："以这种方式看待事物：同时考虑各种事物在什么样的宇宙中起到什么样的作用、它对整个宇宙有什么价值，以及对于作为最尊贵的城邦的公民有什么作用，其他城邦都只是家庭而已。"[2]

因此，自我认知作为对自己的理性和政治性本质的认识，就需要有规范性要素。这就引出了关于善（好）的理论。

3.2　对我而言什么是善的?

正统的斯多葛派伦理学建立在对善或价值的三分之上：好的（agatha），坏的（kaka），无关紧要的（adiaphora）。好的等同于有益的和有用的，只有美德才是好的，因此美德对于幸福来说是必要且充分的。同样，只有恶是坏的。而无关紧要的包括剩下所有的东西，如财富、美丽、力量、健康和快乐等。[3]那些无关紧要的事物可以根据个体的本性进一步划分：可取的，不可取因而需要避免的，最后是完全无关

66

---

[1] Katja M. Vogt, *Law, Reason, and the Cosmic City* (Oxford: Oxford University Press, 2008).

[2] Marcus Aurelius, *Meditations*, 3.11.

[3] Diogenes Laertius, "Diogenis Laertii Vitae philosophorum," 7.101–2.

紧要的,既不可取也不需要避免的。[1]

然而,作为斯多葛派创始人芝诺的学生,希俄斯岛的阿里斯托(Aristo of Chios)主张,这种说法相对斯多葛主义的立场有偏差,他认为所有的事物都应该被平等对待,这意味着它们既不该被偏爱也不该被回避。[2]大卫·塞德利(David Sedley)曾说,哲学史与其他历史记载一样,都是由它的胜利者书写的,[3]这些胜利者使芝诺成为正统,使阿里斯托成为异端,[4]尽管他的观点并未完全背离斯多葛派中苏格拉底—犬儒派的脉络。[5]

在斯多葛主义晚期,阿里斯托的地位得到了重新确认。在爱比克泰德那儿,很难判断他是采纳了阿里斯托的立场,还是他仅仅没有沿用正统的区分。[6]但是,马可显然回到了阿里斯托的观点。他主张:"如果我们关心无关紧要的事物,正义就无法得到维持。"[7]在谈到无关紧要的事情时,马可从来没有提到其中一些是应该被优先考虑的。[8]

---

[1] Long and Sedley, *Hellenistic Philosophers*, 58 C–D.

[2] 同上书,58F—C。

[3] 参见David N. Sedley, "The School, from Zeno to Arius Didymus," in *The Cambridge Companion to the Stoics*, ed. Brad Inwood(Cambridge: Cambridge University Press, 2003), 14。

[4] 参见Diogenes Laertius, "Diogenis Laertii Vitae philosophorum," 7.161. 另见Sedley, *The School*, 14–15. 参见 Cicero, *De Finibus Bonorum et Malorum*, ed. L. D. Reynolds(Oxford: Oxford University Press, 1998), 3.50。

[5] 见柏拉图,《欧绪德谟篇》,278–81. 相反的,见Tad Brennan, *The Stoic Life: Emotions, Duties, and Fate* (Oxford: Oxford University Press, 2005), 119。

[6] 一方面,爱比克泰德从来没有明确地区分无关紧要事物中可取的和应避免的。然而,另一方面,在另一篇文章中他提到了克里西普斯的相关论点,并根据它们是与本性一致还是与本性相悖,区分不同的价值。见Arrian, *Epictetus Enchiridion,* 36; Arrian, Epictetus Discourses, 1.2.7, 1.2.10; Pierre Hadot, The Inner Citadel: *The Meditations of Marcus Aurelius*(Cambridge, MA: Harvard University Press, 2001)vs. Geert Roskam, *On the Path to Virtue: The Stoic Doctrine of Moral Progress and Its Reception in*(*Middle—*)*Platonism*(Leuven: Peters, 2005), 17–133。

[7] Marcus Aurelius, *Meditations*, 11.10, 11.24, 2.12, 6.32.

[8] 同上, 7.31; 6.41; 唯一的例外是 Marcus, *Meditations* 11, 1。

这可能是受到阿里斯托直接影响的体现，因为在一篇著名的书信中，这位年轻的凯撒向他的老师弗隆托（Fronto）承认他没有做自己的修辞作业，而是去读阿里斯托了[1]。

人们对斯多葛派伦理学有一些误解甚至偏见，即他们的哲学缺乏政治层面的考量，或者他们所指的城邦只是宇宙的抽象概念，正如前一节中所提到的宇宙城邦，不是任何一种具体的有形的政治团体。一些学者甚至声称，希腊和古代晚期哲学家在他们的哲学中抛弃了政治层面，而专注于自我认知和纯粹的个人理解的生活艺术，因为政治环境变得不那么民主，而是变得更为极权。

但自我认知和对自己灵魂的关注并不意味着排斥政治参与。马可和塞涅卡一样，[2]不仅区分了宇宙城邦和特定的政治团体，[3]还使政治有用性成为衡量什么是善的标准："现在我的本性是理性和社会性的存在：作为马可·奥勒留·安东尼·奥古斯都，我的城邦和祖国是罗马，作为人，我的城邦和祖国就是宇宙；所以，给它们带来好处就是对我唯一的好处。"[4]相反，马可认为合作是最重要的行动类型。[5]

这种对政治和社会方面的强调是建立在一种物质理论基础上的，即认为联系和合作必不可少。[6]马可非常喜欢带有前缀"together"（syn-）的"composita"，它们在《沉思录》中出现了大约150次，他还生造了很多类似的词。

强调联系和合作似乎与经常建议的"撤退"（*anachorese*）不一致。

[1] Marcus Cornelius Fronto, *Epistulae*, 1.214.

[2] Seneca, *De Otio*, 4,1.

[3] Marcus Aurelius, *Meditations*, 3.11.

[4] 同上书，6.44。

[5] 同上书，2.1,5,16,8。59,9.1。

[6] 同上书，3.11, 3.4, 4.26, 4.4。

马可知道两种撤退形式,并且没有矛盾,因为两者都有认识论的含义:

a. 根据马可的人类学,他要求引领精神从身体的大致行动的影响中进行内部撤退,这样它的判断就不会被可能导致错误(价值)判断的印象所模糊。[1]

b. 马可要求从其他人那里撤退,因为他认为其他人没有必要被诘问,以获得自我认知。

在马可看来,自我认知可以通过与自我对话获得。相反,对苏格拉底而言,需要另一个人的帮助来获取自我认知。[2]爱比克泰德似乎是中立的:"因为他(苏格拉底)不可能总是有一个人来检验(elenchein)他的判断或反过来被他检验,他就养成了检验和诘问自己的习惯,就永远带着某种特定的先入为主的观念了。"[3]

3.3 我的印象是真的吗?

自我认知至少在两个方面与认识论有关,并且都不同于苏格拉底原有的认识论观念。

首先,自我认知可以被理解为自我意识,即每个人和动物的基础。斯多葛学派认为,所有动物一出生就熟悉自己的构成(sustasis),以及自己的体质和器官的功能[4]。这是斯多葛派著名的"认同"理论

[1] Marcus Aurelius, *Meditations*, 4.3, 8.48。

[2] 见柏拉图《泰阿泰德篇》,150e。

[3] Arrian, *Epictetus Discourses*, 2.1.32–3.

[4] Hierocles, 1.48–2.3.

（ *oikeiois* ）的第一个支柱，另一个支柱是自爱，它源于那些令人愉悦的感知。[1]第二，自我认知不只是了解自己的理性和社会性，因为我们确实对善有先入之见（假设）。但是，由于我们并不一定意识到我们有先入之见，自我认知便也需要获得先入之见，然后发展它们。[2]

斯多葛学派主张人们应该对自己的感知进行反省和诘问，使从中得出的（价值）判断是正确的。在这里，诘问成为一项内在任务，因为它的主要对象是自己的印象（ *phantasiai* ）。自我认知与斯多葛认识论的核心有关，因为对印象的诘问与真理的标准有关。[3]"印象，一种是认知的，一种是非认知的。他们（斯多葛学派）将认知看作事物的标准，认知从存在、印象中生起，并与其存在一致。"[4]要获得知识，需要对自己的印象进行诘问，只认同那些符合标准的事物，从而获得一种掌握事物本质的状态（ *katelepsis* ）。[5]

此外，印象和对它们的诘问在伦理层面上也很重要，因为感觉印象往往会直接导向对我们所经历的事物的好或坏的判断。[6]不过，价值判断属于一个完全取决于我们自己决定的领域，而感觉印象是无意识的，因此不由我们决定。"就像我们自己处理诡辩问题一样，我们应该每天锻炼自己来处理印象，因为这些也向我们提出了问题。"[7]

这就是为什么斯多葛学派认为灵魂的主导部分（ *hegemonikon* ）

70

---

[1] Hierocles, 6.40–52; Diogenes Laertius, 7.85; Anthony A. Long, "Hierocles on Oikeiōsis and Self—Perception," in *Stoic Studies* (Cambridge: Cambridge University Press, 1996) , 250–63.

[2] Long and Sedley, *The Hellenistic Philosophers*, 30 E; 60 D.

[3] Angelo Giavatto, *Interlocutore di se stesso: La dialettica di Marco Aurelio* (Hildesheim: Olms, 2008) , 37.

[4] Diogenes Laertius, 7.46.

[5] Cicero, *Academica*, 2.145.

[6] Marcus Aurelius, *Meditations*, trans. R. Hardie (Ware: Wordsworth, 1997) , 8, 7。

[7] Arrian, *Epictetus Discourses*, 3.8.1–4.

需要从依赖感官和诘问考察的印象中撤退。然而,这实际上意味着所有的感觉印象都是错误的或应该被忽视的。这将涉及某种形式的柏拉图主义。同样的,《沉思录》中的一些章节(如3.16、9.7)可能被视为指向这个方向,但马可强调的是,斯多葛派理论认为感觉经验对于适当的判断来说不是必要和充分的。[1]因此,所有的印象都被诘问,只有主导部分是自由的,应该进行判断。但是马可并没有完全否定感官体验。基于感官材料的、清晰且不同的印象应该被考察,但也可能被认可。[2]他甚至在尊重的基础上运用了理性的印象来锻炼想象力,例如,他要求自己想象,喜爱的东西会消失,以减少恐惧与未来的悲伤。[3]他认为错误的印象不仅意味着错误的判断,还意味着自欺,最致命的是否认主导部分是自由的。[4]

自我认知可以变得更加内在和具有反思性。在这个意义上,自我认知可以减少对其他人的依赖,减少人际交谈和他人的诘问,因为斯多葛学派相信这一点:

> 在你的内心,你承着它[神]……神不仅塑造了你,还委托你自己照顾自己……如果神把一个孤儿交托给你,你会这样忽视他吗?他已经把你交给了自己,他说:"我没有找到比你更可靠的人。为我保留这个人的本性:虔诚,可靠,正直,无可挑剔,冷静和不受干扰。"[5]

[1] Marcus Aurelius, *Meditations*, 3.16.

[2] 同上书, 8.49; 8.7。

[3] 同上书, 10.28; 3.1. 见Seneca, *Epistulae morales*, trans. R. M Gummere(Cambridge, MA: Harvard University Press, 1917–25), 49.10, 12.8, 61.1, 93.6, 101.10。

[4] Marcus Aurelius, *Meditations*, 4.7;3.9.

[5] Arrian, *Epictetus Discourses*, 2.8.11–23.

除了作为一般认识论的核心部分之外，自我认知所以变得同样重要，是因为宇宙的本性（或天意，或神）指导人类和动物，不是通过直接领导，而是把人委托给他们自己，以便他们的灵魂——他们的守护神——和知识可以领导他们。[1]诘问可以由一个人单独进行的想法导致了与自我对话的原始发展。

3.4　自我认知的形式是什么？

马可的著作采用自我对话的形式，并论述了自我对话的作用，这是马可方法的特点，也是他对自我认知的观点的构成。虽然"自我对话"这个词在英语中并不常见，但是一个人与自己的口头交流最好不要与"独白"相提并论，"独白"听起来像古希腊语，但它是在文艺复兴时期被广泛使用的与"对话"相对的词汇。在黑格尔看来，"独白"一词指的是舞台上表演者的独白。只有少数例外："独白"可以在公元5世纪的晦涩的希腊词的词典中找到（Hesychius），也可以在一些12世纪的拜占庭作家的作品中找到（例如佐纳拉斯和帕奇梅雷斯、乔治斯）。对亨里库斯·斯特凡努斯（Henricus Stephanus）而言，独白者是那些花时间独自祈祷的人。最后，还有两个题目：安瑟伦的《独语集》和施莱尔马赫的《独语集》。

72

大多数古代的独白都不是自言自语，因为它们没有对话结构，陈述者也不呼唤自己，而是其他缺席的人：神、死人或观众。自我对话和希腊文学一样古老，它们甚至出现在《伊利亚特》中，英雄们由于偶然的外部因素而孑然一身。在这种情况下，自我对话或多或少地在

---

[1] Seneca, *Epistulae*, 121.18. 参见 *Arrian, Epictetus Discourses*, 1.14.12–14. 另见arcus Aurelius, *Meditations*, 3.6; 8.27; 3.5。

他们身上发生，或因为没有其他人可以交谈而变得必要。《伊利亚特》中的自我对话都有相同的主线，这表达了英雄们的惊讶："为什么我的心（thymos）会同我争论这个？"[1]虽然自我对话已经与决策有关，但它当时并不是人们有意识地用来了解或影响自己的一种手段。然而，自柏拉图以来，哲学家们一直在倡导自我对话这种方式，许多哲学家都在与自己交谈。[2]

塞涅卡本人并没有写过正式的自我对话，即一个作者自我对话的口头表达和书面文稿，[3]而是写了用来告诫他人且应当被出版的文本。不过他讨论了自我对话：对他而言，自我对话模仿或取代了那些人际交往或与他人（共处的人）一起的对话（*contubernium*）。[4]自我对话和人际间的对话能够相互兼容——这是他喜欢书信这一文本形式的原因[5]——但人际间的对话仍是基础。[6]他给出了一些例子，告诫大家要进行治疗性的自我对话，以控制情绪，进行自我观察。[7]

爱比克泰德和塞涅卡一样，并不进行自我对话，却推荐把它们作为人际对话的替代品。[8]他还认为自我对话是一种更独立、更有价值的东西，因为它们充分发挥了人类的潜力，使人类也变得像同自己交

---

[1] Odysseus（Il. 11, 404–410），Menelaus（*Il.* 17, 91–105），Agenor（*Il.* 19, 533–70）以及Hector（*Il.* 22, 99–130）有这些自我对话。Odysseus'（*Od.* 20, 18–21）略有不同。

[2] Plato, *Phaedo*, 77e; Pyrrhon（DL 9, 64）; Kleanthes（DL 7, 171）; Diogenes of Oinoanda（74）; Lukrez（Ⅲ）.

[3] 甚至不是*On Anger*（3.36）中的那种自我对话。

[4] Seneca, *Epistulae*, 6.6, 55.9.

[5] 同上书, 38.1, 40.8, 55.9, 71.4.

[6] 参见Robert J. Newmann, "Cotidie meditare: Theory and Practice of the Meditation in Imperial Stoicism," *Aufstieg und Niedergang der Römischen Welt*, Ⅲ, 36.3（1989）: 1473–517。

[7] Seneca, *Epistulae*, 20.4, 26.1–4, 35.4.

[8] Arrian, *Epictetus Discourses*, 2.1.32–33.

谈的宙斯一样。[1]

　　爱比克泰德和塞涅卡的文本具有"双重焦点"，因为它们针对的是不同于讲话者或作者的真实的人物，并且意在被听到或被阅读。相反，马可的《沉思录》并不是要出版的，马可也不是在对别人说话，这本书并不像福柯说的那样，仅仅是由旁人（hypomnemata）收集的句子组成的。[2]马可的对话不受任何人的影响。事实上，这是留存下来的第一个作家的自我对话。这种独特的文本形式让评论家们感到困惑，但它的确反映了马可的斯多葛派哲学。

　　在《沉思录》中可以找到不同类型的自我对话：

　　（1）文中给出了两个对话者的对话。[3]（1a）一位对话者在问，另一位在回答[4]——尽管这些问题可能是警告，是要求采取行动而不是为了获取答案[5]——或许（1b）可辨别出一位对话者是老师，另一位是学生。[6]有时（1c）两位对话者都会陈述他们的意见。[7]

　　（2）在第二组主要段落中，只给出了一个对话者的发言，但两个对话者的名字都被提及了。这里有两个子类，分别（2a）使用"你"和"我"，[8]并（2b）赋予其他（内部的）实体如灵魂，[9]主导部分，[10]印

74

---

[1]　Arrian, *Epictetus Discourses*, 3.14.2–3, 3.3.6–7, 4.1.131; Arrian, *Epictetus Enchiridion*, 53。

[2]　Michel Foucault, "L'écriture de soi," *Corps écrit*, No. 5, L'Autoportrait（1983）: 3–23.

[3]　Marcus Aurelius, *Meditations*, 2.1; 4.13.

[4]　同上书, 8.40。

[5]　同上书, 4.13。

[6]　同上书, 5.32。

[7]　同上书, 8.32。

[8]　同上书, 4.10, 7.2。

[9]　同上书, 11.1, 10.35。

[10]　同上书, 9.39, 6.8。

象[1]或身体器官[2]以对话的能力。

（3）最后一个主要段落由谈论"我们"的章节组成。[3]

自我对话的语言表达很重要，而且是经过仔细考量的，不断地运用不同的哲学策略，其中有两种特别有趣。这两种表达都展示了马可作为作家和哲学家的技巧，并且都采用了典型的苏格拉底式问答模式。

首先，语法的使用是出于哲学目的，因为马可为不同的目的选择了不同的语法人称。语法上的"你"是在告诫的话语中使用的。[4]"你"常常使作者把自己和某种思维、感知以及行为方式隔绝开。很多时候，"你"是在祈使句中使用。语法上的"我"则是用来强调某种思维和行动方式的。"我"通常在自我认同的情况下使用，并伴随着陈述语气。当马可分析自己的时候，他也会使用第一人称。[5]"我"是"固有印象的批判性分析"的主语。[6]这是马可为各种目的和对象推荐的通用方法的一部分；它以无意识的方式进行，[7]区分每一个过程和存在的物质和因果，[8]从而达到与自然一致的世界观。[9]因此，以自我对话的形式进行自我分析是这种一般分析方法的反思性版本，自我认知就是其结果。

第二，自我对话是有组成部分的，因为马可主张心灵之间的对话。

---

[1] Marcus Aurelius, *Meditations*, 7.17, 4.19。

[2] 同上书, 10.35。

[3] 同上书, 4.4, 5.8。

[4] 同上书, 3.4–6, 3.13–15, 4.11。只有少数例外, 在平静、非偏执的语境使用"你"（Marcus Aurelius, *Meditations* 3, 7–8, 9, 26）在严厉、愤世嫉俗的语境中使用"我", 只有一个实例（Marcus Aurelius, *Meditations*, 8, 24）。

[5] 同上书, 5.13, 2.2。

[6] 同上书, 8.26。

[7] 同上书, 2.11。

[8] 同上书, 4.21, 7.29。

[9] 同上书, 9.38。

自我对话是关于成为一个具有某种信念、美德和感情的人，并做出某些行动。[1]在这里，马可再次使用了这两种方法，即自我认同和自我疏导。值得注意的是，只有少数几章直接提到了"*hegemonikon*"（努斯或灵魂的主导部分），因为它正是思考和表达的主体。[2]

但为何所有这些都是必要的呢？先入之见和固有印象会威胁到领导精神的独立性。它们在我们生命中的每时每刻都可能引领我们作出错误的价值判断，从而导致错误的行为，最终导致痛苦。因此，这种主导部分需要通过控制其他精神活动来进行自我调节和自我发挥。这需要以"自我对话"的方式实现。然而需要注意的是，马可不想用这个原因来简单地概括它本身；相反，理性这一主导部分应该保持与这些印象的联系并且对自然持开放态度。[3]马可强调，这种内在的自我对话很重要，也是一项恒久的任务：活着意味着有印象，而且它们可能会在未经检验的情况下作出判断。[4]爱比克泰德提倡一种控制印象的艺术。《沉思录》不仅包含了这一理论，读者还能通过它深入了解这种艺术是如何被实践的。

综上所述，有一种自然的内部对话形式，是心灵能力在无意识的情况下进行的交流。还有一种巧妙的、深思熟虑的、需要学习的哲学内部对话，是一种关于塑造这种自然交流和它的动因的对话。自我认识作为艺术生活的一个重要方面和目标，就是追求这第二种深思熟虑的内部对话。而第一种自然形式的自我对话也是第二种形式的目的。[5]

---

[1] Marcus Aurelius, *Meditations*, 10.39, 7.29, 12.25。

[2] 同上书, 11.1, 2.17, 5.14。

[3] 同上书, 5.26。

[4] 同上书, 4.3, 7.66, 6.8, 8.13。

[5] 同上书, 2.1。

3.5 结论:"我""精神一元论"与"自我"

关于自我知识和自我对话概念的假设,可以得出一些一般性的结论。与独白不同,自我对话的概念需要一个看似矛盾的情境,因为它需要至少两个对话者,而一个人可以同时扮演两个对话者。较早的评注者(如Leo)认为,是笛卡尔式的"我"在和另一个"我"对话。但这个观念可能只是语法上的角色扮演,或是一个笛卡尔式的、因而是时代错置的复制品。马可没有说他相信自己是由一个、两个或三个的"我"组成的;相反,他猜想其内在有不同的方面或能力,它们相互交流。然而,如果自我对话需要两个对话者,那么它可能与斯多葛学派的精神一元论相冲突,即灵魂是一个不会永久分裂的统一体。不过,没有必要假设这两个对话者是持续独立存在的实体或灵魂的一部分,只有这样假设才会与精神一元论相矛盾。

还有一个相关的问题,马可要求灵魂的主导部分观察和控制自己。但仅从本质主义的角度来看是有问题的,因为观察者和观察对象是一样的。从本质主义的角度来看,为了进行对话,需要进行某种分割。而我们可以把对话者看作角色或者能力,或者是灵魂暂时分割出的一部分。这些能力可以相互交流。一旦这种交流用言语表达出来,我们就可以把这种结果称为意识。[1]

同样地,认为在这种情况下自我认知和自我对话涉及"自我"的

---

[1] 关于荷马式的自我对话,参考Christopher Gill, *The Self in Dialogue*(Oxford: Oxford University Press, 1998), 以及 Harry G. Frankfurt, "Freedom of the Will and the Concept of a Person," *Journal of Philosophy* 68(1971), 4–16; Daniel Dennett, "Conditions of Personhood," in *The Identity of Persons*, ed. Richard Rorty.(Berkeley: University of California Press, 1976), 175–196。

概念，这也是错误的。自我对话不需要这种观念；自我对话不以构成"自我"为目的，"自我"也不是自我认知的适当对象。文本中根本没有"自我"，马可可能也没有使用过。他和之前所有的古代思想家一样，把"自我"一词当作反身代词。

然而，像克里斯托弗·吉尔那样，把自我当作一个时代错置的概念或许是有益的。他对"客观参与的自我"和"主观个人主义的自我"[1]等概念进行了解释和区分，并将其应用到古代文本中。尽管福柯[2]强调了主观的个人主义的概念，认为我们应该关心的自我是所有个人中心化思想的总和，但吉尔认为马可显然属于前者。[3]如果在历史文本研究中使用了后来的概念，我们需要记住，这些后来的概念是工具，而不是这些工具所应用的概念的一部分——这只是解释者自我认知的一部分。

（冯琬词　党雪姿　译）

[1]　Christopher Gill, *The Structured Self in Hellenistic and Roman Thought* (Oxford: Oxford University Press, 2006）.

[2]　Michel Foucault, *The Hermeneutics of the Subject: Lectures at the Collège de France* (1981–1982）, trans. Graham Burchell (New York: Palgrave Macmillan, 2005）.

[3]　Christopher Gill, trans., *Marcus Aurelius Meditations*: Books 1–6 (Oxford: Oxford University Press, 2013）, xxviii.

第四章

普罗提诺论自我认知：成为你所是

鲍琳娜·雷姆斯

继苏格拉底之后，自我认知在两个方面对哲学很重要。首先，它是其他知识的先决条件。其次，也许甚至是最重要的，它被认为在道德上是有益的。这个观点在亚里士多德的本质主义概念中得到了最熟悉的表达，根据这一观点，确定适合人类的生活类型对于追求幸福生活的道德要求至关重要。

另一位对自我认知历史影响深远的人物是晚期柏拉图主义者普罗提诺（公元207—260年）。对普罗提诺来说，形成自我认知是道德发展和知识获取不可或缺的一部分。他提出了一个吸引了许多当代哲学家的概念，即通过我们本性的某些方面来理解自我。自我认知对他来说是成为真正的自己的一种方式。但与后来的理论不同，古代的这种发展是且应该是以关于我们人之本质的真理为指导的；它不像现代社会那样是发展个人真实个性的问题。然而，即使在古代，自我认知也由个人进行。因此，从人的本质的角度来认识自己是个体自我实现的一种形式。

普罗提诺对这一主题的重要性在于，他将自我或"我们"（hēmeis）的概念与灵魂概念区分开来。有了这种区别，我们就有可能以新的方式提出关于我们自己的问题。在接下来的内容中，我将首先重构普罗提诺关于"我们"的理论，通过这一理论，他概念化了一些与灵魂这一自我概念不同的东西（4.1）。我们将看到，在普罗提诺的自我概念中，二者的假设是一致的。从结构上看，自我是一个参照点或识别的对象。其次，普罗提诺还将"我们"的概念与理智的概念联系在一起，认为它构成了我们的真正本性或自我。这些假设成了普罗提诺在《九章集》[1]中有关自我认知讨论的一个关键背景。首先，普罗提诺考察了一个认识论问题，即思者的思考活动是如何伴随着意识到自己是思之主体的认识（4.2）。其次，我的讨论重点将放在一个实际的、有道德动机的自我认知上（4.3）。焦点在于与我们自身的特殊关系，以一种内在的视角来观察，并对"塑造"或改造自己的道德做出要求。自我转向的思想反过来取决于自决的能力，这使得普罗提诺的理论有了一种唯意志论者的色彩（4.4）。

4.1 The *Hēmeis*：我们是谁？

普罗提诺的自我哲学是对他提出的"我们是谁"这一问题的回答。普罗提诺的许多相关文段乍一看，似乎是隐含了一个答复，即人类是理性的，而不仅仅是肉体生物。因此，这一问题可被解释为一个经典问题，即什么是独特的、基本的人之本性？而普罗提诺的推进更清晰地表明，这一问题有更丰富的内涵，并逐渐发展为对我们自身的特征的一种探究。在他看来，人类的特殊之处在于他们能够拥有两种不同

---

[1] 《九章集》(*Enneads*) 是普罗提诺的作品，由他的学生波菲利(Porphyry)编辑成五十四篇论文，分为六卷，或九章(Gr. *ennea*)。本文引用符号首先列出章节（从 I 到 VI），然后是该组内的论文编号（1—9），最后是段落和行号（例如4.12—15）。引用的段落偶尔依照*Plotinus in Seven Volumes*调整，引用的英文译文来自Arthur H. Armstrong, Loeb Classical Library（Cambridge, MA: Harvard University Press, 1966—88）。《九章集》后文引用略写成Enn. 希腊版使用的是 Plotini, *Opera,* vols. 1–3, Scriptorum Classicorum Bibliotheca Oxoniensis, ed. Paul Henry and Hans—Rudolph Schwyzer（Oxford: Oxford University Press, 1964—83）。

的生活，一种依据他们的本质，作为一种复合的形体，另一种则凭借更高的灵魂或理智。[1]人类本性的这种基本的二元性为规范性的自我认知留下了空间：我们可以选择将自己与复合形体或理智相结合，并据此生活。正如我们将要看到的那样，这个空间留给我们自愿与规范的选择，在有关于我们想成为谁或发展成谁的问题上，创造出另一种"我们"或自我的感觉，它进行选择：这表明它具有自我决定的能力。

普罗提诺曾强调，我们的本性无非是更高级的灵魂或理智：

> 那么我们——我们是谁（ hēmeis de—tines de hēmeis ）？我们是靠近并在时间中形成的东西吗？不，甚至在这种形成产生之前，我们已经在那里，是与现在不同的人，有些甚至还是神，单纯的灵魂和理智，与整个实体合而为一；我们原是可理知世界的一部分，没有被划出或分离，始终属于整体；即使是现在，我们也没有被分离。[2]

普罗提诺区分出柏拉图式的"理知世界"和"可感世界"，并将人类的自我归于前者。当我们有形体的一部分处于可感阶段时，通过理智，人的本质部分地仍在可理知领域。这部分正是我们永恒不朽的部分。

类似地，普罗提诺经常强烈否认我们只是我们的身体：身体依赖于我们并依附于我们，但"我们自己，指的是占主导地位的部分"[3]。自我并非与身体一致，因为身体不是一个独立的存在，而是需要为其活

---

[1] *Enn.* IV.8.4.31.

[2] *Enn.* VI.4.14.17–22.

[3] *Enn.* IV.4.18.13–16.

动和组织提供一个生命和理性的原则。但我们不能仅仅将自我看作灵魂，并得出结论说普罗提诺会认为灵魂就是我们真正的自我。"我们"只适用于它的一部分——理智。[1]然而，他对于我们的真实本性是有理智者的坚持，似乎与我们的经验背道而驰：为何人类是具身化、形体化的，并且将大部分的时间花在这一本性之上？普罗提诺引入了一个隐喻性的神话来回答这个问题：具身化的个体是"异"的结果，灵魂从可理知世界"跌落"至可感世界。[2]从某种意义上说，我们已经将自己从我们在理知世界中最初的位置上疏远了。

但是普罗提诺不仅在本体论或宇宙论上来定位自我。我们根据一些文段能更接近他原本的想法：在这些文段中，人类并不处于可理知世界，而是被描述为处在一个居间的状态：

> 我们本身并不等于理智。于是，我们借着自己的理性能力——它首先接受理智——与理智一致……进行推理的是我们自己，在推理理性中作出理性行为的也是我们自己，因为这就是我们自己的本质。理智的活动源于在上的理知世界，就如同感知觉活动源自在下的可感世界一样；我们就是灵魂里的首要部分，处于两种能力之间，一种是坏的，一种是好的。坏的是感知觉，好的是理智。……感知觉是我们的信使，而理智是我们的王。[3]

这段话将"我们"确定为感知觉和理智之间的居间点，但这是否与前面的段落相矛盾，因为它似乎否认了我们与理智的同一？一旦我们

82

[1] 参见Richard Sorabji, *Self: Ancient and Modern Insights about Individuality, Life and Death* (Oxford: Oxford University Press, 2006), 34。

[2] *Enn.* IV.8.1.47–50.

[3] *Enn.* V.3.3.32–33, 35–40, 45–46.

认识到，在这种背景下，普罗提诺做的不仅仅是将自我置于本体论的层次结构中，那么部分紧张感就会消失。这里我们感兴趣的方面是推理理性和理智的主体——这是我们认识功能的起源。人类的自我不能被辨认为感官知觉的力量，大概是因为亚里士多德的理性学说，即认为这种能力对于人类来说并不独特（即便是动物也能感知），但也不能简单地与理智等同起来，因为我们并不总是能使用这理智的天赋，而是必须将其实现出来。[1]因此，自我更接近我们日常进行推理的主体，同时运用感知觉和理智两种能力。这两种能力都源于最初的理智，因而，也就能够理解为何在某种意义上来说，理智是我们真正的或原初的自我。

因此，灵魂包括许多不同的认知能力，其中一些与我们是谁的问题更为相关。承认我们能力是多样的，再加上我们作为能够选择优先考虑和实现哪些活动的人的想法，在我们是谁、我们的自我与灵魂之间拉开了距离。后者是固定的且可以通过赋予一系列力量和特质来解释的东西，而前者则更加动态丰富。[2]

83　　　多兹（E.R. Dodds）称普罗提诺式自我为"意识的波动聚光灯"[3]：它可以将注意力转向更高或更低的境界。自我不是一个类似实体的东西，具有确定的本性和固定的边界，而是一个可以或多或少自愿地停留在灵魂层面或身体之中的焦点。正如格韦纳·奥布里（Gwenaëlle Aubry）所说："是位于而非被定义，灵魂不可能被实体化。"[4]但是多兹

[1] *Enn*. I.2.4.25–29.

[2] 参见Raoul Mortley, *Plotinus, Self, and the World* (Cambridge: Cambridge University Press, 2013), 79–93. 其中包含一个关于动态动词的有趣讨论，特别是"有"的部分，它构建了普罗提诺的讨论。

[3] E. R. Dodds, *Les Sources de Plotin* (Geneva: Fondation Hardt, 1960), 6.

[4] Gwenaëlle Aubry, "Metaphysics of Soul and Self in Plotinus," in *Handbook of Neoplatonism*, ed. Pauliina Remes and Svetla Slaveva—Griffin (New York: Routledge, 2014), 310.

所谓意识的聚光灯也许并不合适。普罗提诺是最先使用几个不同的术语来理解和区分后来被称为"意识"和"自我意识"这两个概念的哲学家之一，[1]这些概念随后在哲学史上逐渐得到发展，而且这个话题对他来说几乎没有像在早期现代哲学中那样的核心。另外，值得注意的是，上述文本实际上并没有使用意识这一术语，更多时候"意识"作为预设而间接性地被涉及。有一次，普罗提诺曾明确指出，对灵魂的某些活动而不是其他活动的认知是一个感知觉或是察觉（ *aisthētikon* ）的问题[2]；但总的来说，他关于"我们"的讨论涉及了某些方面与活动，而忽略了其他方面。因此，最近普罗提诺的"自我"被认为是反思性主体，并被描述为对其身份做出选择的主体。[3]让我们依次来考察一下。

4.2　思考者思考自身及其思维

关于我们是否以及如何意识到自己思考的内容的问题，普罗提诺曾在他对理智活动的分析中加以讨论。也正是这一讨论，使普罗提诺接近了主体的概念，认为自我不仅仅是我们思想的集合。他的切入点在于对理智完满性的认知，这种认知既存在于完美的理智中，也存在于每个人灵魂深处的个体理智中。理智的内容是知识的对象，柏拉图的形式也与之相同。认知者与被认知者的同一性，在普罗提诺看来是确

---

[1] Edward Warren, "Consciousness in Plotinus," *Phronesis* 9（1960）：83–98.关于普罗提诺预期的方式，也与笛卡尔有所不同，参见Sara Rappe, "Self—Knowledge and Subjectivity in the *Enneads*," in *The Cambridge Companion to Plotinus*, ed. L. P. Gerson（Cambridge: Cambridge University Press, 1996），250–74。

[2] *Enn.* V.1.12.5–10.

[3] Aubry, "Soul and Self," 321–2.

认无误的。[1]相比之下，普通的人类思维是通过表征（representations）发生的，而表征关系为错误的产生提供了可能。就一般人而言，获取知识要首先试图将表征与先天范式相匹配，并在第二阶段获得一种洞察力，这种洞察力无论是在本体论上还是认识论上，都不会被主体与思考对象之间的任何中介影响。

在讨论理智与其对象之间的无中介关系时，普罗提诺提出了两个与自我认知相关的问题，即理智能否意识到它正在思考，以及理智是否对它作为思考者有自我意识。

普罗提诺认为，理智必然与那知道自己在思考的主体是同一的：

> 此外，设想一个理智思考，另一理智思考它在思考，这必然不能成为提出多个理智存在的理由。即使就我们的理智而言，尽管"理智思考"与"理智思考它在思考"是两回事，但理智的思仍然是思考的单一活动，而且思维并非没有意识到自己的活动。[2]

虽然可以而且应该在思考和认为自己在思考之间进行概念区分，但普罗提诺主张同一层次与活动的解释。就上者而言，更高的思维活动本身也许会被忽视，除非我们假定一个更进一步，甚至更高层次的活动来让在下者拥有自我意识，并通过考察另一个活动来解释这一个活动。此外，目前还不清楚这是否可以算作自我意识，因为进行认识的事物与它所认识的对象是不同的。[3]

---

[1]　关于这个想法及其根源在柏拉图和亚里士多德，参见Lloyd P. Gerson, "Neoplatonic Epistemology," in Handbook of Neoplatonism, ed. Pauliina Remes et al.（New York: Routledge, 2014），266—72。

[2]　*Enn.* II.9.1.33–37.

[3]　*Enn.* II.9.1.49–58.

普罗提诺在考虑这样一种选择，也许理智仅进行认知，而他自己或其他实体都不能意识到它在认知，普罗提诺诉诸原始的人类思考活动：

> 如果这样的事发生在我们身上，那么我们这些经常留意自己的冲动和思想过程的人，即使我们不是非常严肃认真的人，也应为这种无知而受到责备。然而可以肯定，既然真正的理智在自己的思想中思考自己，它的思考对象不在它之外，他自己同时就是它的思考对象，那它必然在自己的思考中拥有自身并看见自身；当它看见自身时，它并非没有理智活动，而是在思之中看见的。[1]

普罗提诺从反思的可能性，有意地将注意力引向我们自己的思维和动机，论证了涉及自我反思的心理/思想的总体结构。既然人的思维能够自我反省并意识到它的行为，就必须有某种能够解释这种能力的东西。这就是为什么普罗提诺引入维持这种特征的范式思维或理智的概念。

一个正确无误的思者的活动，与它的思考对象一样，都是立即给予自身的。它享有获得它们的特权，因为它自己的本质，即思考活动，向它揭示了自身。普通的思者与他们自己的所有的心理状态或活动则不是如此，但可以通过或多或少的努力通达它们，正如平常的生活经验所证明的。

我们已经看到普罗提诺仔细地描述了自我认知的结构，他并没有将自我认知的主体客体区分开来，从而使前者无法知晓。他详细阐述了这种相分离的认识问题：

---

[1] *Enn.* Ⅱ.9.1.43–50.

如果这样认识自己,那它就会把自己看为被思者,而不是思者,于是,他就不能完全或完整地认识自己。因为它所看见的,是作为被思者所看见的,而不是作为思者,因而此时它是在看向一个他者,而不是它自己。[1]

假设理智的一部分去思考其他部分,并且将思想的一部分定位于另一部分,另一部分就会为自我认知带来麻烦:因为这一部分并不能被认识。更糟糕的是,这是我们原本想知道的部分,即思者在思考,而不仅仅是被思考。由于它自己的主观性,如果我们想这样表达的话,就躲避了认知者。[2]这样一来,认知者的知识就会被严格限定,而不是完美的了。普罗提诺给出的回答是,在理智的思考活动中,思者、被思者和思考活动三者是同一的。对一个在思考的"我"的认识与思考活动是不可分割的。我们对自己作为思者的认识并不与我们对其他普通客体的认识是同一类,因为如果我们将自己的思考活动作为一个主题或是特定客体加以认识,与认识其他客体无异,那么我们就不能抓住我们试图想把握的自我认知的特征了。

4.3 内在转向与内在视角

我们现在从被给定的自我关系、灵魂活动的结构特点转向作为一种特定方法论的自我指向。普罗提诺在《论美》(*On Beauty*)(《九章集》I.6)中提出了他最令人难忘的告诫之一——远离形体之美:

---

[1] *Enn.* V.3.5.13–16.

[2] 有关更多的讨论,包括当代学者的讨论,见Pauliina Remes, *Plotinus on Self: The Philosophy of the "We"*(Cambridge: Cambridge University Press, 2007),156–75。

我们怎样才能找到这条路？我们可以想出什么方法？……人如果可能，务要反躬自省，把肉眼所及的一切事物都抛在外面，摒弃之前所见的一切形体之美……我们无法靠双脚走回去，因为我们的脚只会带我们在这个世界上环游，从一个国家到另一个国家。我们也不能借助马车或者轮船，因此所有这些都必须丢弃，不看一眼。你要闭上眼睛，转向并唤醒另一种视觉，一种人人都有，却很少有人使用的内在视觉。[1]

这两种视觉是关键对比：一个观察的是外在的形体对象，另一个则远离它们而关注内在对象。这个方法与旅行形成进一步的对比：它不是一种可以通过物理运动来完成的旅程，要学习的新奇事物也不是通过转换场景得到的。更确切地说，是应该通过闭上眼睛，向内看。最后，我们会注意到两个特点：第一，这种内观的能力是灵魂与生俱来的力量。第二，这种力量的实现却并不是必然的。恰恰相反，它是需要练习才能获得的能力。

普罗提诺提出了这种内在视觉的问题。[2]接下来是在《九章集》88里面最著名的段落之一。我们在这里全部引用：

那么内在视觉能看见什么呢？当它刚被唤醒时，根本无法看到眼前的美景。因此必须对灵魂进行训练[1]，首先让它看美的生活方式，然后看美的作品，不是那些人工技艺作品，而是那些以德性闻名的人的作品；然后再看那些创作美的作品的人的灵魂。那么，你怎样才能看到良善灵魂所拥有的那种美呢？退回到你自身

---

[1] *Enn.* I.6.8.1–2, 4–5, 23–28.

[2] *Enn.* I.6.9.1.

之中[2]；如果你仍然看不到自身的美，那就学学雕刻家的做法，他为使一个雕像变得美丽，总是这里敲敲，那里磨磨，把这一部分弄光滑一点，把那一部分削掉一点，直到最后他给了他的雕像一张美丽的脸；同样，你也必须打磨掉多余的部分，平整歪曲的部分，清理暗淡的部分，使其明亮，孜孜不倦地"雕刻你的作品"[3]，直到德性的神圣荣光照耀在你身上，直到你看到"自主在它神圣的位置上做王"。[4]如果你已经做到了这一步，与自身的纯洁亲密无间，那就没有任何事物能妨碍你成为这样的统一体，在其中没有任何杂质混合，整个自我就是真实的本性，唯有真正的光充盈其中，它不被空间所限，不被形状衡量，或是无限扩展开。事实上，它的每一处都无法被度量，因为它超越了一切度量和数量。当你看到自己达到了这一步，你就已经成为了视觉本身，可以完全相信自己，你已经上升至此，不需要任何人为你向导：集中你的注意力去看，这便是看到伟大的美的眼睛。[1]

至于方法，我们可以区分三个阶段：第一阶段（1）发生在内观之前。这是接近第俄提玛在柏拉图《会饮篇》中描述的有益于健康的实践，从形体之美开始上升到欣赏理智之美。普罗提诺强调的是行动。他的观点似乎与其说是柏拉图的从特殊到一般的转变，不如说是从善的行动到善和美德的源头——灵魂——的转变。第一个使人高贵的行为是将一个人对美的行为的兴趣附在做这些事之人的灵魂上面。

这种第三人称的方法之后，紧跟着的是普罗提诺的整体观点所特有的第一人称动作。[2]第二步（2）包括已经说过的视觉的转变，从外

---

[1]　*Enn.* I.6.9.1–26. 另参考柏拉图《斐德若篇》，252d7, 254b7。

[2]　这里他或许追随的是晚期斯多葛学派的观点，例见Marcus Aurelius, *Meditations*, 4.3。

向内,转向自己和自己的灵魂。对美丽灵魂的探索必须瞄准与我们自己最亲近的灵魂,即我们自己的灵魂。虽然此文段本身并没有明确说明,但是我们可以推断出转向的两个原因:第一,鉴于普罗提诺将知识理解为,理智与认知对象的无中介关系——或者更确切地说,是同一关系。再结合柏拉图的理论,认为这些都是内在于我们的理性之中的,我们就可以看到为什么任何针对真理、知识和理智之美的尝试都会在某一时刻发生转向,转向人自己的灵魂。一种由表征和语言作为中介的关系无法达到在向内的沉思中发现的这种无中介的认知。第二,由于文段中描述的自我认知与自我完善相一致,同时也与变得更加意识到自己真实的本性,并发展为更好、更有德性的人相一致,所以这个方法必须包含对一个有着强烈道德兴趣在内的灵魂的反思,也就是自己的灵魂,而不是任何其他人的灵魂。

令人遗憾的是,并不是内在视觉所看到的一切——大概是我们个人的想法、欲望、其他心理事件和性格气质等——都是美的,因此还需要第三步。我们在自己身上看到了恶的倾向、软弱和其他类型的"歪曲",然后开始按照第三阶段(3)的过程来净化。在文段中使用的术语都是有含义的。例如,普罗提诺使用柏拉图式的一对术语——光明和黑暗,分别指代可理知的和不可理知的,非存在的黑暗深远与哲学家们向往的存在的光明之域,无论在认知上还是在道德或者政治领域都是如此。[1]这两个人都是关于基本人性的乐观主义者:即使是歪曲的灵魂内在也有一些善的和可完善的倾向。但普罗提诺的独特之处在于所提出的方法论:柏拉图没有给出有关内省的进一步观点,恰恰相反,

90

---

[1] 见《阿尔喀比亚德前篇》I, 134d1–e7;《智者篇》, 254a5–9。这篇对话有时被认为是伪造的。我对这篇对话的注释及二手文献的参考,见Pauliina Remes, "Reason to Care: The Object and Structure of Self—Knowledge in the *Alcibiades* I," *Apeiron* 46.3(2013):270–301。

他为数不多的讨论似乎与自我认知可以通过内在转向或视觉获得的想法背道而驰。[1]

这一文段进一步回顾了普罗提诺独特的美德理论,特别是在自我高尚化的语境下。在特别关注行为及其所节制的公民美德阶段之后,普罗提诺将继续进一步进入净化美德(*katharseis*)的新阶段,其中灵魂的内在状态不会受任何内在差异的影响。[2]在净化中,人正确地将自己视作自己的灵魂以及它的理智部分,去"斩断"形体。这种斩断并不意味着彻底的苦行僧似的方法。相反,它关乎自我认同问题。肉体仍然有欲望和需求,但是哲学家不会认为他的自我是由身体、身体的欲望还有外部世界强加给我们的要求构成的。[3]因此,内在转向伴随着道德上的改变;通过成为一个人真正的所是,意识到内在的理性,人们进而会获得稳定的、更高贵的美德。在自我认知方面,认识的提升对于提升自己的美德是必不可少的。

在这三个阶段的方法上成功的人,最终将没有什么可以阻碍他的内在视觉,并且已经达到多阶段和多旅程的终点。(4)他将会看到自己是美的、纯洁的、善的,是统一的、一体的。他会将自己理解为光明或视觉本身,而不是一个被形状、大小或尺寸限制的存在。只有通过这种方式变得与神相似,灵魂才能看到知识的本身、理智的形式和超越它们的那种可理知的美就起源于此善。[4]

《论美》一文至少部分地以观察的方式建立了一种内观的方法。尽管前三个阶段必须与判断性和论证性的推理理性紧密结合,但普罗

---

[1]　在《卡尔米德篇》159–60中最开始的建议被发现有很大的问题。

[2]　*Enn.* I.2.4–7; esp. 5.28.

[3]　*Enn.* I.2.5.12–15.

[4]　*Enn.* I.6.9.33–44.

提诺的用语仍然表明，存在一个可以与理性的自省相结合的可观察的方面。内观如同外视一样，它给理智可以进一步利用的信息：这是人的心理状态和性格气质的内在王国。此外，内观与外视都有一个特点："看"是把注意力转向人们认为是显著的事情。普罗提诺进一步坚持这种观看的不可靠性。因为这是一种需要被唤醒和练习的能力，人们不能直接使用。严格来说，在获得关于自己的真实知识方面还存在进一步的困难。理想情况下，内观不但会揭示我们灵魂的状态，还能揭示核心的自我——理智，以及它的认知对象——形式。达到这一愿景并不是必然的，而是一个漫长治疗之旅的终点，伴随着理性的反思和辩证的哲学思考。此外，这些元素的组合还有与感知觉不同的一个方面：道德发展的过程转变了被"看"的对象。自我认知的对象不像普通的感知觉对象，它并不独立于我们对它的认识。[1]

　　自我认知在道德和认识发展中的确具有核心地位。正确的自我认知是向善的基础。如果没有与之相伴的道德和规训方法，自我认知就仍然是理论上的空谈或者二手知识。对人类来说，可靠的知识取决于自我实现。但重要的是要强调，这个理论提出的方式是怎样不同于早期近代我们更熟悉的图景的，后者认为，某种与我们自己心理状态的一部分的关系可以作为其他知识获得的可靠基础。首先，虽然自我反思在普罗提诺那里，要先于客观知识的获得，但自我认知并不提供基本的信念，人们从中可以推断出其他信念；也不需要自我认知来回答与知识有关的问题。其次，在普罗提诺那里，自我认知也依赖于客观知识。如果没有关于形式的知识，不与形式和整体统一，也就没有正

92

---

[1] 在这方面，普罗提诺的观点是早期的理性主义或构成自我认识观点的前身。参见Akeel Bilgrami, *Self—Knowledge and Resentment* (Cambridge, MA: Harvard University Press, 2006) , esp. 22–28。

确的自我认知。自我认知的适当提升取决于人总体知识的不断增长。知识的获取改变了作为内观对象的自我：使得它不仅更有知识，而且更具德性。认识上和道德上的发展必须齐头并进。[1]

4.4　自我决定

有的人可能会说，这种理论捍卫了一种有关人的目标的非人道理想，并将人类从真实的自我中过度外化。人们也可能会对自我认同问题提出担忧：为什么每一个灵魂都有的、但似乎不包含任何时间性或个体性的纯粹理智是"我"？[2] 灵魂的方法和规训必须在每种情况下都有既富有激情又具备结构性的第一人称和个体性，普罗提诺的理论以牺牲个体性为代价推进了本体论的稳定性以及认识论的安全性和普遍性。在此，普罗提诺结合了他作为思者与被思者直接同一关系的理智观念，是神秘主义否定神学传统发展中的重要一环，后来新柏拉图派对祈祷和秘仪实践感兴趣，将其作为通向神圣的手段。此外，普罗提诺在哲学史上也促进了另一种趋势的发展，一种与自由和自主联系在一起的趋势。让我们以一些符合普罗提诺观点的话作为结束语，并解释为什么关注我们的身体性质是被理解为与真实的自我相异化的，为什么认识我们本性的最高层面被认为是克服这种异化的手段。

普罗提诺反复地将真实、理想的自己，与自我决定和对情绪以及命运的掌握联系在一起。我们已经看到他主张将规训的结束作为一个人无限本性的实现，成为主宰者而不是被主宰者。"那么剩下的是

[1] Julia Annas, *Platonic Ethics*, Old and New (Ithaca, NY: Cornell University Press, 1999) , 62–70.

[2] Richard Sorabji, "Is the True Self an Individual in the Platonist Tradition," in *Le commentaire entre tradition et innovation*, ed. M. O. Goulet—Cazé (Paris: Vrin, 2000) , 293–300.

什么呢？哪一个是'我们'呢？当然，就是我们真正的所是，大自然赋予我们力量来掌控我们的激情。"[1]自我认同的过程被理解为解放的过程。作为复合物，人类是在宇宙的、确定性的自然秩序里面的，但是我们不必仅仅以这种方式来思考自身，认为我们在因果框架中具有外部决定作用。通过与作为理智的自我的同一，人类至少可以在某种意义上置身于宇宙的因果框架之外，逃避在命运决定下的生活。[2]另一方面，若与身体同一，则意味着一个人将自己置身于外部的影响之下。

在一个层面上，仅仅确定一个更有利的规范性理想，会对自我的选择和生活有良好的影响。拥有理解一切本质的知识，以及可能还有相当数量的支配因果链条的原则，提供了理性的控制：这是一个理解宇宙的机会，即便提供的不是操控同一个宇宙的支点（在这一点上有学术上的分歧），至少也提供了一个了解其活动和内在价值体系的机会。

在另一个层面上，位于此过程末端的沉思或思考活动是一项自我决定和自我控制的活动。在理智思考中，这种冲动来自理智本身，而不是来自外部世界，同样的活动也是针对自身，针对知识的内在对象，而不针对其控制之外的外部事物：

> 只有沉思才能免于被迷惑，因为转向自我的人是不可能被迷惑的，他是统一的，他沉思的对象是他自己，他的理性不会被误导，认定自己该做的事，创造自己的生活和工作，履行自己的职责。[3]

---

[1] *Enn.* II.3.9.14–16.

[2] *Enn.* II.3.9.21–2, 24–31.

[3] *Enn.* IV.4.44.1–4.

那么，理智就是拥有理性的自主能力的我们的一部分。它是自给自足的，在形式上无懈可击，是人类自决能力的源泉。

普罗提诺要寻找活动的源头，无论是行动的还是认知的，即由主体自己控制的起点，并确保人的自主性，自由（*Eleuthera*），以及自我决定（*autexousion*）。[1]通过我们智慧的能力，我们可以实现自主的潜力。对自我认知的追求是一个过程，使我们认识到自己是选择我们想成为什么样的人的力量。

虽然亚里士多德的本质主义传统强调，实现一个人的本质是幸福的关键，普罗提诺接受了这个观点，但给予它一个原始唯意志论主义的再解释。自我是自我认同的主体，在某种意义上指的是整个过程。然而，在坚持只有对善的选择才是自由的同时，他在可能的选择方向上赞成强烈的目的论。自我认知的规范性和调节性的目标是理解一个人的真实的、本性上善的自我。

（杜梦　魏冰　译）

---

[1]　核心文本是*Enn.* Ⅵ.8. 尤其是 1.15–18。

第五章

奥古斯丁论自我认知与人的主体性

约翰内斯·布拉滕多夫

关于自我和上帝的知识的联系是古代哲学最古老的论题之一。[1]
它甚至先于哲学的出现——"认识你自己"这句话就写在德尔斐的阿
波罗神庙的门楣上面，这一主题在柏拉图的哲学中一直有突出地位，
并在后来的柏拉图主义传统中得到了充分发展。[2]奥古斯丁也坚持这
一传统。在他早期的作品中，他宣称上帝和灵魂的知识是他整个思想
的首要关注点，[3]在他晚期的著作中，人的心灵是上帝的形象这一概念
是重点内容。不过，在他晚期的神圣三位一体的学说中，奥古斯丁开
始以一种新的方式来构想这种关系——这种方式伴随着他对人类心灵
观念的决定性改变。自我认知、自我意识或自我存在意义上的主体性
是现代哲学中的一个重要话题，但绝不是现代思维的发明。古代哲学
家如亚里士多德、普罗提诺都对这个概念提出细致而高度详尽的阐释。

97

---

[1] 本章的引言和第5.1—5.3节主要基于我的文章"Endlichkeit und Subjektivität: Zur Bedeutung
des Subjekts im Denken Augustins," in *Fluchtpunkt Subjekt: Facetten und Chancen des
Subjektgedankens*, ed. Gerhard Krieger and HansLudwig Ollig（Paderborn: Schöningh, 2001），
37–53。

[2] 参见Pierre Courcelle, *Connais—toi toi—mēme: De Socrate à Saint Bernard*, 3 vols.（Paris:
Études Augustiniennes, 1974）。另见Klaus Oehler, *Subjektivität und Selbstbewußtsein in der
Antike*（Würzburg: Könighausen & Neumann, 1997）。

[3] 参见Augustinus, *Soliloquia*, Ⅰ.7 and Ⅱ.1。另见Augustinus, *Contra academicos, De beata
vita, De ordine, De libero arbitrio*, Corpus Christianorum, Series Latina, 29, ed. William M.
Green（Turnhout: Brepols, 1970），Ⅱ.30, Ⅱ.44, and Ⅱ.47。参见 G. Verbeke, "Connaissance de
soi et connaissance de Dieu chez Saint Augustin," *Augustiniana* 4（1954）: 495–515。

但是，在奥古斯丁之前的古代传统，普遍只将主体性理解为神圣的、无限的理智的一个特征，而奥古斯丁则将其解释为人类心灵的基本属性。在我看来，奥古斯丁对心灵哲学最重要的贡献，就是它对有限主体性理论的发展。

接下来，我将阐述奥古斯丁对认识自己和认识上帝之间的联系的看法，从奥古斯丁早期作品到《忏悔录》都能发现这一联系。在这里，奥古斯丁的思想受到普罗提诺的强烈影响。[1]然后，我会转向其最复杂的一部作品，即《论三位一体》，来说明这个论点如何带领他——超越普罗提诺——通往最终的人类心灵的概念。

5.1 奥古斯丁早期论自我认知和自我超越

在奥古斯丁的早期著作中，自我认知主要意味着对人类心灵高于物质形体、低于上帝的形而上学等级地位的洞察。作为对心灵的行动的反思，特别是在作出判断的条件的反思，自我认识导致了对上帝的认识。[2]正如《论自由意志》第二卷所说的，上帝存在的证明依赖于存在之链的观念。[3]奥古斯丁认为，活着的人比仅仅存在的人更好。在生物体内，内在感觉优于外在感觉，因为内在感觉对外在感觉作出判断。基于同样的理由，理性优于内在感觉。奥古斯丁进一步指出，理性通过应用不可变的和普遍有效的标准，对每一个概念实体作出判断，

---

[1] 参见Phillip Cary, *Augustine's Invention of the Inner Self: The Legacy of a Christian Platonist* (Oxford: Oxford University Press, 2000)，31–44。

[2] Augustinus, *De Ordine*, Ⅱ.30–51。另见Scott Macdonald, "The Divine Nature: Being and Goodness," in *The Cambridge Companion to Augustine*, ed. David Vincent Meconi and Eleonore Stump, 2nd ed. (Cambridge: Cambridge University Press, 2014)，17–36, 34f。

[3] Augustinus, *De libero arbitrio*, Ⅱ.7–41。

无论是理论的，实践的还是审美的。由于人的心灵是一个易变的存在，它不能产生这些不变的标准，而只能从更高的领域——不变的真理的领域接受它们。[1]根据这个主张，自我反思证明了在人类理性的所有判断之前，存在一个神圣的原则领域。

同样的论证可以在《忏悔录》中找到，特别是在奥古斯丁反驳普罗提诺和波菲利的文段（第7卷）[2]，以及在所谓的讲述奥斯提亚的异象的文段中（第9卷）。然而，对存在着神圣领域的简单推断，现在已经被对神圣之光的直观取代。在奥斯提亚，奥古斯丁和他的母亲莫妮卡在一瞬间直观到了神性。[3]为了达到这个目的，感官的喧嚣必须被抛在身后，灵魂必须沉默，超越对自我的思考，[4]以便直接和立即感知到上帝。在《忏悔录》中，奥古斯丁认为当灵魂把所有东西都抛在后面，甚至是对其自身的认识时，才能最终超越自我，直接看见上帝。

对奥古斯丁的现代研究表明，他对理智上升到上帝的想法是柏拉图式的观点，这尤其受到了普罗提诺的启发。[5]在普罗提诺看来，灵魂的理性部分通过对自己的思考和判断行为的反思意识到它对神圣理性（*nous*）的依赖。[6]理性的洞察力可能会被观念领域的瞬间直觉取代。普罗提诺的最高原则，即第一个本体，是纯粹的"一"，超越所有的多样性。第二个本体是努斯，一个承认尽可能少的多样性的整体。对于普罗提诺来说，这意味着努斯是完全与自我相关的。它因为掌握知

99

---

[1] Augustinus, *De libero arbitrio*, Ⅱ.34.

[2] Augustinus, *Confessiones*, Ⅶ.11–23.

[3] 同上书，Ⅸ.23–26。

[4] 同上书，Ⅸ.25。

[5] Werner Beierwaltes, *Platonismus im Christentum* (Frankfurt am Main: Vittorio Klostermann Verlag, 1998), 180–84.

[6] Plotinus, *Enneads*, V.3.4.15–23. 下文引用为*Enn*。

识而具有多样性，从而有了认识主体和认识对象的区分。然而，努斯实质上是"一"，因为它自身就是其认知的对象。[1]此外，对普罗提诺来说，关于努斯的知识包含了整个思想的体系，在了解这些知识的过程中，它更好地认识自身。无论努斯思考的对象是什么，当努斯在思考它时，就向自己展现了自身。[2]普罗提诺认为努斯是绝对主观的。他认为，精神上升概念的一个典型特征是，在与神性合一的欣喜若狂的时刻，人类的理智成为绝对主体性（统一）的。当被提升至可理知领域时，人类灵魂开始参与进并未异化的神圣理智。在普罗提诺看来，这意味着灵魂必须放弃其形体性，抛却自己的有限性，而转向"别的东西"。[3]

奥古斯丁认为，就自身能力而言，人的心灵具有自我反思能力，这将导致精神上的上升，朝向与神的相遇。然而，即使是早期的奥古斯丁，也没有接受普罗提诺关于人类理智能够在上升的终点与神圣理智合一的观点。无论是在《忏悔录》第7卷中对其欣喜若狂的经历的陈述，还是在对奥斯提亚异象所见的描述中，他都没有以任何方式将朝向上帝的旅程与完美的自我存在的概念联系起来。因此，奥古斯丁早期的观点与普罗提诺认为人的心灵与神圣理智本质上同一的观点十分不同。

5.2　神圣的三位一体与心灵的上升问题

奥古斯丁在后来逐渐对普罗提诺的一些观点产生怀疑。在《论三

---

[1]　*Enn*, V.3.5.

[2]　*Enn*, V.5.1—2。相关分析，参见E. Emilsson, "Plotinus on the Objects of Thought," *Archiv für Geschichte der Philosophie* 77（1995）: 21—41. 以及I. Chrystal, "Plotinus on the Structure of Self—Intellection," *Phronesis* 43（1998）: 264—86。

[3]　*Enn*, V.3.4.10—30.

位一体》中，他表示，随着三位一体概念的展开，在其早期著作中十分重要的心灵上升的论述被证明是不够的。奥古斯丁的神圣三位一体的概念基于以下四个原则：

1. 上帝是"一"——一个本质或一个实体。[1]

2. 有三个神圣的位格。这三个位格都具有实体的性质。这可以通过诸如"父是上帝，子是上帝，圣灵是上帝"这样的句子来表达，其中，每个人都是所谓自我指称命题的主词，也就是说，这个表述做出的基本指称解释了实体的本质属性。自我指称的实体在本体论上是"其自身"（*in se ipso*），这意味着，对奥古斯丁来说，它们是实体。[2]

3. 这三个位格彼此相等，因为他们对自我指称的命题表达了相同的内容：圣父是善的、公正的……；圣子是善的、公正的……；圣灵是善的、公正的……；甚至上帝也是如此。按照普通的逻辑，这意味着有三个神，如"彼得是一个人""保罗是一个人""约翰是一个人"这样的命题意味着有三个人。但是，"一"的原则禁止在神圣的三位一体中有这样的多样性。正如奥古斯丁所说，位格的平等足以使它们成为一个统一体。[3]其结果是，在神圣的三位一体中，每个单独的位格都代表着彼此及整体——即绝对的上帝。此即奥古斯丁所言，二或者三并不能大于"一"。

4. 这三个位格只能通过彼此之间的特定关系加以区分，这是在谓述命题的相对性（＝关系性述义）中表达的。父相对于子称为

---

[1] Augustinus, *De Trinitate*, V.3 and VII.10. 下文引用为*Trin*。

[2] *Trin.* VII.2.

[3] *Trin.* V.9.

父,子相对于父称为子,等等。[1]奥古斯丁断言,即使在神圣的三位一体中,关系也以实体的存在为前提,[2]但由于三位一体的关系不可改变,奥古斯丁并不认为它们是实体的偶性。[3]

在《论三位一体》的第8卷中,奥古斯丁试图将普罗提诺的灵魂上升观与神圣三位一体的概念联系起来。如果上帝是三位一体的,那么灵魂不断上升并最终应该看到三位一体的上帝。在一篇虚构的与灵魂的对话中,奥古斯丁为灵魂提供了四种上升到三位一体的上帝的方式;它们都使用了柏拉图式的推理理性和之后的直观。第一种方式是基于真理的概念。[4]灵魂应该明白,所有事情的内部都有真理真实存在,并且凝视着事物。第二种方法包括从许多善的事物到"善本身"的推论;第三种方法表明"正义本身"是所有正义灵魂的运作原则,[5]第四种方式则有赖于"爱自己"是所有爱的行为的基础。[6]这四种上升方式的失败,不是因为对真、善、正义和爱的期望没有成功而失败的——对其的期望确实已经达到了——而是因为神圣的三位一体并没有变得可见。真的、善的、正义的和爱的观念本身是统一的;它们没有揭示出任何三位一体的东西。在奥古斯丁三位一体学说的背景下,不难看出为什么心灵上升到神圣三位一体这一目标无法达到。这四个概念都是上帝的基本属性,也就是说,对于任何人和上帝来说,都可以做出同样的谓述。因此,奥古斯丁解释说,它们不能给出存在多个上帝的迹象。

[1]　*Trin.* V.6 and V.12–16.

[2]　*Trin.* VII.2.

[3]　*Trin.* V.5–6.

[4]　*Trin.* VIII.3–4.

[5]　*Trin.* VIII.9.

[6]　*Trin.* VIII.12–14.

普罗提诺的概念是关于自我认识和对上帝的认识之间的联系，以至于内在的心灵运动会产生上帝的形象——这是年轻的奥古斯丁非常赞赏的概念——一种三位一体的上帝的概念。

从《论三位一体》第9卷开始，奥古斯丁发展了另外一种策略，这对他的人类理智论产生了重要影响。如果直接看到神圣的三位一体是不可行的，那么间接进入仍然是可能的，例如上帝的形象出现在镜子中或在图像中。对于奥古斯丁来说，人的心灵就是"上帝的形象"。为了将人的心灵解释为神的形象，奥古斯丁回到一种部分源于圣经(《创世记》1:26：让我们以我们的形象来塑造人类)，部分来自柏拉图著作的传统。[1]奥古斯丁赋予这一传统一个新的含义，他声称人类的心灵是上帝的形象，因为它在结构上也是三位一体的。三位一体的上帝从我们的直觉中消失了，但没有什么比人的心灵更接近自身。如果人的心灵是三位一体的，我们可以在其中看到三位一体的上帝，就如同在镜中或影像中看到一样。[2]奥古斯丁将此作为《论三位一体》的后半部分内容主题。为了论述这一主题，奥古斯丁必须证明三位一体本体论的四个原则：实体的统一性，三分性，彻底的等同，以及不仅适用于上帝，而且适用于人的心灵的关系的不同。这就是奥古斯丁在《论三位一体》的9至15卷中阐述的人类心灵理论的意义。根据奥古斯丁的说法，理解人类心灵的三位一体特征的关键是理解它的自我联系的概念。

奥古斯丁区分了人类心灵中的三个元素，即心灵本身(*mens*)、自爱(*amor sui*)和自我认知(*notitia sui*)，并表明它们构成了一个三一结构。他宣称，这三个要素并不像整体和部分，或实体和偶性那样相

---

[1] Plotinus, *Enn.* V.3.4.21–22.

[2] *Trin.* IX.2 以及 XV.10。

互关联。[1]显然，心灵是"一"，就如上帝是"一"；但自爱和自我认知是否具有实体的地位，与心灵一起构成三分呢？根据亚里士多德的《范畴篇》，知识（*epistēme*）是灵魂的一种性质，即一个偶性。[2]正如我们从《忏悔录》中所知，奥古斯丁非常清楚亚里士多德的观点，[3]但他并不同意这一观点。相反，奥古斯丁提出了三个论点，以表明自爱和自我认知应被视为实体。首先，与偶性不同，它们并不仅仅依附于一个载体，正如颜色和形状依附于一个有形物，而是通过他们的意向性超越心灵。其次，爱与知识可以回归心灵，转化为自爱与自我认识，从而完全渗透其承载者，这是偶性不可能做到的。第三，奥古斯丁声称，自知和自爱本身是自我关联的。他认为，对某事的认识总是伴随着对自身的认识，而对某事的爱自然是爱其自身。这种一定程度的自给自足或者本质的反思性是偶性没有的。[4]因此，奥古斯丁的结论是，心灵、自爱和自我认知的关系不应被视为具有两种偶性的一个实体，而是三位一体的实体。

最后，奥古斯丁坚持心灵、自爱和自我认知的平等和相互关联性。他声称，心灵作为正在认知者，爱自己，也作为爱者认识自身；心灵全心全意爱自己，且完全了解自己——它知道自己全部的爱，并且热爱自己的全部知识。三个元素中的每一个都在彼此之中，每对元素都包含在第三个元素中。通过对这三种元素进行排列，奥古斯丁想要表明心灵、自爱和自我认知相互关联，这与神圣三位一体的结构相对应。如果心灵、自爱和自我认知完全相互融合并相互渗透，那么每个元素

[1] *Trin.* IX.2–7.

[2] Aristoteles, *The Categories*, trans. H. P. Cooke, Loeb Classical Library No. 325（Cambridge, MA: Harvard University Press, 1983），1b, 1–2.

[3] Augustinus, *Confessiones*, IV.28–30.

[4] *Trin.* IX.7–8.

都包含着自身及其他元素，所以二或者三并不能大于"一"。[1]在《论三位一体》第9卷的最后，奥古斯丁得出结论：人类的心灵是三位一体的，就像上帝是三位一体的，但是两者的原因不同。对于上帝，它是形而上的统一和无限，再加上圣父、圣子和圣灵在《圣经》中的区别，这形成了三位一体的概念。而对于人的心灵，三位一体结构是基于它的自我关联性。奥古斯丁认为，自我关联性保证了自爱和自我认知的实体性——否则就没有真正的三分；这也保证了它们完美的相互渗透——否则就没有统一性。鉴于神圣的三位一体可以用其本身和有关的命题来表达，人类的心灵似乎可以回避这种区别，因为它本质上是与自身有关的（人们可能说，是自我相关性）。根据奥古斯丁的说法，自我关系是一种可以理解、但有限的自我模仿三位一体的本体结构的方式。这是《论三位一体》第9卷的结论。

5.3 人类心灵的自然存在

出于两个原因，奥古斯丁对这一结论并不满意。第一个原因是，根据到目前为止的论点，只有当人的心灵处于一种智慧的状态，即道德和智力完美的状态时，心灵、自爱和自我认知才能构成三位一体。因为只有当人的心灵以正确的方式爱自己，即爱自己多于爱物质的东西，且爱自己少于爱上帝时，才会产生自爱与心灵的平等。同样，只有当心灵正确地把自己解释为物质身体和上帝之间的可理解的存在时，自我意识才等于心灵。奥古斯丁在《论三位一体》第10卷中要证明的是，不仅圣人的心灵是三位一体的，而且人类的心灵也是如此。对奥古斯丁来说，成为上帝的形象不是圣人或哲学家的特权，而是任何一

105

---

[1] *Trin.* IX.8.

个人都不可磨灭的特性。

奥古斯丁不满意的第二个原因是，第9卷的结论其实最先就受到晚期希腊怀疑论者塞克图斯·恩比里克（Sextus Empiricus）的反对。[1]奥古斯丁很可能通过普罗提诺知道了塞克斯图斯的观点，普罗提诺讨论这一观点是为了辩护神圣理智的自我关联性。[2]经奥古斯丁的吸收（《论三位一体》第10卷）后，他给出的反对意见如下。德尔斐神庙"认识你自己"的训诫召唤我们远离外在世界，寻求自我，去认识我们是什么，从而发展出一个充分的自我认识。但是，如果心灵尚不认识自己，它又如何去寻找自己呢？正如奥古斯丁所指出的，所有的寻求都是以对所寻求的东西的了解为前提的，否则寻求者也不会知道他或她在寻找什么，也不知道什么时候能找到所寻的东西。此外，任何寻求的行为都是由爱驱动的。但是，正如奥古斯丁所断言的，不存在不确定的爱。爱总是去做某事，并且知道它真正爱什么。因此，按照德尔斐训诫的命令，争取自我认知的行为是由爱所引发的，这种爱必须包括对所追求的东西的了解。[3]

显然，反思的主体只有在事先认识自己的情况下，才能分辨出自己。否则，它无法在遇到的许多对象中认出自己。关于自我意识或意识的更高层次的描述要么是循环性的，因为它们预设了它们想要解释的东西，要么，如果使自我反思的行为成为可能的自我知识反过来被解释为另一种反思行为的结果，就将会导致无穷的回退。因此，自我

---

[1] Sextus Empiricus, *Adversus Mathematicos* Ⅶ, trans. R. G. Bury, Loeb Classical Library No. 291（Cambridge, MA: Harvard University Press, 1983），284–86, 310–12.

[2] *Enn.* Ⅴ. 3. 1. 参见 Christof Horn, "Selbstbezüglichkeit des Geistes bei Plotin und Augustinus," in J. Brachtendorf, *Gott und sein Bild: Augustins "De Trinitate" im Spiegel gegenwärtiger Forschung*（Paderborn: Schöningh, 2000），81–103.

[3] *Trin.* Ⅹ.4–5 以及 ⅩⅣ.13。

认知不可能是一种独立的自我反省的结果。[1]

因此，自我认知是不可能的吗？这正是塞克图斯·恩比里克所主张的。他认为，有关自我认知的主张和任何其他知识一样令人怀疑。然而，奥古斯丁却得出另外一个结论。他承认，不仅仅是争取自我知识的努力，甚至是对德尔斐训诫的理解，都预设了一种自我认识的形式，而他认为，事实上，我们能够理解这一训诫，并采取相应的行动。因此，奥古斯丁总结说，必须有一种自我意识或自我存在，这种存在不是通过自我反省的行为产生的，而是先于它并使它成为可能。这种原始的自我关系，即人的主体性的构成结构，只在心灵既能避开外在世界，又能自我回归的能力中表现出来。它意味着心灵总是含蓄地认识自己，并且总是爱自己。因此，奥古斯丁区分了自我关联的两个层次。他把被理解为直觉的自我意识、自我认识，或预先自我认知的自我存在的基本层面称为"自知"；他称为第二层次的自我思考，则指明确的自我反思。[2]反思是一种话语式的思维方式，在这种思维方式中，我们的思想是连续的，在这里，我们可以把各种事物作为关注对象，甚至是我们自己。德尔斐"认识你自己"的训诫告诉我们要在思考层面上发展一种充分的自爱和自我知识。[3]然而，自我是直觉性的，而不是推理性的。在这里，自我不是一种可能的思想和意愿的内容，而是唯一可能的内容。正如奥古斯丁所指出的，以一种先验的、即时的模式存在

107

---

[1] 有关"反思模式"的批评，参见Dieter Henrich, "Fichtes ursprüngliche Einsicht," in *Subjektivität und Metaphysik*, ed. Dieter Henrich and Hans Wagner（Frankfurt am Main: Vittorio Klostermann, 1966），192–95。关于英文本的相关论述，参见Dan Zahavi, "The Heidelberg School and the Limits of Reflection," in *Consciousness: From Perception to Reflection in the History of Philosophy*, ed. S. Heinämaa, Vili Lähteenmaki, and Pauliina Remes（Dortrecht: Springer, 2007），267–85。

[2] *Trin*. X.7.

[3] 在推理理性的层次上，我们原有的自我认知可能会被扭曲。参见：John M. Rist, *Augustine: Ancient Thought Baptized*（Cambridge: Cambridge University Press 1994），146f。

于自身,是理解德尔斐训诫以及达到道德和理智完美状态的前提。然而,以自我认知的方式认识自己并不是以任何学习或教育为前提的。从本质上看,人类的心灵总是不断地在认识自己。[1]

由于它的直接性,心灵的自我同一性和确定性是无可置疑的。显然,我们可能会误解人类思维的本质,认为它是一个可理解的存在。事实上,奥古斯丁认为,大多数人都错了,因为他们习惯了物质性的存在——作为罪恶的结果——甚至期望从易变的东西中得到终极的幸福,所以他们最终认为自己作为物质而存在。在奥古斯丁的解释中,德尔斐训诫具有明确的伦理意义。它使我们摆脱错误的自我观念,使我们意识到灵魂的本质,其终极善——即上帝自己——只能是另一个理智存在。然而,这一切都是自我认知的问题。[2]在心灵的自我同一性或确定性上,没有错误,也没有欺骗,因为一个人仅仅通过对自己的存在而知道的东西并不是关于心灵的本质的抽象概念,而是很简单,它就是自己,在成为自己这一问题上,没有人会出错。

5.4 "意识的统一性"和"自我的同一性"

在《忏悔录》的最后几卷中,奥古斯丁谈到一个惊人的事实:没有什么比人类的心灵更接近自身,但心灵却从未完全呈现在自己面前。奥古斯丁在著名的《忏悔录》第10卷中指出,我们无法完全意识到我们心灵中的所有内容。[3]心灵中支离破碎的自我存在是如何与这样一个事实——没有任何事物,即使是上帝,比心灵自身更接近它自

---

[1] *Trin.* XIV.13.

[2] *Trin.* X.11–12.

[3] Augustinus, *Confessiones*, X.15.

己——相一致的呢？[1]在《论三位一体》中，奥古斯丁再次回答了这个问题。他试图通过宣称心灵是可分的，来调和这两种看法：心灵的一部分将呈现给自己，而另一部分则不会。奥古斯丁认为这一观点是荒谬的，因为可分性是有形存在的特征，而不是有理性的人的特征。"说它完全不知道它知道什么，这是荒谬的，我不是说'它知道全部'，而是'它知道什么，它整个地知道'。[2]心灵不知道一切，甚至不知道自己的一切。然而，在知道它所知道什么之后，它总作为整个自我而知道。奥古斯丁在这些反思中追求的是在其想象中不断变化的认识自我的同一性。在所有的思想中，认识自我就意味着成为这些思想的同一主体。对奥古斯丁来说，自我的同一性建立在自我存在的基础上。在自我认知的层面上，心灵的自我知识仍然是残缺的。不能完全理解自己是人类自身有限性的标志。然而，在自我认知的层面上，心灵的自我存在必须是完整的；否则，自我认同就将被打断。由自我认知构成的同一性保证了意识的统一，因为我所有的知识，无论多么有限和零碎，都是我的知识。

每一个心理行为都伴随着对行为的意识。通过这种觉知，自我意识到自己的存在是所有这些行为的动因。奥古斯丁的自我认知包含了行为意识的自我知觉，但也不限于此。心灵只有在进行心理活动时才能感知自己，但情况并非总是如此。不过，奥古斯丁强调，心灵"总是被视为了解自己，永远了解自己""它必须同时被视为总是记住自己，总是理解和爱自己"。[3]根据奥古斯丁的说法，自我意识是连续的。它不依赖于思考是否发生。奥古斯丁试图通过宣称自我意识的稳定性来

---

[1] Augustinus, *Confessiones*, X.2。

[2] *Trin.* 10.4.6. 参见 Augustinus, *De Genesi ad litteram*, Ⅶ.27–28。

[3] *Trin.* 10.12.19.

解释同一自我的连续性。

当代研究正确地指出, 奥古斯丁从普罗提诺那里接受了一些重要的概念和论点。[1]例如, 奥古斯丁关于心灵知道自己是一个整体的观点可以在普罗提诺那里找到, 但奥古斯丁的使用方式与之不同。普罗提诺认为, 神圣努斯思考的是柏拉图式理念的整个宇宙。根据柏拉图的观点, 努斯本身就是有生命的和有思想的存在, [2]普罗提诺认为, 在努斯思想的时候, 努斯就认为自己是有思想的。在思考任何思想时, 努斯包含一切可能知识, 但是它的思想对象中没有一个是外在的。[3]它所思考的总是它自己。对于普罗提诺来说, 努斯完全呈现给自身, 因为它的自我知识包含了所有可能的知识的总和。用奥古斯丁的语言描述就是: 神的心灵所知道的, 他的全体都知, 因为他知道全体。根据普罗提诺和他之前的希腊传统观点, 只有无限的努斯才能与自身直接联系在一起。不过, 奥古斯丁提出了反驳。他声称, 尽管有限的人类心灵因为其知识的有限性而不了解整体, 但它在构成其同一性的本质中是完全呈现给自己的。与神性的自我认识相反, 人类的自我认知不包含任何关于世界的知识。这将是一个"认知"的问题。心灵的自我存在只表明"我是我自己"这一完美且不可动摇的知识。因此, 毫不夸张地说, 奥古斯丁对自我意识的发现标志着对有限自我的哲学反思的开始。他将自我认知的概念从天上拉回人间, 从而为人类主体的意义提供了新的解释。

[1] Edward Booth, "St. Augustine's 'notia sui' Related to Aristotle and the Early Neo—Platonists," *Augustiniana* 27 (1977–79) : 27–29; Volker Henning Drecoll, *Die Entstehung der Gnadenlehre Augustins* (Tübingen: Mohr Siebeck, 1999) , 288–294; and Frederick E. Van Fleteren, "Augustine's Ascent of the Soul in Book Ⅶ of the Confessiones: A Reconsideration," Augustinian Studies 5 (1974) , 29–72.

[2] Plato, *Sophistes*, 248e.

[3] *Enn.* V.3, 5; V.5, 1–2.

5.5 把自我作为上帝的形象

在《论三位一体》第10卷中,奥古斯丁进一步分析了自我意识的本质,并发现了其中的三种元素,他称之为"记忆""理智"和"意志"。这三者构成了一个三位一体的结构,如同心灵、自爱和自知一般。[1]然而,由于自爱先于自知,所以记忆、理智、意志的三位一体是最基本的。奥古斯丁认为,在自然的、永恒的自我存在中,我们在人类的思想中找到了与上帝三位一体最清晰的相似之处。对奥古斯丁来说,心灵是一 III 个神圣的三位一体的形象,它在本质上是一个根本意义的自我。

奥古斯丁很清楚"记忆""理智"和"意志"这些词的不足,但他认为没有更好的选择。因为这些术语是不充分的,在对它们的日常理解中,它们指的是理智在推理理性中所使用的官能。为了避免有任何误解,奥古斯丁区分了"内在"记忆、"理智"和"意志"作为"自我认知"的瞬间,以及"外在"记忆、"普通"记忆等。[2]在一般的理解中,理智与记忆之间有时间性的差异。理智能掌握一种思想,然后将它储存在记忆中,在那里它可以被发现和实现。在学习的过程中,理智思维和记忆行为是先后发生的。然而,这并不需要学习。它是人类心灵的一个基本属性,它自然地呈现在自己面前。对奥古斯丁来说,这意味着"内在"记忆和"内在智慧"的自省同时存在。[3]"记忆"一词的使用表明,自我存在拥有与记忆的所有内容相似的稳定性与持久性;然而,

---

[1] *Trin.* X.14 and X.17.

[2] *Trin.* XIV.10.

[3] *Trin.* X.19 有关奥古斯丁的记忆学说,详见Roland Teske, "Augustine's Philosophy of Memory," in *The Cambridge Companion to Augustine*, ed. Eleonore Stump and Norman Kretzmann (Cambridge: Cambridge University Press 2001), 148–58。

理智论提出了一种现实性，通过这种现实性，自我与任何现实的思想都是相似的。奥古斯丁甚至在自我意识中发现了一个现实的维度，即一种自愿的、永恒的自我肯定，他称之为意志。正如他所解释的，这种意志很难被察觉，因为它并不是在任何需要中都要表现出来的。它总是有它想要的自我，就像内在的理解一样，它不断指向自我，内在将不再需要（或者，对奥古斯丁来说，爱或被肯定）除了它已经拥有的自我之外任何别的东西。[1]重要的是要看到，内心的意志是构成意志的重要组成部分，自我不接受任何外在的命令。因为外在的意志可以在不同的事情中寻求最高的善，要求它爱上帝胜过爱自己，甚至比它本身更重要，这是完全有道理的。然而，内在的自爱并不与上帝的爱相对，而是使所有的爱都成为可能。如果人类的心灵停止用内在的意志去爱自己，它也会同时停止存在。根据奥古斯丁的说法，人的内心自我肯定优先于所有其他的意志行为，包括宗教行为。因为只有理性的存在——即有自我的存在，才能够爱上帝。记忆、理智和意志构成了心灵自我存在的三位一体的结构，这些结构必须预先假定德尔斐训诫所要求的任何深思熟虑的自我反思，或福音的诫命所要求的任何有意的爱：爱上帝、爱邻居像爱自己一样。

即使在《论三位一体》中，奥古斯丁仍然忠于传统的旧观念，即认识自我和认识上帝存在联系。然而，他不再像在《忏悔录》里那样以普罗提诺的方式来设想它了。对于晚期的奥古斯丁来说，对话式的自我反思和随后的自我超越并不是实现与三位一体的上帝合一的愿景的途径。要想在尘世的生活中看到神圣的三位一体，需要的并不是超越，而是对自我的更深层次的理解。奥古斯丁希望我们通过自我的直接构成和不可改变的自我存在来理解自我。在这一点上，心灵就如同一个

---

[1] *Trin.* X.19.

神圣的三位一体。如果我们理解一个人成为自我的最终意义，我们就会看到三位一体的上帝，就像在镜子里或在影像里看到上帝一样。

正如《论三位一体》第10卷所解释的，"自我意识"是上帝在人类灵魂中最基本的形象。这是人之本性的一部分，每个人都能立即意识到自己，因为这是构建一个人的同一性的东西。这种同一性是成为一个道德行动者的前提条件。它本身不受到好或坏的决定和行为的影响。因此，在自我意识层面上，无论是罪人还是圣人，每个人都是而且一直是三位一体的上帝的形象。在这里，人类本质上与上帝相似。

但对于奥古斯丁来说，在自我认知的层面上也有一个关于上帝的形象，正如在《论三位一体》第9卷中所解释的，这个形象只限于理智和道德完美的条件。只有当心灵正确地思考自己，即作为一个理性的生物，并且它正确地爱自己，即爱自己比爱上帝更少，也不骄傲，那么心灵、自爱、自知就形成了三位一体。只有到那时，才有了三者同一的地位，这是三位一体的四项原则之一。此外，对自我认知的伦理诉求还包括道德的完善程度。虽然罪人总是意识到自己的存在，但他缺乏全面的自我认识，因为他太爱自己了，因此与上帝的相似度也降低了。而圣人除了像任何理性的存在一样认识自己外，还以正确的方式爱自己，从而获得充分的自我认知，使他更接近上帝。对奥古斯丁来说，这种相似性在死后的世界里将是完美的，圣人们看向上帝时，也会看到他毫无遮掩的脸。[1]这样，人类心灵的自我认知就会在对上帝的充分认识中完成。

（黄丽晓　刘小丫　译）

---

[1] *Trin.* XIV.20–24.

第六章

经院哲学时期的自我认知

多明尼克·佩勒

6.1 一个亚里士多德式困境

114 　　所有经院哲学家一致认为，自我认知对于人类而言至关重要。因为，如果我们的认识无法达致我们理性的灵魂本质及其进行的活动，我们便无法了解人类作为"理性的动物"的特殊规定性何以可能；他们还认为，自我认知对于自我评价而言同样不可或缺，因为作为理性的存在物，如果我们完全不在意我们在想什么、欲求什么的话，我们便不能仅仅凭借"好"或"不好"的想法、欲求或意志来判定我们是理性的人。不过，我们究竟是如何获取关于我们自身想法或欲求的认识呢？我们又如何能对产生这些活动的灵魂有所了解？这种知识又如何与其他知识区别开来呢？最后，它作为一种"知识"是何以可能的？

115 　　受奥古斯丁的启发，中世纪早期与中期的哲学家深入探讨了这些问题。[1]随着13世纪亚里士多德著作的流传，这些讨论演变成一种关于知识的可能性与结构的全面辩论的一部分。[2]在《论灵魂》中，亚里

---

[1]　参见Pierre Courcelle, *Connais—toi toi—même: de Socrates à Saint Bernard*, 3 vols. (Paris: Études Augustiniennes, 1974–75)。

[2]　关于新亚里士多德主义者的架构，参见Dominik Perler, ed., *Transformations of the Soul: Aristotelian Psychology 1250–1650, Vivarium*, special issue, 46.3 (2008) ; Russell L. Friedman and Jean—Michel Counet, eds., *Medieval Perspectives on Aristotle's "De anima"* (Louvain: Peeters, 2007)。

士多德详细阐释了我们如何获得知识,但他的这一阐释似乎更注重如何获得外在事物的知识。它详细地说明了我们如何能够首先拥有感觉,其次是想象力,最后是关于有形事物的理解与思考,也就是通过同时吸收它们的感性与理智的形式。此外,它也清楚地说明了这一吸收过程所需要的认知机制。但是它并没有说明自我认知是如何以及为什么可能的。在一个相当晦涩的段落中,亚里士多德指出,理智的思考作为灵魂的最高形式:"正如它自己要面对的对象一样,它本身也是思考的对象。"[1]但对于这一陈述他并没有详细论证。理智如何使自身成为思考的对象?它又如何与自身产生关系?最后,为什么这种关系能提供自我认知?

面对这些问题,中世纪的亚里士多德主义者试图通过分析自我认知的结构和它与其他知识的关系来超越亚里士多德,也就不足为奇了。在处理这一问题时,他们集中在三个基本问题。首先,他们考察了"自我认知"的对象:它是一个理智活动,是由作为一个整体的灵魂进行的,还是其他什么对象?第二个问题关乎自我认知的认知过程:这种认识是建立在内省能力、反应能力,还是其他认知能力的基础之上?最后,他们的第三个问题是关于自我认知的地位:它是我们人类最基本的一种认识,还是奠基于其他事物的认识之上?

下面,我将讨论中世纪处理这些问题的尝试,主要集中在13世纪晚期的三位哲学家:托马斯·阿奎那,阿夸斯帕尔塔的马修,以及弗莱堡的蒂特里克。他们都受亚里士多德关于理性存在者"自身即是思维的对象"等一些阐述的启发,却用不同的途径去解释了"自我认知",并在亚里士多德的现有基础上部分地增添了奥古斯丁的见解。诚然,这只是关于此问题的漫长而复杂的讨论中的一小部分。但是我依然希

116

---

[1] Aristotle, *De anima* III.4(430a2–3), trans. D. W. Hamlyn(Oxford: Clarendon Press, 1993).

望,它能表明——并没有真正意义上完整统一的学术理论——经院哲学的内部多样性,就如一幢拥有多个房间的房子一般。[1]

6.2 托马斯·阿奎那:自我认知以及认识的上升

正如每一位基督教哲学家,托马斯·阿奎那毫不犹豫地肯定,上帝对自己有着清楚的认知,我们人类就是按照上帝的形象被造的。[2]但是这一信念并没有让他简单得出"我们对自身也有着清楚完全的认知"这一结论。这是为什么呢?他强调,神圣智慧与人的智慧有巨大的不同。[3]上帝是一个完美的存在,他的理智总是完全实现的。这就是为什么他不需要通过外部事物来实现自己的知识。对他而言,任何事物在任何时候都在他的认识中敞开,在其中也包含他自身的理智以及其衍生出的活动。因此,他是一个"自我通透"的存在。或者用阿奎那的话来说:"作为一个完满的存在,上帝单凭他的纯粹本质就能认识自身——而无需其他。"[4]相比之下,人类并不是完全实现了的存在。

117

---

[1] 有关其他的作家,参见François—Xavier Putallaz, *La connaissance de soi au XIIIe siècle*(Paris: Vrin, 1991); Dominik Perler and Sonja Schierbaum, eds., *Selbstbezug und Selbstwissen*(Frankfurt am Main: Klostermann, 2014). 我的讨论将会围绕理智的自我认知,不讨论感知觉的自我意识。有关这些,参见François—Xavier Putallaz, *Le sens de la réflexion*(Paris: Vrin, 1991), 39–69; Susan Brower—Toland, "Medieval Approaches to Consciousness: Ockham and Chatton," *Philosophers' Imprint* 12.17(2012): 1–29。

[2] 有关"形象"这一关系,参见Thomas Aquinas, *Quaestiones disputatae de veritate*, q. 10, art. 1, Editio Leonina XXII(Rome: Commissio Leonina; Paris: Cerf, 1970–75). Hereafter cited as QDV。

[3] 参见Thomas Aquinas, *Summa theologiae*(hereafter cited as STh), ed. Peter Caramello (Rome: Marietti, 1952), Ⅰ, q. 87, art. 1; QDV, q. 10, art. 8; English translation in *The Treatise on Human Nature: Summa Theologiae Ia 75–89*, ed. and trans. Robert Pasnau(Indianapolis: Hackett, 2002)。

[4] *STh* Ⅰ, q. 14, art. 2; *QDV*, q. 2, art. 2.

他们的理智处在一个潜能的状态，并需要通过外部事物刺激来实现。只有当它被真正实现时，他才会知道这些事情，并最终获得自我认知。这就是为什么人类不能仅凭自己来了解他们的本质。

在这里有两点值得注意。首先，阿奎那对于人类是按上帝的形象塑造的这一"事实"的解释相当有限。这仅仅意味着他们在结构上与上帝相似，因为他们也具有作为一种认知能力的理智。但拥有同样的认知能力仍然会为不同程度的实现活动留下空间——拥有理智是一回事，但充分利用它又是另一回事。第二点值得注意的是，阿奎那借助外部事物来解释人类理智的真正实现。我们不能仅仅通过观察内心来了解自己，因为我们的理智无法进行自我实现。相比之下，我们更倾向于受到其他事物的影响，这些事物让我们最先产生感官知觉，然后是想象，最后才会做出理智指导下的反应。因此，我们最初的思考行为并不是针对自己，而是针对外部事物。

那么，如何才能产生关于我们自己的思考行为呢？这些行为的目标为何？这些问题最容易用阿奎那自己举的一个例子来解答。假设你面前有一块石头，它使我们产生了一种它是灰色的和圆形的感知，这种感知产生了最初的思考行为。

a）石头是灰色的，且是圆形的

正是这一行为使你的理智活跃起来。一旦你的理智处于这一状态，你就可以产生另一种直指a的思考行为：

b）我认为这个石头是灰色的，且是圆形的

显然，这一思考活动给你一些关于你自己的信息。也就是说，你正在进行一种有着特定对象的思考行为。它并不同于第一种，正如阿奎那明确地揭示：“第一种行为，是理智认识到了石头，而第二种则是，理智意识到它认识到了石头，并以此类推。”[1]而后者则会让人怀疑这是否会是一种无尽的倒退。会有更进一步的行动或者其他更多行动吗？

c）我认为我认识到了这个石头是灰色的，且是圆形的

还可以继续往下推吗？这会导致思维活动的无限扩张吗？事实上，可能会有一系列的反应活动。有些人可能走到第三级，有些人走到第四级，有些人甚至升到第五级。但是这并不会导致一种危险的无限回退，因为并不是每一个思考行为都需要伴随一个更高层次的行为。阿奎那并没有提出强有力（并且相当程度上不可信）的主张，认为高阶的思维活动对于每一个思维活动而言都是必要的。他们是随机产生的偶然性行为，并且他们的产生总是可以停止的。

事实上，阿奎那所诉诸的一系列清楚明白的反应活动，恰恰证明了他支持如今所谓的“高阶理论”[2]。我们并不是通过某种内在的感觉或直觉来了解我们的思考活动的，而是通过更高一阶的、与第一阶一样有指向性的思考行为来达成这一目的的。但是为什么我们的理智能够产生更高一阶的思维活动呢？当它开始从第一阶段向第二阶段迈进时，为什么它会带来一种“认知的上升”，乃至迈向更多更高阶段的

---

[1] *STh* I, q. 87, art. 3, ad 2, trans. Pasnau, 193.

[2] 更多的分析，参见Peter Carruthers, *Consciousness: Essays from a Higher—Order Perspective*（Oxford: Oxford University Press, 2005）。

思维活动呢？[1]阿奎那并没有给出详细的解答，但当我们在看他解释认知过程的方式时，某种程度上也就看到了这一答案的大致框架。阿奎那声称，根据亚里士多德的理论，理智是能够按照某种原则去思考一切的一种认知能力。然而，除非它接受它的形式，否则它就不能真正地思考一个事物，因为是这种存在于理智当中的形式使思考得以可能。[2]假设现在有一种思考活动正在生成，这种活动会有它自己的形式。不可否认，它只有一种偶然的形式（思考，严格意义上说，是内在于理智的偶性）。但它还是会有一个真正的形式。正因为这种偶然的形式也存在于理智，思考的第二种活动相继得以可能，也就是那个以第一种思考活动为对象的行为。第二种思考活动也会有它的形式，其形式也存在于理智当中，因此也使第三种思考活动得以可能，以此类推。简单来说：存在于理智当中的每一个形式都有一个与之对应的思考活动。这就是为什么理智可以开启一种"认知的上升"，并提供一系列的高阶认识行为。

这种解释策略为阿奎那回答本章开篇的三个问题提供了简明有力的解决方案。自我认知的第一个对象是一种思维的特定行为，或者说是一系列类似的行为。认知过程一旦转为现实状态，就演变为由理智所激发的一种认知的上升，而自我认知的地位是相当有限的，因为它以直接指向外在事物的认知行为为前提，因此它不是最基本的认知现象。

---

[1] 我从Robert Pasnau那里借鉴了"认知的上升"这一表述，参见Robert Pasnau, *Thomas Aquinas on Human Nature: A Philosophical Study of Summa theologiae Ia 75–89*（Cambridge: Cambridge University Press, 2002），336–47。

[2] 阿奎那甚至声称，外在事物是存在于理解力当中的——并非以一种物质的方式，而是带有意向性的、精神性的存在。对此的分析参见Myles Burnyeat, "Aquinas on 'Spiritual Change' in Perception," in *Ancient and Medieval Theories of Intentionality*, ed. Dominik Perler（Leiden: Brill, 2001），129–153; Dominik Perler, *Theorien der Intentionalität im Mittelalter*（Frankfurt am Main: Klostermann, 2002），42–60。

恰恰相反，自我认知是建立在对外在事物的认识基础上的。阿奎那非常清楚这一点："因此，我们的思维不能以一种立即理解它自己的方式去认识自身，而更倾向于，先认识外在事物，然后才认识它自身。"[1]

尽管这一结论十分清晰简明，却引起了巨大的反对意见。阿奎那描述的这种自我认知是否十分有限，因此很难提供信息？如果对于其他事物的思考是我们唯一能够知道的事，那么看起来，我们就完全无法获得关于我们的性情与性格特征的知识。比如，我也无法认识到自己是一个容易焦虑的人，还是一个勇敢的人，我是否有学习语言的天赋等类似事情。

阿奎那意识到了这一问题，并试图通过指出行为与性情之间有密切的联系来解决。一旦我们意识到某一类行为活动经常发生，我们就能知道这行为背后有一系列稳定的性格或习惯（ *habitus* ）来养成它们。阿奎那以信仰为例证明了这一观点。[2]一个信徒该如何证明他有信仰？他可以观察他自己的外部行动，比如念诵祷辞，就像观察他的其他人一样。此外，他能够在当下立刻反省到确证他自己信仰的内心活动，而这恰恰是别人做不到的，因为他们只能观察到他的外部行为。当他意识到，确证信仰的内心活动一次又一次地发生后，他就会意识到自己的确是一个有信仰的人。一般来说，对于自身经常性的行为的认知都会引发对于自身性格的认知。对于确证是焦虑还是勇敢的性格特点而言也同样是这个道理。正因为他们是某种内在性情，所以一旦有与之相关的外在行为被察觉到，它们本身也就相继显现出来。因此对于一种性格特征的证明，没有什么比对外在行为的观察更有效的了。

但是我们如何才能了解孕育这些行为与性情特征的灵魂呢？我们

---

[1]　*QDV*, q. 10, art. 8, corp.

[2]　*STh* I , q. 87, art. 2, ad 1；类似的，见 *QDV*, q. 10, art. 9, ad 8.

似乎永远都无法了解到它，因为不存在能让我们把握的"纯粹灵魂"这样的东西。阿奎那认为，灵魂并不是我们能够在当下迅速直观或理解的特殊对象事物。但是他反对我们无法认识、了解它。因为每当我们把握了某种行为时，我们也把握住了产生这种行为的内在灵魂依据。让我们再以宗教信仰者为例。当他意识到他确证了自己的信仰时，他把握住了什么？他并非简单地把握住了一种关于确证信仰的理智活动，而是把握住了他当下正拥有一种确证着的行为。严格来说，他并非只把握住了一个孤立的事件，而是一个拥有现实基础的事件。因此，声称自我认知的对象不过是一种行为是不恰当的。这是一种"嵌入式行为"，也就是说，一种与灵魂有着不可分割的联系，并被认为是存在于灵魂当中的行为。这就是为什么阿奎那丝毫不怀疑人能够根据当下的行为来确证他的灵魂存在的原因。[1]

但是，这种认知活动似乎并没有提供太多信息。当信徒意识到他有灵魂时，他把握住了什么呢：有形或无形的，平凡而有朽的，抑或不朽的实体？这些问题似乎很难回答。不管是对所有人的灵魂本质还是个体的灵魂本质而言，仅仅保有对它的存在的理解是不能得出任何更进一步的结论的。阿奎那赞同这一观点，并强调应当谨慎区别对于个体灵魂存在的认知和对关于灵魂本性的认知。[2]当一种行为被理解时，第一种认知也就随之自然产生了。因为它的产生显得轻松自然、合乎本性，因而它并不提供关于灵魂的基本特性的任何信息，因此，它也不能使我们把我们的灵魂归为特殊实体。而要想做到这点，我们需要的是第二种认知，也就是并非自然产生的那一种。它需要把我们的灵魂

---

[1] *STh* I, q. 76, art. 1; *QDV*, q. 10, art. 9. 相关分析，见Therese Scarpelli Cory, *Aquinas on Human Self—Knowledge* (Cambridge: Cambridge University Press, 2014），69–91。

[2] *STh* I, q. 87, art. 1; *QDV*, q. 10, art. 8.

与其他种类的实体进行细致的分析与比较。想获得这种知识并不容易，甚至极有可能永远也无法达到。阿奎那干脆说："大多数人并不知道灵魂的本质，而许多人甚至在关于灵魂本质的问题上犯了错。"[1]

6.3 阿夸斯帕尔塔的马修：自我认知与自省

阿夸斯帕尔塔的马修是一位于1270年前后在巴黎学习的方济会修士。关于阿奎那把自我认知作为关乎个体灵魂存在及其反应行为的自然知识，他十分了解。[2]但他并未止步于这一有限的认知。在他看来，我们首先该做的是区分各类自我认知，然后分析哪一种对我们而言是可能的。这其中有三种特殊类型理应加以严格考量：[3]

首先，有一种"通过推理或论证"获得的知识，即当我们观察一种现象并推论它一定有某种原因时，我们就会获得这种知识。正如当我们看到烟时，我们就会推论出有火存在；当我们发现有思考这种行为时，我们就会推断出灵魂的存在。马修承认我们经常会做出这样的推论，但是这并不构成多大意义上的启发，因为它提供的不过是关于众多个体灵魂的相同信息。不管我是从自己的行为还是从旁人的行为开始，我都只能推断出它是有原因的——除此之外不能知道更多。鉴于这种限制，马修认为我们需要另一种知识，他称之为"经由对本质的纯粹沉思"获得的知识。这一知识相当于阿奎那所说的第二种类型的知识，它向我们传达了关于能够产生行为的灵魂的自然本性，例如，灵魂是无形体的实体。很明显，相比于第一种知识而言，这种知识传达

---

[1] *STh* I, 87, art. 1, trans. Pasnau, 189.

[2] 关于他与阿奎那及其他先哲的关系，参见Putallaz, *La connaissance de soi*, 13–18。

[3] Matthew of Aquasparta, *Quaestiones de fide et cognitione*, q. 5, 300, ed. PP. Collegii S. Bonaventurae (Quaracchi: Collegium S. Bonaventurae, 1957). 下文引用为*QC*。

了更丰富的信息，并使我们能够把人类灵魂同其他类型的灵魂区别开来。但是，我们依旧没有获得任何关于我们灵魂的具体认知。我们只是简单地认识到人类灵魂大体上讲是什么，它是我自己的，还是旁人的，但是我们会忽略自身灵魂的特殊本性。这就是为什么马修认为，我们仍需要另外一种类型的知识，并且他把这种知识称为"经由细致的观察"获得的知识。按照他的描述，这种认识"借助了反思"。[1]这种反思揭示了我们个体灵魂的本质。

马修正是要为这第三种知识的可能性辩护，以反驳阿奎那，后者不认为我们个体灵魂的本质能被揭示出来。但是这种反思，也就是内观何以可能？马修通过详细说明一些情境来回答这个问题，要成功地实现内观，以下情境必须得以可能，不管它们是内部的还是外部的。[2]他声称，在每种我们能看见某物的情境中，都有（1）一个被表现出来的可见的物体，（2）一种作用于此物的力量或能力，（3）此物与此力中间的直接联系，还有（4）一束照亮此物的光。看见某个外部事物的事例可以被用来很好地证明这种观点。为什么你能看到面前的石头？你能看到是因为：首先，有一个可以被看见的物体，不仅不是目不可及，而且恰好就在你面前；第二，你有一双可以直指这个事物的可见性状（颜色、形状等）的眼睛；第三，在你的眼睛和这些性状中没有任何阻碍物；第四，在日光下，这块石头在你面前呈现得清清楚楚。这四个条件都得到了满足，你确实可以看见这块石头。在马修看来，内观的情况可以说是相似的。第一，灵魂作为一个可见的对象现在就呈现在你面前。当然，它并没有类似颜色或形状这样的性状，但是它有就在此刻呈现出来的、能被把握的思考活动。第二，有一种合适的力量或能力

---

[1]　*QC*, q. 5, 300.

[2]　*QC*, q. 5, 304–5.

来把握这些行为。这不是别的什么，就是灵魂的力量——理智。它直指所有确实呈现在它面前的事物，包括它自己。第三，没有任何障碍可以阻止理智抓住呈现在它面前的事物。尤其是，没有任何物质的障碍，因为灵魂自己就是非物质性的，它不可能被任何物质的东西挡住。第四点，有一种内部的光照亮了灵魂，所以不管灵魂何时显现出来，它的活动都是透明的。这就是为什么它可以被完全掌握。

当他谈到第三种，也是信息量最大的自我知识时，对某种形式的内观的提及显现出在马修的思考中有一种知觉模型。在他看来，我们确实能看见我们的灵魂，因此我们能知道它到底是什么——我们能看见它的独有的本性，就像当我们看见一块石头时，我们能看见它的特性。因此马修引用奥古斯丁的术语就不足为奇了，奥古斯丁认为我们能通过"灵魂中的对话"而获得自知：我们用理智转向我们的灵魂，理智也正是它的力量，我们能看到它作为一个当下显现出来的东西。[1]

然而，马修对内观的描述也引来一些质疑，毕竟，被看见的不是灵魂，而是灵魂的活动。假设你现在正在思考你的下一个假期，你通过"灵魂转向"来朝向自己。你能看见什么？好像你除了你现在正在思考这个活动及它的内容外，你什么都看不见。比如，你意识到自己现在正在想在几个朋友的陪伴下，度过海滩上的美好的一天。你越专注于自己，你就越能看清楚自己活动的内容。但是你没有能力瞥见灵魂，它什么都不是，但恰恰是这种活动的隐秘的诱因。

马修不会同意对内观的这种说明。他会指出——像阿奎那一样——我们从来不会只把握一个孤立的行为。我们总是抓住并看到一个行为，只要它存在于灵魂之中。与其说灵魂是一种诱因，不如说是一种显现出来的原因，通过它产生的行为而变得可见。借用马修的比

[1] *QC*, q. 5, 304.

喻性话语,我们可以说,内在的光不仅仅照亮了行为,灵魂自身也被照亮了。因此,当你专注于自己时,你不仅看见了关于在海滩上的美好的一天这个想法,你也看见了你的灵魂在遐想海滩上美好的一天。

但是马修还往前走了一步。与阿奎那不同的是,他更加强调,你不能仅仅把握灵魂的存在。既然灵魂已经作为一种行为被照亮,你就能看见它的一些独特的性质。比如,你看到它是一个因果原则,它不断地活动,因为它不断地产生思想。你也看到它以一种特别的次序产生想法。因此,你认为关于你的下一个假期的想法后紧跟着的就是关于你最亲爱的朋友的想法,接下来是你对朋友的喜爱之情。因此你也就意识到了你的灵魂产生这些想法的特殊的方式。重要的是,你不仅看到了人类灵魂的一般特性,你还看到了你自己的灵魂在活动时的本性。那就是为什么内观与第二种认识截然不同,马修将第二种认识描述为"对本性的纯粹沉思"。沉思是从你自己的灵魂中抽象出来的,目的在于指出灵魂的一般特征。相比之下,内观给你的是关于你自己灵魂的认知,它有自己的历史,并以自己的方式产生行为。

现在很清楚了,马修解决了自知的三个重要问题。自知的对象不仅是灵魂的活动,或是作为一个不确定物的灵魂,而是一个人自己灵魂的特殊本性。自知的认知过程是一种揭示此本性的内观。它无法获得基础性知识的地位,因其建立在对外部世界的认知上。如果我们从来不接触物质世界,我们的灵魂就永远无法活跃,它的本性也永远不能被看见、被理解。

6.4 弗莱堡的蒂特里克:自知与自足的理智

像托马斯·阿奎那和阿夸斯帕尔塔的马修一样,弗莱堡的蒂特里克也在巴黎的大学读书和任教，他很熟悉前人的观点。[1]不过，他公开地批评他们，声称理智是灵魂的最高部分，"总是能实实在在地理解某物"，同时"通过理解其他事物，它也理解了它自身的存在"。[2]这是个十分激进的观点。蒂特里克否定了那看似毫无争议的观点，即认为人类的理智不能一直去思考和理解，因为它只是一种需要被习得的能力。他反对这一观点的理由是什么呢？

他的主要观点源于传统的解释，即人类是按照上帝的形象造的。他认为，这种形象关系不仅仅是简单的相似联系，而是"表达"的关系。[3]这意味着人类被上帝以这样的方式"表达"出来，即使人类从他这里流溢出去，并与他享有同样的本性。当然，人类与上帝截然不同，但是就他们的理智而言，他们并非完全不同：他们有同样的理智，也能同样地利用它。显然，上帝的理智总是完全实现出来的。因此，被"表达"的人类的理智也同等地完全实现。人的理智与上帝的理智的区别仅仅在于，它是被造的，因而不是一个独立的东西。但是这不等于对其活动的限制，与上帝的理智一样，人的理智也一直处于现实状态中。

毫无疑问，这是一个强有力的观点，它背离了由阿奎那和其他人捍卫的传统亚里士多德主义的理论（根据这种理论，除非被感官刺激，否则人类的理智不能思考）。可以肯定，蒂特里克并不否认人类的理智在产生思考活动时经常使用来自感官的信息。但他的主要观点是，理智并不需要这些信息才能活动——它能自主地活动。事实上，他区分了建立在感官信息基础上的"理性认知"和不需要任何感官信息就可

---

[1]　关于他的知识经历，参见Kurt Flasch, *Dietrich von Freiberg: Philosophie, Theologie, Naturforschung um 1300*（Frankfurt am Main: Frankfurt, 2007），19–59。

[2]　Dietrich von Freiberg, *De visione beatifica*（hereafter cited as VB），in *Opera omnia* 1:22（theses 1 and 2），ed. Kurt Flasch et al.（Hamburg: Meiner, 1977–85）.

[3]　*VB*, 1:41.

以运作的"理智认知"。[1]当理智导向第二种认知时,它在自己的本质框架内进行思考活动,因为它与上帝的理智一样是主动的。蒂特里克认为,它"构成"了自己的基本结构。[2]

这种理论表明,亚里士多德主义其实并不是所有中世纪学者的学说的共同理论基石。蒂特里克用亚里士多德的学说作为自己理论的出发点,反复提及他的理智理论,但是他将其与柏拉图—奥古斯丁强调人类理智的似神地位的理论框架整合起来。这种地位不仅让认知所有事物的本质框架成为可能,还让认知自己得以实现。蒂特里克实际上在这两种认知间建立了一种内在联系,声称"当理智理解自身时,它也通过其他事物自身的存在理解了它们,它理解它们的方式恰是理解自己的方式"。[3]值得注意的是,蒂特里克并不认为理智先理解其他事物,然后通过某种内观或思考的过程再理解自己。自我理解与自我认知并不以理解他物为先。相反,自我理解是理解一切他物的出发点:理智只要能理解自己就能理解其他事物。这又是如何可能的?

蒂特里克用比喻的语言说明了这个过程,理智因为"始终专注自身"而能知道其他一切事物的本质结构。[4]不过,这种论述无法说清楚理智怎样专注自身,以及为什么内观能提供对其他事物的认知。但我们或许可以通过一个科幻小说的故事来尝试理解他的论断。假设在遥远未来的某天,神经科学能发展出某种使一切思维状态可见的大脑成像技术。又假设这种技术不仅使得思维状态可见,还使得思维内容可

---

[1] 参见 *Quaestio utrum in Deo sit aliqua vis cognitiva inferior intellectu, Opera*, 3:294。

[2] 参见 *De origine rerum praedicamentalium* 1.20 and 5.33, *Opera* 3:143 and 190. 关于此学说,参见 Dominik Perler, *Theorien der Intentionalität*, 155–65, and Flasch, *Dietrich von Freiberg*, 109–65。

[3] *VB*, 1:22(thesis 4).

[4] *VB*, 1:22 and 27.

见。当你将这种技术运用到自己身上时，你就能够看见你偶然有的一切思考。因此你可以看见你正在思考你的下一个假期，思考你的旅伴，一个不错的海滩等，你也可以看见在你思考时呈现在你面前的一切。重要的是，你不是先看到这些事物，然后通过某种反思看到你自己的思维活动。而是相反：正是看见了你思维的状态，你才能看见呈现在你面前的事物。现在让我们回到这个始终是主动的理智，它不止思考，它也理解它所有思考的活动。这些都能被某种神奇的理智成像技术可视化，被充分地呈现出来。通过理解它的活动，理智也理解了它的内容，也就是所有事物的基本结构。因此，正是通过理解它自己的活动，理智理解了其他事物。

我希望这种比喻能够说明，向内转是最重要的一步。如果我们不能理解自身的行为，我们就会对世界上的事物的基本结构一无所知。因为这种结构正是作为我们行为的内容被显现出来。显然，蒂特里克的主要意图不是去解释为什么人有纯粹的自我认知，而是使人如何通过理解自己来理解其他事物。因此，他对这三个关乎自我认知的关键问题给出了新的解答。自我认知的对象不仅仅是一连串的理智活动，也是理智活动的内容与所有事物的基本结构。自我认知的过程就只是理解呈现在永远主动的理智中的活动。自我认知的地位则完全是基础性的，因为如果我们不理解我们自己活动所显现出来的事物，则外部事物的基本结构对我们也就永远不可见。

6.5 结　论

我希望对这三位中世纪学者的简要介绍，可以让读者清楚地看到，关于自我认知的结构与地位存在激烈的争辩，亚里士多德对理智是其自身的对象的著名论断并没有为一个统一的亚里士多德学说奠基。相反，它反而为一些不断发展的、受柏拉图—奥古斯丁传统影响的不同理论提供了某种跳板。但这些理论如何与苏格拉底式的自我认知有联系呢？它们看起来似乎与作为苏格拉底传统核心的实践问题毫无关联，因为它们完全没有强调我们该怎样知道我们是什么样的人；我们拥有怎样的性格；我们该怎样去完善它们这样的问题。经院哲学家的理论更倾向于以形而上学和认识论为焦点，他们关注自我认知的对象与结构——这些问题也没有任何实践的意义。

发现实践与理论鸿沟是十分吸引人的，但我希望我们能抑制住这种诱惑。当经院哲学家讨论形而上学与认识论问题时，他们并不想忽略或抛弃实践问题。他们的目标其实是为反思实践问题提供一个坚实的基础。在阿奎那这里尤为明显，他试图去解释理解一个人的个人性格需要些什么。既然性格是一系列的稳定的性情，理解它就等同于理解在惯常行为中明显体现出来的性情。因此，对我们自身行为的把握就是需要被解释的首要和最基本的事情。这样看来，阿奎那关注这一认识论问题也就不足为奇了。阿夸斯帕尔塔的马修和弗莱堡的蒂特里克选择了类似的方法。在马修看来，只要人们还弄不清楚他们该怎样理解自己灵魂的独特本性，劝告人们努力去了解自己的性格（甚至是改善它）就是徒劳的。而在蒂特里克看来，只要这两种认知的关系还是模糊的，声称认识自己比认识外物更重要就毫无意义。只有对理论问题的详尽分析才能说明苏格拉底式的自知是如何可能的。

130

（袁朵　李东禹　译）

第七章

中世纪神秘主义的自我认知、克制及实现

克里斯蒂娜·范·戴克

131　　　自我认知在中世纪的神秘主义中是一个持久而矛盾的主题,它把我们的最终目标描绘成与上帝的结合。与上帝的结合通常被认为涉及认知和/或意志的融合,需要丧失与上帝不同的自我意识。同时,自我认知既被视为这种结合的必要前提,有时也被描述为这种结合的一个持久结果;对于拉丁西方世界(尤其是13至15世纪)的基督教神秘主义者来说,著名的德尔斐神谕——"认识你自己"捕捉到了自省对神秘的结合的重要性,而且,由于这种结合在生活中稍纵即逝,所以在这之后需要持续地进行自我审视。[1]

132　　　然而,拉丁西方世界的基督教神秘主义并不是一场同质化的运动,否定式神秘主义和情感神秘主义对自我认知的终极目标采取了不同的态度。尽管这两种传统都将自省视为与上帝结合的重要准备,但是否定式传统强调需要超越自我认识,达到自我的丧失(即自我否定),而情感传统则将与上帝结合视为某种彻底的(甚至身体上的)自我实现。

　　　如今,神秘主义往往与超越对具身性自我的一切依恋联系在一起,而这正是否定式传统经常强调的。然而,情感神秘主义事实上是中世

---

[1]　在本章中,我将专注于拉丁西方世界的基督教神秘主义者,他们活跃于11世纪末至14世纪晚期。参看Aaron Hughes, *The Texture of the Divine: Imagination in Medieval Islamic and Jewish Thought* (Bloomington: Indiana University Press, 2004) 以及*Mystical Union in Judaism, Christianity, and Islam: An Ecumenical Dialogue*, ed. Moshe Idel and Bernard McGinn (New York: Continuum, 1999) 对中世纪伊斯兰和犹太神秘主义的概述。

126 —— 认识你自己:从古希腊到当代的哲学史考察

纪后期的主导传统，它强调道成肉身的激情，并将身体和情感的神秘体验描述为固有的价值。对这两种传统的考察表明，除了构成与上帝结合的道路的必要阶段之外，中世纪神秘主义的自我认知不仅被视为需要超越的东西，而且（特别是在女性神秘主义者的作品中）是克服从具身化存在中异化的手段。

7.1 追求神秘结合中的自我认知

在详细讨论中世纪神秘主义者对自我认知的态度之前，重要的是要注意使任何此类讨论产生问题的三个特点。首先，在20世纪，关于什么是神秘主义一直存在重大争论。[1]其次，神秘主义的表现形式随时间的推移而变化（特别是，正如我们将会看到的，在12至14世纪之间发生的变化）。[2]第三，这一时期的大部分现存神秘主义文献大多不是来自大学，而是来自修道院和女修道院（在中世纪后期，来自"第三阶层"的贝奎恩及第三修道会的人，他们是宗教团体中的平信徒）；我们现今拥有的文本通常是有一定文化的神秘主义者的观点的二手报告，他们使用的语言不是拉丁语，而是他们地区的方言。[3]因此，虽然自我认知是中世纪神秘主义的共同主题，但它不应该被理解为一个以

133

[1] 关于20世纪界定神秘主义所涉及的复杂政治的讨论，参见Sarah Beckwith, *Christ's Body: Identity, Culture, and Society in Late Medieval Writings*（London: Routledge, 1993），ch. 1。

[2] 特别是在之后的世纪，个人虔诚和宗教意象女性化的重要性显著增加，参见Herbert Grundmann, "Die Frauen und die Literatur.im Mittelalter: Ein Beitrag zur Frage nach der Entstehung des Schrifttums in der Volkssprache," *Archiv fur Kulturgeschichte* 26（1936）: 129–61; and Caroline Walker Bynum, *Fragmentation and Redemption: Essays on Gender and the Human Body in Medieval Religion*（New York: Zone Books, 1992），151–80。

[3] 对于这里所引发的一些问题，以及它对神秘主义如何被视为历史主体的影响，参见Amy Hollywood, *Sensible Ecstasy: Mysticism, Sexual Difference, and the Demands of History*（Chicago: University of Chicago Press, 2002）。

纲领性或连贯性的方式处理的主题。

然而，对绝大多数中世纪神秘主义者来说，一个共同的信念是，与上帝的结合超越了正常的世俗经验领域，这在今生是可能的（虽然是短暂的），而这种联系是人类存在的最终目的。这种信念，与神秘主义特有的所谓"唯现象性"（"除了知识或信仰体系之外，关注个人的感受经验"）[1]和"超越性"（"涉及与上帝——不管是直接或间接的、强有力变革性的或是日常中非同寻常的——相遇"）的特性一起，提供了一个框架，涵盖了适当广泛的经验，同时包含了中世纪神秘主义思想的独特之处。

例如，中世纪的神秘主义者普遍认为，沉思的和神秘的结合需要精心的准备，而且这种准备必须包括对自我的内省知识。一般而言，这种知识既是对人类自身结构的认识，又是在个人层面对人的欲望、行为和脆弱性的认识。这种强调通过一系列阶段向上发展的观点。最初源自中世纪早期神秘主义者的新柏拉图主义倾向。不过，尽管在14世纪，信奉神秘主义的未受过教育的普通人有所增加，且意志（而不是理智）被认为在引导我们沿着这条道路行进扮演核心角色，但与上帝结合需要精心准备（和自我认知）的想法仍然保持不变。

事实上，自我认知往往被描绘成神秘主义进程中的第一步。例如，在13世纪初，佛兰芒的贝居安修会的修女哈德维希（Hadewijch）的第一个幻象就是看到了"自我认知"之树，而这也成为她神秘主义启蒙的开端。[2]正如她在一封信中对贝居安修会的同伴写道："如果想体验

[1] Nicholas Watson, introduction to *The Cambridge Companion to Medieval English Mysticism*, ed. Samuel Fanous and Vincent Gillespie（Cambridge: Cambridge University Press, 2011），1..

[2] "我明白了，就像（天使）向我展示的那样，树是我们对自己的知识。腐烂的树根是我们脆弱的本性；坚实的树干，永恒的灵魂；美丽的花朵，美丽的人形，都能瞬间腐化得很快。《完美的美德花园》）"来自翻译文本：*Hadewijch: The Complete Works*, ed. and trans. Columba Hart（Mahwah, NJ: Paulist Press, 1980），263. Original text, *Hadewijch: Visioenen*, 2 vols., ed. Jozef Van Mierlo（Louvain: Vlaamsch Boekenhalle, 1924–25）。

这种完美，你必须首先学会认识自己：在你的所有行为中，在你的吸引力或厌恶中，在你的行为，在爱，在恨，在忠诚，在不信任，以及所有发生在你身上的事情中。"（信14）[1]

自我认知被视为严格自我省察的产物，也是进一步成长和发展的先决条件。13世纪晚期多明我会的埃克哈特大师（Meister Eckhart）宣称，为了在精神上取得进步，我们需要确定并消除消极的自我定位。"审视自己，"他写道，"当你发现自己时，就请出离。"[2]这种自我省察的最终目标是完全超越对自我的依恋（如将在7.2节所讨论的），但"在开始时，必须专注且谨慎地对待自我，就像一个自主学习的学生一样"。[3]

这种自我省察的核心功能之一是促进谦逊，中世纪的神秘主义者认为这是让自身完全与上帝结合的必要条件。正如这本佚名的14世纪英国《私人咨询之书》（*Book of Privy Counselling*）所解释的，由于我们的精神感受的"粗糙"，我们无法立即体验到上帝的存在。"为了让你的层级逐渐上升，"书中继续写道，"我首先请求你抓住关于自己存在的赤裸裸的盲目感觉。"[4]与上帝结合的逐步发展中的第一个阶段正是接受自己存在的现实。

然而，神秘主义者对自我省察的确切结果有所分歧。对于某些人来说，比如克莱尔沃的伯纳德（Bernard of Clairvaux），他认为这个过程主要是将自己理解为有缺陷的形象来引起人的谦卑。对于其他人（例如希尔德加德·冯·宾根，哈德维奇和诺维奇的朱利安）来说，

---

[1] Hadewijch,*The Complete Works*, 77. Original text, *Hadewijch: Brieven*, ed. Jozef Van Mierlo, 2 vols.（Louvain: Vlaamsch Boekenhalle, 1924–25）.

[2] Edmund Colledge and Bernard McGinn, eds. and trans., *Meister Eckhart: The Essential Sermons, Commentaries, Treatises, and Defense*（Mahwah, NJ: Paulist Press, 1981）, 250.

[3] 同上，254。

[4] Barry Windeatt, ed., *English Mystics of the Middle Ages*（Cambridge: Cambridge University Press, 1994）, 94. Original manuscript British Library Harley 674（H）, fols. 92r–110v.

自我省察是通过将我们的有限性与无限的神性形成鲜明对比而导致谦卑。希尔德加德（12世纪本笃会女修道院院长）和朱利安（Julian）（14世纪晚期的英国女隐士）甚至通过强调她们的性别和脆弱性来加强这种差距，将一个"可怜的小女性形象"[1]和"一个女人，猥琐的，虚弱的，脆弱的"[2]与上帝难以想象的伟大相比较，从而加剧了这一差距。对自身的有限性进行反省，是为了让我们更深入地认识到上帝的无限性。总的来说，这种观点是，我们对自己的失败和不完美的认识越多，我们就越会注意到上帝的完满，并感激上帝对我们永恒的爱。正如哈德维希（Hadewijch）在一封写给伙伴的信中所说的："愿上帝允许你在

一切事物上都了解你自己所需的东西，愿你可以因此获得他自身——我们伟大的上帝——崇高的爱的知识。"（信27）[3]

内省是精神发展的开端，并且由此产生的谦卑对于走向与上帝的结合至关重要，这一观点在整个中世纪始终保持不变。不过，对自我认知的态度从12世纪到14世纪有两个重要转变。首先，将自我与上帝同论变得越来越普遍。[4]然而，这并非与谦卑不相符，而是被描述为谦卑的高潮。只有当一个人认识到自身的无限渺小和上帝的无限伟大时，他才能与上帝合为一体，才能"是"上帝。佚名作品《凯瑟琳修女姐妹》中的一位女性神秘主义者从恍惚中出来并对神父说：

---

[1] *Epistola 2,* in *Analecta Sanctae Hildegardis*, ed. J. B. Pitra（Monte Cassino, 1882），332.

[2] Julian of Norwich, "Revelations of Love," in *English Mystics of the Middle Ages*, ed. Barry Windeatt（Cambridge: Cambridge University Press, 1994），189.

[3] Hadewijch, *The Complete Works*, 107.另见*The Complete Works*, 49. "即使你在所有事情上都做到了最好，但你的人性往往有限，所以要将自己交托给至善的上帝，因为他的至善可以容纳你的缺陷，并且始终付诸实践……竭尽全力严格检查你的想法，以便在所有事情中了解你自己。"（信2）

[4] 对于这个话题的长篇处理（尤其是埃克哈特大师），参见Ben Morgan, *On Becoming God: Late Medieval Mysticism and the Modern Western Self*（New York: Fordham University Press, 2013）。

"先生，与我同乐吧，我就是上帝了！"[1]她并不是自大，而是用上帝取代了她的自我。正如伯纳德·麦金（Bernard McGinn）所指出的那样，这句话（以及类似的表述）表明了"人们普遍渴望表达一种关于人如何与上帝合一这一问题的新看法"。[2]这种理解将我们看作"上帝的形象"，不只是字面意义上的意思：我们并不仅仅打算让自己日益符合存在于我们的粗陋形式中的上帝的（最终无法实现的）形象，我们真的能够，表象上帝。

其次，也许并非巧合，在12至14世纪，关注的重点从自我省察要求正确运用理性来认识自己，转变为内省需要意志并产生适当的情感。我们可以同时从扬·范·吕斯布鲁克（Jan van Ruusbroec）的《永恒的幸福之镜》中看到这两种因素的作用，这位14世纪早期的佛兰芒神秘主义者将爱上帝的喜悦与心灵的谦卑相比较：

> 你的心将敞开，接受来自上帝的恩泽，对生命的新生有深切的渴望。你的欲望将像火热的火焰一样涌向上帝，在感恩和赞美中虔诚奉献。同时，你的心灵会在不配和谦卑的意识中下降，你的理智会向你揭示你的罪，你的缺点和你的种种不足……出于这个原因，如果你对自我有所认识，你就应该总是在不配和谦卑的意识中下降，然后再次怀着对上帝的极大敬意和尊重再次上升。[3]

[1] Elvira Borgstädt, trans., "The 'Sister Catherine' Treatise," in *Meister Eckhart: Teacher and Preacher*, ed. Bernard McGinn（New York: Paulist Press, 1986），358.

[2] Bernard McGinn, "The Harvest of Mysticism in Medieval Germany（1300–1500），" in vol. 4 of *The Presence of God: A History of Western Christian Mysticism*（New York: Herder and Herder, 2005），87.

[3] John Ruusbroec, "Spiritual Abandonment and Consolation," in *The Spiritual Espousals and Other Works*, ed. and trans. J. A. Wiseman（Mahwah, NJ: Paulist Press, 1985），196. Original text, 参见*Werken*, ed. by the Ruusbroecgenootschap, 2nd ed., 4 vols.（Tielt: Uitgeverij Lannoo, 1944–48）.

总的来看，虽然神秘主义者继续将与上帝的结合描述为一个多阶段过程的最终目标，但是这个过程需要理智训练的观念逐渐得到了转变。其中，必需的是认真的自省（这种省察是任何有反思的人都能做到的）和有节制的渴望与爱。佚名作品《无知之云》谈道："在此世，不是认识，而是爱能使我们达至上帝。"意思就是："上帝可以被爱，而不是被思考。"（第8章）[1]

7.2　自我否定与否定进路

如上所述，几乎所有中世纪的神秘主义者都把自我省察所产生的自我认知当作与上帝结合的第一个阶段。然而，他们对自我认知在这一过程中应该扮演的角色有着很大的分歧。特别是，否定式神秘主义者倾向于将具身化个体的意识看作人的一个特征，它需要被超越，以便与拥有超越这种意识的上帝结合。另一方面（见7.3章节），情感神秘主义把他们的身体和情感体验视为具有内在价值的统一状态。

尽管今天提到中世纪神秘主义会让人想起埃克哈特大师等人，并且它构成了一个至少从普罗提诺开始的连续传统的一部分，但在那个时代，否定式神秘主义是一种例外，而非常规。否定式神秘主义的特征是，相信语言与思想会遮蔽而不是揭示神性不可说的真理，它认为与神性的真正结合从根本上来说是反经验的。[2]神秘主义者可以期望

---

[1] 与上帝结合不需要学习(甚至是正式识字)的想法，与从12世纪早期到14世纪晚期的完整记载中对知识与虔诚关系的一般态度的转变是一致的。例如，参见Bernard McGinn, *The Flowering of Mysticism* and Bynum, *Fragmentation and Redemption*,尤其是"The Female Body and Religious Practice"。

[2] 对于这个主题的详细处理可参见: Denys Turner, *The Darkness of God: Negativity in Christian Mysticism* (Cambridge: Cambridge University Press, 1995)。

将超越现象的体验当作沉思生活的一部分,但他们被提醒不要为这种体验分心,也不要把它们本身视为有价值的。

举例来说,埃克哈特大师要求他的追随者脱离这种体验,"狠狠地谴责那些用他们看母牛的眼睛看上帝的人"[1]。沃尔特·希尔顿(Walter Hilton)在他14世纪晚期的作品《完美比例》中也提醒道,不要将变化着的身体感觉作为真正的与神性结合的标志,无论是"在耳边响起的声音,还是在口中品尝的味道,或用鼻子嗅到气味,或任何可察觉的热(的感觉),仿佛是火,发着光,温暖着胸膛"(1.10)。[2]《无知之云》中更进一步反对将任何身体感觉(特别是热量)当作源于与上帝结合的真正的"爱之火":"我要告诉你的是,魔鬼也有他的沉思者,就像上帝有的那样。"(第45章)[3]虽然这样的经验在真正的结合之路上经常发生,但它们不能与这种结合相混淆。

因为上帝超越了所有的思想、情感和感觉,任何与上帝结合的形式也需要超越这些事物。例如,埃克哈特大师始终强调,人需要脱离一切尘世的事物——包括知识:"我认为一个人应该从他自己的认识中脱离出来,当他不存在的时候(就是说,在他存在之前)才存在。"(布道词52)[4]他继续解释说:"当权者说,上帝是一种存在,而且是一种理性的存在,他知道所有的事情。我说,上帝既不是存在,也不是理性,他不知道这个或那个。因此,上帝超越于万物,上帝就是一切。"为了识别并且根除罪恶的自我定位,了解自我是必须的;这也是培养谦卑

---

[1] Meister Eckhart, *Essential Sermons*, 61. The sermon referenced is Sermon 16b in Meister Eckhart, *Die deutschen Werke und lateinischen*, vol. 1(Stuttgart: W. Kohlhammer, 1936), 272.

[2] Walter Hilton, "The Scale of Perfection"(Manuscript: Cambridge University Library MS Add. 6686), 284.

[3] 同上。

[4] 参见Meister Eckhart, *Die deutschen und lateinischen Werke*, 201.

的必要条件，使我们能在上帝隐秘的黑暗中完全抛弃自我。然而，自我认知是我们（在上帝的帮助下）最终必须脱离的事物之一。

对自我失去和自我毁灭的强调贯穿于这个传统，它被描绘成脱离世界上转瞬即逝事物的必要的部分。事实上，因为我们对自我的依恋是如此根深蒂固，故而这些神秘主义者将失去自我视为整个过程的最后一个阶段。在埃克哈特大师的《劝告》中，他抓住了许多人的共同点："你应该知道，从来没有一个人在自己的生命中会如此舍弃自己，以至于在他身上找不到更多的东西去舍弃……但是，当你离弃所有的东西时，不多也不少，上帝到来了。"（《劝告》4）[1]清空自己是完全接受（或成为）上帝的最后一步："（脱离之后）仍然有一项任务是适当的并且是他自己的，也就是自我的毁灭"（《劝告》23）；[2] "完美的谦卑来自自我毁灭"（《论脱离》）。[3]

否定式神秘主义有深厚的新柏拉图主义根源，通过伪狄奥尼修斯（Pseudo—Dionysius）和约翰·司各脱·爱留根纳（John Scottus Eriugena）等人物在中世纪得以承继。因此，理智最初被认为是我们用于超越自我的核心方面，而它本身则是最后需要被超越的东西。例如，哈德维希赞扬理智是上帝对人类最大的恩赐之一："每个人都用智慧和谨慎来思考上帝的恩典和善良，这是真正合适的，因为上帝赋予了我们美好的理性能力，它在一切事物中指引我们，并照亮我们的路。如果人遵循理性，他就永远不会被欺骗。"（信14）[4]

然而，正如上文提到的，在14到15世纪期间，意志越来越受到

---

[1]　Meister Eckhart, *Essential Sermons* 250.

[2]　同上书，280。

[3]　同上书，286。

[4]　Hadewijch, *The Complete Works*, 77.

重视。跟随着反理性主义者和"自由精神"运动，人们逐渐从意志而非理智的角度来理解自我认知和自我否定。[1]玛格丽特·波雷特（Marguerite Porete）虽然被指责为异端，并于1310年被烧死在木桩上，但她并不是唯一一个相信我们的最终目标是通过将意志完全臣服于上帝而消灭有意识的自我的人。这种臣服的结果是彻底的自我失去："对她来说，大全即是一（*propter quid*），而她在这个大全中什么也不是。比起上帝要为她做的事，她已经没什么可以为上帝做的了。为什么会这样？因为上帝存在而她不存在。"（《单纯灵魂的镜子》第135章）[2]

对意志在自我否定中的核心作用的这种强调，也在14世纪的英文作品，如《无知的云》中得到了回应。要在爱中将自我完全臣服于上帝，就不需要正式的理智教育。事实上，在理智不断寻求知识的进程中，妨碍了完美的臣服和自我的失去。

鉴于否定式神秘主义者对我们的最终目的的理解，他们倾向于把身体与软弱和局限联系在一起也就不足为奇了。在超越感官、情感甚至思想本身的与上帝结合的道路上，任何对身体和个性的依恋都意味着不愿脱离。肉体本身并不是不好的，感觉和情感本身也不是消极的。然而，它们代表了我们需要超越的个体性的一个重要部分。我们需要自我认知来达到最终目标，但它在我们达到这个目标时被超越了。

---

[1] 有关这一有争议的运动的历史，参见Robert Lerner,*The Heresy of the Free Spirit in the Later Middle Ages*（Berkeley: University of California Press, 1972）。

[2] Marguerite Porete, *Le mirouer des simple ames*, ed. Romana Guarnieri（Turnhout: Brepols, 1986）。有关近来的英文翻译，参见Marguerite Porete, *The Mirror of Simple Souls*, trans. E. Colledge et al.（Notre Dame, IN: University of Notre Dame Press, 1999）。

7.3 具身化自我的完满与情感神秘主义

相反,情感神秘主义在很大程度上是对诺斯替教(在12世纪表现为"卡特里派"或"阿尔比派二元论")的回应,即肉体本质上是消极的,而我们作为人类的目标是将精神从物质领域解放出来。虽然对物质和身体的负面态度确实出现在情感神秘主义中(就像在几乎所有宗教传统中那样),但情感神秘主义强调基督的道成肉身和受难,表明了人类的身体和物质的创造应该被赞美,而不是要被克服的。特别是对基督和他在人世的经历的强烈认同——尤其是受难——使这些情感神秘主义者以一种正当的方式来积极地概念化和体验具身化的自我。[1]感觉、身体状态(如流血、哭泣和"闭合")以及情绪并不被理解为偏离了真正的神秘合一,而是一种正当的体验方式。为此,自我认知不仅被视为与上帝合一的第一步,而且是这种合一最重要的结果之一。

虽然情感神秘主义在如今几乎无人知晓,但在它自己的时代(特别是13到15世纪)是一种常规而非例外。它以"新的身体和充满情感的方式"来看待人与上帝的关系,并"以特别严肃的态度对待这种体验,使它随着宗教时代的到来而日益成为宗教生活的中心,将大量的文学、视觉和人力资源投入其中,对其有效性给予特别的信任,并在这一过程中永久地塑造了西方基督教[2]的情感基础,甚至是(相当程度上的)主要内容。这一时期神秘主义者的生活充分证明,与上帝(尤其是三位一体的第二位格,基督)的真正结合被认为不在于超越身体的真

---

[1] 例如,Karma Lochrie确切地将情感的精神性描述为"它的肉体性以及对基督受苦难的人性的模仿"。参见Karma Lochrie, *Margery Kempe and Translations of the Flesh*(Philadelphia: University of Pennsylvania Press, 1991),14。

[2] Watson, introduction to *Cambridge Companion to Medieval English Mysticism*, 2.

实性,而在于认识和称颂世俗生活,这其中包括疾病与苦痛。

因此,我们不仅发现神秘主义者为乞丐和残疾人洗脚的故事,他们还记录了更极端的做法,比如鲁汶的艾达(Ida of Louvain)拒绝吃除了发霉的面包以外的任何东西,锡耶纳的凯瑟琳(Catherine of Sienna)吃伤口的痂和喝麻风病人的脓疮。类似的事很少(如果有的话)被当事人描述为现代读者眼中的自我摧残。相反,他们的重点是认同基督的苦难,并以这种方式体验与上帝的结合。[1]即使最强烈的肉体痛苦也被那些认为这是在肉身中体验上帝的人欣然接受。

更重要的是,这些状态并没有被认为阻碍了进一步的理智或意志的结合。例如,圣维克多的理查德(Richard of Saint-Victor)解释说,像幻象这样的肉身的神秘体验对于理解神性是有用的,可以满足而非清空理智。[2]正式的理智教育不被认为是情感联结所必需的,但是理智和意志的发展常常作为更接近上帝的方式而被推进。因此,各种各样的感官、身体和情绪的状态——例如听音乐和看到对象,以及身体的闭合(即长时间不摄取或排泄)和感觉到欣喜或悲伤——都被视为这个传统中神秘合一的重要组成部分。

这些体验在情感神秘主义传统中的主要功能之一是对抗与堕落的人所共有的自我疏离。内省使我们意识到我们堕落的本性和我们对与上帝建立联系的需要。谦卑是这种自我认知的结果,但也是对上帝道成肉身的一种认识,因此我们的经历在某种程度上也是上帝的经历。

[1] Caroline Walker Bynum在她的几部作品中详细论述了情感神秘主义的极端实践,在 *Fragmentation and Redemption*中的文章尤其值得一读,就像她对待食物——尤其是圣餐——在13世纪到15世纪神秘主义者生活中的重要性一样。参见Bynum, *Fragmentation and Redemption and Holy Feast and Holy Fast: The Religious Significance of Food to Medieval Women*(Berkeley: University of California Press, 1987)。

[2] 参见Richard de St. Victor, *De Trinitate, in The Twelve Patriarchs, trans. G. Zinn*(Mahwah, NJ: Paulist Press, 1979)。

认识自己是肉体的主体，是认识肉身化基督的一种方式。当我们否认自己的真实本性时，我们便与自我相疏远；以纯粹的精神或是心理术语来设想自己，对于那些与现实的首要交互是以物理方式进行的被造物来说——不管是被造的还是神圣的——都是疏离甚远的方式。

在这一背景下，圣餐在这一传统中的许多人物的神秘体验中占据了重要位置，也就不令人奇怪了。圣特雷登的克里斯蒂娜·米拉比利斯（Christina Mirabilis）和鲁汶的艾达只是其中两位对圣餐有着强烈渴望的神秘主义者。事实上，神秘主义者——尤其是女性神秘主义者——在圣餐薄饼中看到肉或尝到蜂蜜，或在看到圣餐时欣喜若狂，几乎成了一种普遍现象。[1]根据卡罗琳·沃克·拜纳姆（Caroline Walker Bynum）的说法，"在14世纪，女性（以及越来越多的男性）对这一现象的虔诚是普遍存在的，因为基本的宗教目标被视为是与基督在道成肉身和每日弥撒中的肉身结合"。[2]人们通过自己的身体与基督的神性紧密结合在一起的信念，使得分享这个肉体的意识特别契合于与神性结合，这种结合也是对自我人性的实现。

情感神秘主义在当时采取了极端的形式，它对自我的看法在某种程度上是朴素的，但现在人们的看法已经不同了。然而，在强调与上帝的合一中，"我们与上帝同在"（us—with—God）的术语与"上帝与我们同在"（God—with—us）一样，它提供了与神性整体合一的希望。与超越的上帝的神秘合一导致了对基督拥有且我们也分有的人性有更深的认识。这种对具身化自我的接受而非否弃，也许是对奥格特的玛格丽特的幻象最好的描述，在那次强烈的祈祷之后，她看到了一幅幻象，她是一棵树，在基督的浇灌下，她开花了。在她新长出的枝叶上，她看到

---

[1] 参见 Bynum, *Fragmentation and Redemption and Holy Feast*。

[2] Bynum, *Fragmentation and Redemption*, 66.

上面写着五个感官的名字。这与玛格丽特·波雷特（Marguerite Porete）完全自我否定的幻象十分不同：在那个幻象里，波雷特"什么也不是"。

7.4 结 论

中世纪神秘主义中的自我认知是一个非常复杂的话题。拉丁西方世界的基督教有一个普遍的共识，即要实现与上帝合一的终极目标，内省是重要的第一步，它同时是培养谦卑的必要条件，谦卑使我们能向上帝敞开自己。然而，正如上面所讨论的，我们可以区分否定式神秘主义者与情感神秘主义者对自我认知的态度，前者强调自我否定，而后者把自己的体验看作自我肯定。情感神秘主义和否定式神秘主义的区别在当时不被认可；许多中世纪的神秘主义文献也结合了这两种传统的元素。然而，事实证明，这一区分确实有助于纠正现代人的印象，即神秘主义包括超越对自我的依恋以及所有伴随的对现象的依赖。[1]神秘体验不仅仅是在无我的结合道路上的一个阶段，它也可以被视为在与上帝合一中具身化自我的一种完满。

致 谢

我感谢很多人对这个项目的评论和提问，特别是康士坦茨大学的"自我认知"研讨会（2014年7月），Laabi国际奖学金，利兹

---

[1] 和现代神秘主义最有影响力的作者之一的威廉·詹姆斯一起，伊芙琳·恩德晓（Evelyn Underhill）在她对情感神秘主义的批评中，无情地将狂喜的结合和身体感觉归因于"对庇护和保护之爱的幼稚渴求"，这"往往是病态的，而且……经常与其他不正常状况一起出现在情感神秘主义者身上，他们的启示没有任何最终的特征"。（*The Essentials of Mysticism and Other Essays*[Oxford: Oneworld, 1995], 20 and 23）

大学宗教哲学中心研讨会,比利时根特大学的"分析存在主义"研究会(2014年10月),和圣母大学宗教哲学研究中心读书组。本文的出版一定程度上是通过约翰·邓普顿基金会的资助完成的。其中所表达的观点是作者的观点,并不一定代表约翰·邓普顿基金会的观点。

(晋晓月　纳雪薇　译)

第八章

早期近代哲学中苏格拉底式的自我认知

乌苏拉·伦茨

在17世纪后半叶,对苏格拉底式自我认知的引用成为哲学文本中经常出现的一个举动。例如,德尔斐的神谕"认识你自己",也明确地出现在了霍布斯的《利维坦》、格伦克斯的《伦理学》和沙夫茨伯里的《独白》中,同时它也存在于斯宾诺莎的《伦理学》和法国哲学家的著作中。[1]

我认为,在这种看似修辞的姿态背后,有一种真正的关切。正如亚隆·加勒特(Aaron Garrett)最近指出,如果我们把它看作一种从形而上学的角度或认识论上的自我帮助,就可以更好地理解17世纪的伦理学。[2]基于这一建议,我们不仅要对理论哲学与实践哲学的划分应用于17世纪哲学存疑,还应避免将这一时期的文本与18世纪后期关于道德规范的本质和起源的论述相比较。相反,我们最好把这些文本当作自助手册来阅读:它为读者展示了对于世界和自我的新观点。通过接受这一观点,读者不仅能更好地了解自己行为的目标和方法,还能牢牢地把握美好生活的最终目标。

我十分认同这种解释,但想"稍微改进一下"。加勒特关心的是早

[1] 见本书中Aaron Garrett, "Self—Knowledge and Self—Deception in Modern Moral Philosophy"。

[2] Aaron Garrett, "Seventeenth—Century Moral Philosophy: Self—Help, Self—Knowledge, and the Devil's Mountain," in *Oxford Handbook of the History of Ethics*, ed. Roger Crisp(Oxford: Oxford University Press, 2012), 230.

期近代哲学对自我帮助的关注，但是关于它的认识论的预设，我们还可以多谈些。我的观点是：如果17世纪的哲学文本的真正目的是为自我帮助提供一个概念性的框架，而不是发展一种哲学理论，那么它们可能会包含一些认识论方面的考虑，表明它们是如何为读者提供一些自我帮助的资源。就像他们所做的一样，他们必须传达他们的教诲原则。

正是在这种背景下，我将在早期近代哲学的语境下探讨苏格拉底式自我认知问题。由于许多文本旨在增进读者的自我认知，我将讨论三类问题：(1)对自知的提升是如何通过一个人对某一特定文本的阅读来实现的？或者说自我认知的提升在多大程度上依赖于人类学知识，或关于人类能力局限性的后天考虑？在第一人称和第三人称的观点之间有什么关系？(2)为了提高自我认知，一个文本的理想读者必须承认哪些关于自己的事实？(3)读者的自我认知的提高如何有助于她的幸福？

148 为了打下一个基础，我提请大家注意笛卡尔在《谈谈方法》和《第一哲学沉思集》(下称《沉思集》)中两个看似偶然的评论，并仔细看看霍布斯在《利维坦》第一部分中有关自我认知的阐释，之后，我将重构斯宾诺莎《伦理学》和沙夫茨伯里的《论特征》。

8.1　对笛卡尔认识论上失败的接受

在笛卡尔《沉思集》的第一句话中，笛卡尔说："几年前，我被大量我童年时期信以为真的谎言所震惊。" [1]同样，他在《谈谈方法》中

---

[1] René Descartes, Oeuvres de Descartes, ed. Charles Adam and Paul Tannery (Paris: Vrin, 1983–91), 7:17. English: René Descartes, *Philosophical Writings of Descartes*, vol. 2, ed. and trans. John Cottingham, Robert Stoothoff, and Dugald Murdoch (vols. 1–2) and Anthony Kenny (vol. 3) (Cambridge: Cambridge University Press, 1984–91), 2:17.

写道:

> 我知道,在我们关心的事情上,我们有多容易犯错误,也知道当我们的朋友对我们有利时,他们的判断应该是多么的不可信。尽管如此,我还是要开始在这篇论述中揭示我所遵循的路,并将我的生活表现在其中,就像在图画中一样,这样每个人都可以自己判断。[1]

在这些看似琐碎的段落中,笛卡尔试图说服读者加入他的行列,以检查他的先天知识的合法性和范围。这表明笛卡尔对自我认知的观点比人们通常认为的要丰富得多。有三点必须强调:(1)在开始讨论笛卡尔在这些著作中主要设想的认识论思考之前,需要领会出一个教训。为了使我们能够反思通过内省获得必要的真理,我们必须承认,我们最初相信的大部分东西是我们的轻信的结果,而不是我们认知能力的结果。换句话说,我们必须承认我们面临着认识论上的失败。(2)引文表明,这种接受需要一个后天的视角。我认为笛卡尔在这一点上是正确的。当然,对一个人的认识论上失败的认知并不是经验性的,因为它依赖于科学的发现。但是,我们很难想象,如果不参考以往的失败经验,我们的认知能力的界限如何能被发现。没有人天生知道自己无知,更不用说知道自己主要受到了认知限制。对于一个色盲的人来说,如果不反思她自己的经验和别人报告的经验之间的差异,不可能注意到自己是色盲。(3)在介绍自己的认知道路和生活时,[2]笛卡尔以自己的情况为例,"就像在一幅图画中,每个人都可以自己判断"。

---

[1] Descartes, *Oeuvres*, 7:3–4; Descartes, *Philosophical Writings*, 2:112.

[2] Descartes, *Philosophical Writings*, 2:112.

在这看似仅仅是一个说教的背后，是一个重要的认识论见解：尽管理解一个人能力的局限性需要参考一些以前的失败经验，但这些经验不一定是这个人自己的错误。我们也不妨反思一下其他人的失败。这就是叙事的作用。我们可以通过思考他人的生活来获得某些方面的自我认知。

最后，尽管笛卡尔主要关注的是在自省过程中可以立即获得关于心理状态的自我认知，但他通常也依赖一些与苏格拉底有关的见解，例如接受自己的无知，同时他似乎也意识到，获得这些知识的前提是以前失败的经验。然而，与苏格拉底不同的是，笛卡尔著作的理论部分没有进一步关注这些要点，而他的名字却主要与内省的自我认知的概念联系在一起，这并非巧合。[1]

8.2 霍布斯论作为人类认知条件的自我认知

笛卡尔并不是唯一一个试图以自己为例来引导读者反思的17世纪哲学家。《利维坦》的第一部分也采用了类似的教学方法，这部分揭示了霍布斯政治观点的人类学框架。可以肯定的是，这本书并不是对我们的想法进行第一人称沉思的练习，《利维坦》的目标是让读者参与到引导自我反省的过程中来。[2]或者说这也正是我在下文想要

---

[1] Brie Gertler, *Self—Knowledge* (London: Routledge, 2011) , 29–31, 这是对笛卡尔的另一个典型的解读。

[2] 在有关霍布斯的学术研究中，《利维坦》中的修辞作用经常被研究。David Johnston, *The Rhetoric of the Leviathan: Thomas Hobbes and the Politics of Cultural Transformation* (Princeton, NJ: Princeton University Press 1986) ; Jeffrey Barnouw, "Persuasion in Hobbes' Leviathan," Hobbes Studies 1 (1988) : 3–25; and Quentin Skinner, *Reason and Rhetoric in the Philosophy of Hobbes* (Cambridge: Cambridge University Press, 1996) .在指出我们的教诲目标的过程中，我遵循了约翰斯顿的方法，他主要关注的是修辞手段的使用。然而，这并不排除霍布斯没有从一个更好的角度去考虑修辞，正如斯金纳所认为的那样。

捍卫的观点。[1]

首先，我建议仔细研究《利维坦》第一部分的目标，也就是把人看成是"既是国家的质料……又是国家的工匠"[2]。跟随这个步伐，第一部分的人类学研究必须提供一个关于人类状况的双重视角。要了解人类如何成为国家的质料，我们必须了解更多关于决定人类社会生活的心理属性。而要理解人类如何成为国家的工匠，我们需要把国家看成人类深思熟虑后的行为的产物。因此。把人类看作质料和国家的工匠，这意味着我们认为他既由某种心理倾向所驱使，又由他的意图所引导的。从霍布斯的机械论框架来看，这只是一个问题的两个方面。二者不能分开，否则就破坏了他有关人类状况的自然主义观点。因此，霍布斯的野心是把《利维坦》的读者带到一个位置上，使得她可以从第三人称的视角来理解她的处境，同时保持她的第一人称的经验模式。

对读者来说，这构成了一个双重挑战。要对自己采取这样一个双重态度，就要求她必须根据阅读《利维坦》时将要学到的机械论原则来思考自己的欲望和意图。另一方面，这意味着她将不得不在《利维坦》中找到对人类行为的第三人称描述，并与自己第一人称视角的经历联系起来。因此，仅仅让她相信霍布斯关于人类的观点的真理性是不够的；她必须接受这些观点是对她自己情况的描述。换句话说，理想的读者必须从"所有人都是F"这种形式的一般性陈述，到相应的关于自己的想法，即"我是F"，并考虑她是否同意这个说法。

这也为引言的后半部分提供了一些新观点，在那里，霍布斯通过引用德尔斐训诫"Nosce teipsum"来为自己的人类学方法辩护。他用

---

[1] Ursula Renz, "Self—Knowledge and Knowledge of Mankind in Hobbes' Leviathan," *European Journal of Philosophy*, forthcoming.即将出版。

[2] Thomas Hobbes, *Leviathan*, ed. Richard Tuck（Cambridge: Cambridge University Press, 1991）.

"阅读你自己"来翻译这个训诫,而不是像人们所预期的那样,翻译为"认识你自己"。

> 由于一个人的思想和激情与其他人的都相似,无论谁内观自己,当他思考、评论、推理、希望、恐惧等,以及考虑所做的事情是根据什么理由之时,他就会因此读懂并知道,其他人在类似情况下的思想和激情是什么样的。[1]

这段话表明,霍布斯认为自我认知是指人们对人类状况的认知,而不是对个人精神生活的了解。正如在"人之间的相似"这句话中所表达的那样,我们首先必须承认,我们和其他所有人都是同类,这就是为什么我们可以"读懂"他人的激情。但这意味着,当我们在理解我们的人类生活时,要考虑到从机械论角度重新构建人类心理时可能获得的有关人的知识。这里有两种认知过程相互交织在一起:一种是将自我看作属于人类来进行认知的过程,一种通过阅读《利维坦》所获得的关于人类状况的因果知识来理解自己的过程。霍布斯显然认为,德尔斐神谕所要求的自我认知既不是内省,也不是任何其他类型的对自己心理状态的直接了解,而是要在自己的思想和激情中,认识到人类的一般特征。

在霍布斯对阅读的比喻的使用中,也包含了另一种认知特性。对于任何阅读过程来说,被观看的符号与被阅读的内容在本质上不同。通过阅读这个比喻,霍布斯将观察自己的活动(activity)和认识或阅读人类的行为(action)进行了类比。霍布斯用"阅读你自己"来翻译

---

[1] Thomas Hobbes, *Leviathan*, ed. Richard Tuck (Cambridge: Cambridge University Press, 1991). 10。

拉丁文的"Nosce teipsum"，似乎是有意为之：他对阅读比喻的运用描绘了一种自我审查的结构复杂性——他认为这也是德尔斐神谕所要求的。

因此，《利维坦》比任何其他17世纪的文本都更明确地表达了德尔斐的原始野心，它是为了告诫德尔斐神庙的访客，要知道自己是受限于人类自身条件的主体。[1]然而，不幸的是，霍布斯的人类学并没有理论资源来解释这个过程是如何进行的。因此，他在将自己认定为受限于人类条件的过程中，对第一人称的认知特权缺乏任何概念，在他对笛卡尔《沉思集》的反对中，霍布斯甚至否认了存在一种第一人称的认知特权。[2]然而，在介绍他对激情的定义时，他却暗暗地依赖于读者有意识的情感体验。例如，当荣耀被定义为"从人们对力量和能力的想象中产生的愉悦"[3]时，他指的不是人对追求幸福的态度，而是暗指我们从第一人称的角度来思考我们自己的力量时，会感受到一种振奋的感觉。在这里，霍布斯显然很重视读者将定义中所呈现的心理描述与他自己的感觉联系起来这一概念。从表面上看，我们可以认为霍布斯的观点是，第一人称对自己经验的获得是自我认知的前提。这并不排除他的主要目的是引导读者以第三人称的方式，按照他的机械人类学的观点来设想自己。

因此，在《利维坦》的说教背后，是一种有关自我认知的观点，根据这一观点，哲学自我反思的目的是超越一个人的先天自我意识，并

153

---

[1] 在这一点上，参见Walter Burkert, *Griechische Religion der archaischen und klassischen Epoche*（Stuttgart: Kohlhammer, 2011），30。

[2] 霍布斯说："很确定的是，关于'我存在'的命题的知识，取决于作者自己向我们解释的'我在思考'这个命题。但是我们怎么知道'我在思考'这个命题呢？这只能来自我们无法在没有其主题的情况下构想出一种行为。我们无法想象没有跳跃者的跳跃，无法想象没有认知者的认知活动，无法想象没有思考者的思考。"（Descartes, *Writings*, 2:122）

[3] Hobbes, *Leviathan*, 42.

把自己看作受限于人类条件的主体。然而，这并不是一个人认知失败的体现，而是身为一个人无法摆脱的依赖性或脆弱性的问题。显然，不管霍布斯出于什么理由而引用德尔斐神谕，将这些属性理解为对自身状况的描述，有力地助推了每一位读者去订立契约。

8.3　斯宾诺莎的《伦理学》作为重塑自知的一本指南

斯宾诺莎的《伦理学》无疑是早期近代文献的最佳范例之一。此书中，斯宾诺莎假设，我们获得幸福的主要障碍是倾向于用错误的形而上学角度来思考我们自己，他由此出发，为一系列旨在改善我们自我认知的形而上学和认识论观点进行辩护。斯宾诺莎最重要的形而上学的观点是：人不是实体，而是种种样式或样式的复合物。因此，他在第二部分第十个命题中宣称："实体的存在不属于人的本质，换言之，实体不构成人的形式。"[1]接受实体与样式之间的绝对差异并断定人类"仅仅"属于后者，这是斯宾诺莎对人类生命的脆弱性和偶然性的解释中所提出的许多形而上学原则的先决条件。不过，不得不提的是，鉴于这个概念性的决定显然与德尔斐神谕相呼应，这是为了提醒我们注意人类的有限性和必朽性，[2]斯宾诺莎的兴趣在于样式与实体之间从属关系的不可还原性，而非死亡的问题。

我们关心的更重要的部分在于斯宾诺莎方法中的认识论层面。首

---

[1]　见斯宾诺莎《伦理学》，第二部分第10个命题，即，E2p10。另外的缩写词是："a"用于"axiom"（公理）；"app"用于"appendix"（附录）；"c"用于"corollary"（绎理）。《伦理学》的段落引自《斯宾诺莎全集》，*The Collected Works of Spinoza*, ed. and trans. Edwin Curley（Princeton: Princeton University Press, 1985）。

[2]　F.—P. Hager, "Selbsterkenntnis," in *Historisches Wörterbuch der Philosophie*, vol. 9, ed. Joachim Ritter and Karlfried Gründer（Basel: Schwabe, 1995），407.

先让我们仔细地看一看，斯宾诺莎对于人类倾向于以错误的方式思考自身，是出于什么原因的分析。斯宾诺莎在《伦理学》第一部分的附录中讨论了这个问题，他将这种倾向描述为一种有关人类主体独特的认知条件的自然效果。同时，他说道："所有人生来对事物之因都是无知的"，但他们也"意识到自己的意志和个人偏好"，这表达了他们寻求自身利益的倾向。按照斯宾诺莎的看法，这就是人们之所以到处寻求解释，从而倾向于认为自然和自然事物是依据某种目的而运作的原因。但这也是我们视自己为自由人而非被自然因果所决定的原因。人们之所以经常无法在神与人之间做出区分，是由于这样一种认知条件：人们在某种自足性下来思考自身，却反过来将人类的行为和动机归因于神。

现在，虽然这些错误是人们自然认知条件造成的，但斯宾诺莎认为它们能够被克服。倘若我们了解是什么驱使我们犯这些错误，并且学会了在一个形而上学框架内去思考自己，防止一次又一次地犯同样的错误，那么我们的认知条件和状况就可以得到提升。因此，《伦理学》就是一个改革我们自我理解的整体方案。

问题在于，这种改革是在什么样的认识论预设下进行的。在这一背景下，我建议还是要对斯宾诺莎关于自我认知的观点进行解释。大体上，《伦理学》对这个问题的陈述指出了两个方向。一方面，人被剥夺了对自己许多方面的充分了解。他不能认识到自己的身体和心灵，也不能认识到自身身体或心灵存在的事实，除非通过由身体的情状所得来的观念。[1]另一方面，每一存在都在神之内，这就确保了人对于其自身以及身心构造有充分认知的可能性。[2]

[1] 另见《伦理学》第二部分：命题19、命题23。

[2] 见《伦理学》第二部分：命题9推论、命题21；第五部分：命题4及其推论、命题30。

以上观点看似有矛盾，但如果看到了这些观点背后的特殊考虑，这种矛盾感就会逐渐消失。第一组陈述提出了自我认知的途径的问题。为回答这个问题，斯宾诺莎指出了他的想象力这一概念的认识论含义，由此从心理学上断言我们所有的观念都起于身体的情状。只有根据这些观念，无论是对于我们的心灵、身体，还是外部世界的任何人类认知才是可能的。因此，我们的想象恰恰是所有意识和知识的来源，当然这也包含我们对自身的第一人称的视角。

相反，第二组陈述中主张，在原则上，充分的自我认知是我们能够获得的。这并不是说它是无条件的。相反，如《伦理学》最后一段所述，拥有完满充分的自我概念是一种完善，而达到这种完善既困难又罕见。但斯宾诺莎认为，去努力争取更多的自我认知是合理的。这对人类心灵来说是一个可实现的目标。此外，正如斯宾诺莎所假定的那样，如果充分有程度之分，即便没有达至完美，自我认知的提升也是可能的。

那么，在斯宾诺莎看来，自我认知的提高是如何可能的呢？在这一点上，我想回顾一下斯宾诺莎关于三种知识的划分的学说。众所周知，他区分出三种知识：（1）想象知识，或者说是来自感知经验和符号的知识；（2）理性知识，或是存在于一些事物共有特性的普遍观念中的知识；（3）直观知识，或者说是对事物形式存在的充分知识。迄今为止，我们仅仅处理了想象知识和直观知识。问题在于：在自我认知中，理性知识是否发挥作用？

重要的是要看到，这三种知识不仅仅意味着表示了三种不同的认知层级，而且处理了不同的认识论问题。[1]在共同概念或是第二种知

---

[1] 另见Ursula Renz, "Spinoza's Epistemology," in *Cambridge Companion to Spinoza*, ed. Don Garrett (New York: Cambridge University Press, forthcoming)。

识的背后，我们认为，必然有可能形成一般的概念，它们与想象力形成的普遍概念不同，这些概念使我们充分了解现实的特点，否则我们就永远无法拥有足够的知识。我们是否有可能发展出这样一种概念，反过来取决于两个事实：第一，共同概念不是关于事物，而是关于所有事物的基本属性，仅仅是由于它们是真实的或自然的；第二，人类的思维是如此复杂，它有能力去分辨这些特性。既然共同概念是关于我们与所有其他事物共有的性质的，那么任何理性的知识，仅仅是基于共同概念，就都是关于我们自己的知识。当然，有人可能会质疑这是否是真正的自我认知，因为它不是关于我们个人的自我，而是关于我们的属性，只要我们是真实的或自然的事物；它也不涉及第一人称视角。不过，用这些术语来认识我们自己有助于提高我们的自我理解，因为与我们想象的第一人称的知识相比，理性的自我认知总是充分的。

因此，与霍布斯一样，斯宾诺莎认为，为了更好地了解自己，我们需要采取某种外在于自身的视角。但是，与霍布斯不同的是，他并不满足于这个选择。虽然他认为理性的自我认知在社会交往中是有用的，在谨慎的自我引导中也必不可少，但最终只有对我们个体自我有足够的认识才能构建我们的幸福。我认为，这就是他引入第三种知识的原因，这种知识关乎个体存在的本质。

根据斯宾诺莎的理论，问题仍然是如何获得直观的自我认知，或者对我们个体本质有充分的认识。按照我对《伦理学》的阅读，我们通过第二种知识来获取这些认识。如果我们了解我们与其他事物的共有特性，便会提升我们对个体本质的理解。可以肯定的是，只有当我们对决定我们的所有属性都有了充分的了解，我们才能拥有第三种自我认知。直观知识标志着我们可以说：现在，我明白为什么这个东西就是它。考虑到它的特点，我知道它是基于共同概念，它在任何方面都是不一样的。同样地,直观的自我认知包括在完成我们对自己的所有属性的知识后获得的充分的自我认知。[1]

因此,斯宾诺莎对自我认知如何能得到改善这一问题的回答依赖于这样一个假设:我们对人类自身条件的本体论、物理和心理属性的认识与我们对个人本质或自我的完全理解之间没有绝对的区别,而只有一个渐进的差异。虽然这一观点显然受霍布斯的机械论人类学启发,但它在一个关键的方面与后者有所偏离:对于斯宾诺莎来说,我们对个体本质或个人的充分理解构成了我们寻求自我认知的最终目标。因此,《伦理学》标志着朝向对苏格拉底式自我认知更现代的、更个体化的理解迈出了决定性的一步。

8.4 沙夫茨伯里对第二人称自我认知的发明

到目前为止所讨论的哲学家都认为,提高自我认知是对自己进行理性反思的问题;因此,他们认为为这种反思提供方法论指导是哲学的任务。沙夫茨伯里的《论特征》在许多方面都遵循着这一方案。例如,第三篇文章《独白》或《给作者的建议》是作为作者提供道德建议的指南而提出的,它把哲学描述为一种治疗性的自我反省,它遵循了马可·奥勒留的沉思模式。[2]然而,正如我们将很快看到的,这其中也存在一些重要的分歧。

首先,我要指出沙夫茨伯里对道德主义写作的一些假设。就像霍布斯对阅读隐喻的运用一样,沙夫茨伯里对道德主义写作活动的关注

---

[1] 关于斯宾诺莎的直观知识概念的细节性重构,参见Ursula Renz, *Die Erklärbarkeit von Erfahrung: Realismus und Subjektivität in Spinozas Theorie des menschlichen Geistes* (Frankfurt am Main: Klostermann, 2010), 291–92, 以及伦茨的最后一节"斯宾诺莎的认识论"。

[2] 参见Garrett, "Moral Philosophy," 268, 讨论了这一流派。

也暗示了我们对获得自我认知的过程的陈述。他写道：

> 有人可能会认为，对我们来说，在生活中遇到的每一件事中，没有什么比了解自己的思想、了解自己的主要眼界、明白自己的动力所在以及作为生命的终极目标更容易的了。但是，我们的思想通常都是如此晦涩难懂，以至于把它们清晰地表达出来是这世上最困难的事情。鉴于这个原因，正确的方法是给予他们说话的声音和腔调。[1]

这段话最能显示出沙夫茨伯里对笛卡尔思想遗产的继承。不过，乍一看，他似乎否认了我们的心灵是立即可知的，因为他拒绝承认它 160们被清楚地呈现给我们。然而，他并不认为我们的心灵状态是我们只能间接接触到的东西。如果说我们很难了解自己的思想，那是因为它们是以一种"隐晦的语言"呈现出来的。因此，为了理解他们，我们既不需要更多的证据，也不需要额外的解释，而是一种"赋予他们声音和腔调"的方法，使他们变得更加清晰明了。

因此，为了提高我们的自我认知，我们不需要从事科学研究的劳动。相反，根据沙夫茨伯里的说法，我们所需要的是，我们进入了一个稍微有点麻烦的过程，即实现我们真正的承诺。这一点为什么是个麻烦？当然不是因为任何认识上的困难，而是因为当我们诚实、认真地承认自己的愿望时经常出现的道德冲突和悔恨。尽管沙夫茨伯里抛弃了我们对自己的心理状态有直接内省的自我认知的看法，但他并没有偏离笛卡尔沉思的道路。二者都认为哲学是一种引导性的反思，并且

---

[1] Anthony Ashley Cooper, Third Earl of Shaftesbury, *Characteristics of Men, Manners, Opinions, Times,* ed. Lawrence E. Klein（Cambridge: Cambridge University Press, 1999），77–78.

都可以帮助读者辨别他的思想内容。不过，在实现这一目标的方式上，他们的观点仍存在重大分歧。对于沙夫茨伯里来说，要辨别一个人的心理状态，仅仅内省是不够的，必须把它们言说出来。这就是为什么获得自我认知是一种挑战，更确切地说，是一种道德挑战，因为真正想了解自己内心的人必须敢于"告诉自己他的愿望"和"忍受着继续他的思考"。[1]

目前的问题仍然是，在认识论上，沙夫茨伯里的方法所依赖的前提是什么。哲学写作是如何为我们提供自我认知的呢？

161

为了回答这个问题，我们必须考虑"手术"的隐喻，沙夫茨伯里用这个隐喻来描述道德主义文学写作的过程。这里需要注意的是，尽管他主要关注的是自我反思的实践，但这也是其结果，这种实践背后的自我关系也被描述为医生和病人之间的关系。这反过来又意味着，研究对象被分为行动者和病人。

问题是，为什么我们应该接受这个假设？为什么自我认知需要一种自我分裂？一种回答是，为了解决与手术隐喻的使用有关的结构问题，才诉诸自我分裂的想法。同一个人既是外科医生又是病人，这似乎很奇怪；手术过程不涉及特殊病例，而是涉及个人内部的关系。因此，如果自我反省就像外科手术，那么人与人之间进行类似的划分就是必要的。[2]但这并不是沙夫茨伯里的主要理由，我认为，正如他对德尔斐神谕的解释所表明的：

在古代，著名的德尔斐神谕"认识你自己！"就像说，"分

---

[1] Anthony Ashley Cooper, Third Earl of Shaftesbury, *Characteristics of Men, Manners, Opinions, Times,* ed. Lawrence E. Klein (Cambridge: Cambridge University Press, 1999) , 78.

[2] 参见本书中克里斯托弗·希尔兹(Christopher Shields)关于"亚里士多德的自我认识的必要性"的讨论，即根据亚里士多德的理论，为什么一个人需要朋友来了解自己。

裂你自己！"因为他们认为,如果划分正确的话,内部的人当然会被正确地理解,被谨慎地管理。他们对这种自言自语的家乡话有信心！因为人们认为,哲学家和智者的特点是能够在谈话中保持冷静。他们以此夸口说:"他们从未比独自一人时更孤独。"他们认为,一个无赖永远不可能独处。[1]

沙夫茨伯里在这里指出,在德尔斐神谕背后是这样一种洞察力,即自我认知通过提高它对我们自我控制能力的影响而产生智慧。这是有道理的:我们越了解自己的思想,就越有能力去理解和谨慎地管理我们的精神生活。

但是,如果我们把这段话与《伦理学》的一个著名原则相比较,就会发现关于这篇文章值得一提的更多内容。斯宾诺莎也认为自我认知的提高伴随着一个人能力的增加,但他的理由与沙夫茨伯里的有所不同。斯宾诺莎认为,能力的增长首先是由于任何适当的认知都能改变一个人的主动与被动的比率。这不过是更好的自我认知所带来的认识论平衡的改善的一个功能。相比之下,沙夫茨伯里认为,自我认知的改善会改变主体的心理结构,这解释了自我控制力的提升的原因。成功的自我认知者的自我不仅具有高度的自我控制力,而且表现出一种自我放弃者所缺乏的自我认同、亲密或统一性;他说,道德自我是"内在的一部分"[2]。因此,自我认知的改善所产生的较高程度的自我控制,是由于我们最终具有更高层次的完善;这不仅仅是我们拥有更大能力的问题。

他进一步假定,这种建构不是仅仅通过采取一套更连贯的宗教或

---

[1] Shaftesbury, *Characteristics*, 77.

[2] 同上。

道德观念来达成的；重要的是自我亲密的体验。这也是自我分裂的概念对沙夫茨伯里如此重要的深层原因。亲密描述的是两个人之间的关系，而自我反省可能接近于人际关系的情况。"自我分裂"的呼吁是为了表达一种自我关系的需要，这种自我关系就像朋友之间的关系一样，是第二人称的事情。当然，这是一个特别的想法，但我认为这是有道理的。自我认知可以被理解为对自己或多或少的熟悉，这就是为什么更好地了解自己的过程可以被恰当地描述为一种自我对话。因此，对于沙夫茨伯里来说，自我认知不仅是第一人称或第三人称的知识，而是存在于当我们与自己对话，从第二人称的视角来看我们的精神生活时，我们对自己的感觉和看法。

8.5 结　语

随着沙夫茨伯里的出现，近代早期社会对苏格拉底式自我认知的关注达到新高度。由于他的著作，自我认知不再是认识论或人类学问题，而是越来越成为道德心理学的一个论题。在哈奇森和休谟接受其方法的背景下，对苏格拉底式自我认知的关注，逐渐被道德由何构成的问题取代了。尽管这对现代道德理论和道德心理学的兴起都很重要，但它把沙夫茨伯里最重要的洞见推到了边缘：人们常常把这种高尚的影响归因于自我认知，是由于当我们以第二人称视角去探究自己的情感或欲望时，我们与自我处于一种亲密关系中。

（王欣雨　叶佳雯　译）

第九章

近代道德哲学中的自我认知与自我欺骗

亚隆·加里特

皮埃尔·尼科尔[1]在他的《论自我认知》一文中开宗明义地指出："异教和基督教哲学最常见的戒律是这样的,它命令我们认识自己;没有什么比这一义务的戒律更能让人们达成一致。"[2]尼科尔的这一论断援引了一个由来已久的哲学传统,它建立在三个前提之上。首先,通过内省、反思和其他种种自然推理获得的自我认知,是人类运用自身的自然理性实现的,因此对我们来说也是自然的。这是因为它源于我们的本性而并不以一种核心方式依赖于超自然。其次,自我认知是哲学的固有领域,是哲学思维的特殊起源,而哲学在获得自我认知方面具有特殊的作用。最后,获取自我认知是重要的,被渴望的以及值得渴望的。其重要之处在于,能够解释和推动我们如何融入宇宙或世界,同时,自我认知也是其他重要知识的必要条件或支撑条件。其值得渴望之处在于,自我认知与身体和心灵所能拥有的美好事物,即至福、幸福、快乐和快活等内在地相关,或能促成此类美好事物的产生。人类,或者说至少是那些拥有自然理性的人,确实渴望认识自己。

这样的或者许多类似的承诺,被许多哲学家和哲学流派认同。我将这种可通达性,即能够凭借自然理性达到有价值的、重要的自我认

[1] 我对皮埃尔的探讨得益于Beatrice Guion。参见Beatrice Guion, *Pierre Nicole moraliste* (Paris: Honoré Champion, 2002)。

[2] Pierre Nicole, *Essais de Morale*, 3 vols. (Paris: Guillaume Desprez, 1701) , vol. 1, sec. 1.

知，称为"自我认知的传统"。这类传统的自我认知包括我们对于道德意义上德性和恶习的认识，对于道德行为的动机和结果的认识（更广泛地就我们的美德而言），以及对于我们在自然的、社会的道德角色中相关的责任的知识。斯多葛主义、西塞罗主义和新斯多葛主义中永恒的美德、宽容及强健的心灵，笛卡尔的慷慨以及斯宾诺莎的坚忍等等，都借鉴了类似的自我认知传统的途径，因为它们或者与之共存，或者假定通过哲学的自然理性真正了解自己的力量和美德的可取性、可欲性和重要性。因此，理解自我认知传统的不同前提的联系的一种方式是，通过哲学来获得理想的美德，从而带来幸福和其他理想的、重要的身体与心灵的善好。举例来说，尤斯图斯·利普修斯（Justus Lipsius）的"论永恒"（*De constantia*）表达了一个有力的论点，认为自我认知会带来永恒的美德，这一美德帮助人们在此生中获得幸福，并使人们在来世继承这样的幸福。[1]

166　　　但从新教改革到18世纪中叶，神学和道德哲学面临着巨大的挑战，奥古斯丁的观点被大量地引用来质疑这幅图景。[2]挑战并不在于自我认知无法被获知，而是那些被我们自然地视为道德上的自我认知都失效了，因为我们认为我们已经达到了道德的自我认知，但实际上我们的能力已经朽坏，因此，这种自我认知也就失去了意义。但重点恰恰在于道德上的自我认知，因为它既是最重要的，也是最接近核心的，这是许多现代哲学家诸多理论的共同前提。

此外，它还具有自我破坏性：我们认为自己越是自然地实现它，并且

---

[1] 参见Jerome Schneewind, *The Invention of Autonomy* (Cambridge: Cambridge University Press, 1998), 170; and Jill Kraye, "Moral Philosophy," in *The Cambridge History of Renaissance Philosophy*, ed. Charles Schmitt and Quentin Skinner (Cambridge: Cambridge University Press, 1984), 370。

[2] 我不会讨论奥古斯丁的自我认知，请参阅本书第5章。新教奥古斯丁主义与奥古斯丁当然不相同。

在哲学上宣称它，我们就变得越罪恶。正如拉罗什富科（Rochefoucauld）尖锐地指出："塞涅卡等哲学家并没有根据他们给出的建议来消灭犯罪；他们只是用它来搭建自己的骄傲。"[1]法国道德主义者[2]认为，被隐藏于自爱下的自我欺骗使我们不能认识到自我认知已经被自爱腐蚀。获得自我认知是不自然的，但我们在自爱的驱使下，把自欺欺人当作自我认知是自然的。因此，他们通过削弱第一个前提和在较小程度上削弱第二个前提来挑战自我认知的传统：自我认知既不是自然的，也不是哲学的特殊起源（对于后者尼科尔的描述是怀疑性的）。他们允许对第三个前提进行修改，即寻求自我认知是重要的，但不是作为德性的自然获得，而是作为在超自然面前认识到我们的谦卑的结果。随之而来的任何幸福都是上帝的恩典，而不是德性的饭后甜点。从拉罗什富科、尼科尔追溯到曼德维尔，从巴特勒追溯到休谟和卢梭，许多哲学家不认可或修改了自我认知传统的承诺以及我们天生的自我认知、哲学、德性与幸福之间的联系。

　　法国道德主义者声称，我们所认为的有缺陷的自我评价也许是准确的判断，但它们似乎也极有可能是我们天性中利己主义、视野的局限、懒惰和轻信的结果。[3]正如尼科尔以他独特的声音所发之言——"世界几乎完全是由肆意妄为的盲人组成，他们憎恨并无视光明，他们劳作只是为了欺骗自己。"[4]此外，任何尝试获得自然的自我认知以作

---

[1] François de la Rochefoucauld, *Collected Maxims and Other Reflections*, trans. E. H. Blackmore, A. M. Blackmore, and Francine Giguère（Oxford: Oxford University Press, 2007）, 1:105.

[2] "法国道德主义者"是专业术语。我仅指那些研究我所描述的挑战的法国思想家：（1）主要是拉罗什富科、尼科尔和艾斯普瑞特；（2）帕斯卡和布鲁耶尔影响较小。

[3] Jacques L'Esprit, *La fausseté des vertus humaines*（Paris: Guillaume Desprez, 1678）, v–vi; Rochefoucauld, *Maxims*, vol. 1 and passim.

[4] Pierre Nicole, *Moral Essays, Contain'd in Several Treatises on Many Important Duties*, 4 vols.（London: Printed for Samuel Manship, 1696）, vol. 3, sec. 22.

为应得德性的基础的企图，在道德上都是极具毁灭性的，因为它在德性的幌子下喂饱并且强化了恶。正如奥古斯丁所反对的像塞涅卡和西塞罗这样的罗马哲学家，他们试图通过自然理性来消除自我欺骗，却导致愈加严重的自欺欺人、傲慢、虚荣和虚伪——而不是美德。这类质疑遗留下的问题可以在17世纪和18世纪的许多哲学家的著作中看到，不过，休谟在《人性论》第一卷的结论中有一个特别有力的论证，即无法保持怀疑论本身是由于无法保持对心灵的欺骗——也就是无法坚持违背自然心理的信念和论证——即使怀疑论证明了这些信念。[1]

9.1　加尔文, 詹森纽斯与霍布斯

168　　毫无疑问，"哲学"一词在早期近代[2]的含义与现代专业哲学的十分不同。因此，今天我们不认为是哲学家的那些作者影响了我们，并写出了许多在我们今天看来是有关哲学命题的重要作品，相反，那些我们认为是重要的哲学家的许多著作却难以融入被我们现在认为是哲学的东西中。此外，哲学涉及诸多写作形式——对话，反思性个人散文，格言，独白，长篇评论，这些在专业哲学的背景下不再受人青睐。由于哲学的范围和形式及风格和意识形态的变化，一些最具影响力的思想家们不被或者不再被认为对正在进行的哲学辩论有重要作用。

自我认知的怀疑主义是由深信不疑的思想家——奥古斯丁派的神学家和哲学家——以及一些不那么公开承认的怀疑论哲学家所推动

---

[1] David Hume, *A Treatise of Human Nature*, ed. L. A. Selby—Bigge and revised by P. H. Nidditch, 2nd ed. (Oxford: Clarendon Press, 1978) .

[2] 在此我意指英格兰和欧洲大陆从宗教改革到法国大革命时期。

的。[1]如上所述,就哲学是腐败的自然理性的产物而言,它无法解释或实现恩典,这是奥古斯丁长期讨论的一个主题,他也在《上帝之城》及其他有关异教哲学家的不足的讨论中涉及这一主题。加尔文[2]引用了这个奥古斯丁派的主题,当他在《基督教要义》的开篇处陈述自我认知的核心问题时,他说:

> 显而易见的是,人不可能清楚认识到他自己,除非他首先已经
> 观察了上帝的形象,并在观察上帝之后,继而向下观察自身……
> 因为在我们内外四周的都是污秽不堪的,所以我们只要看到稍许
> 洁净的东西,便以为那就是极纯洁的东西。正如人只习惯看到黑
> 色,便以为略带白色或甚至是棕色的东西都是洁白的。[3]

根据加尔文的观点,我们应该认识上帝和我们自己,但问题在于谁应该被放在首要位置? 如果我们试图通过自然理性来了解自己而把上帝放置在后,由于我们的能力被亚当的罪败坏了,那么这一能力也被腐蚀。但即使我们错误地判断灰色是世界上最白的东西,认识自己仍然很重要;实际上,《基督教要义》就以自我认知作为开端。[4]由于能力的彻底败坏,唯一能够知道我们自己已经败坏的方法就是认识到比我们更好、更伟大的超自然的存在,这是见证上帝形象的唯一可行的途径,即通过上帝的恩典,而非自然理性。在接受了这个真正的标准后,再去观看自己。

---

[1] 例如,蒙田和德古尔奈。由于空间限制,我将关注新奥古斯丁派,但蒙田和德古尔奈显然也非常重要。

[2] 这并不是说所有关注自我欺骗的哲学家都是加尔文主义者;例如英国国教徒托马斯·霍布斯和主教约瑟夫·巴特勒。

[3] Jean Calvin, *Institution de la religion chrétienne* (Geneva: Philbert Hamelin, 1554) , 3.

[4] 感谢Christian Maurer向我指出这一点。

与笛卡尔在《沉思集》中的论证不同，自然的因果推理表明无限的上帝存在于我的思想之外，因为加尔文不可能通过自然的理性来实现这种自我认知。我们自然的能力是腐败的，而腐败的根源是选择或意志，即亚当和我们的罪孽，这不是理性的。与笛卡尔完全不同的是，理性并没有经历这种腐败，它自身就是腐败的潜在来源。这产生了与笛卡尔相似的怀疑论，但解决方案是相反的。我需要认识我自己，认识我是什么，但我无法自然地达到我能够认识我自己的基础标准，因此我将白色错误地描述为灰色。只有当我认识到自己无法认识自己时，我才能真正认识自己，但这涉及放弃通过自然理性完全认识自己的尝试。而且一旦我放弃这些，我意识到我真正是什么。不幸的是，我欺骗自己，相信我是完全依靠自然的原因。这种对自然的自我认识的怀疑，并不在于否认存在"我是什么"这个事实，或者否认存在"堕落前"的状态。因为我既是认知者也是被认知者，我将腐败地认识我自己，从而错误地获取关于我自己的事实，同时认为我已经正确地获取了它；这是有罪的自我辩护。

在詹森纽斯的《奥古斯丁》（Augustinus，1640）中，我们发现了这个论点最有影响力的变体之一，这部作品为奥古斯丁主义在罗马天主教会内的复兴做出辩护，伴随着的是一场把加尔文主义的影响带入天主教领域的、充满争议且极其复杂的、关于耶稣基督所带来的恩典的神学争论。对于詹森主义的哲学家而言，詹森纽斯是无可置疑的中枢——这些哲学家包括阿尔诺德、尼科尔和帕斯卡——他们都试图将奥古斯丁神学的影响与哲学论证相结合。[1]《奥古斯丁》包含了对人类

---

[1] 尽管阿尔诺德强调，这首先是基督教的、其次是奥古斯丁主义的运动，而非詹森的邪教。见 Brian E. Strayer, *Suffering Saints: Jansenists and Convulsionnaires in France, 1640–1799* （Eastborne: Sussex Academic Press, 2008），50。

理性的界限的论证，以及对异教哲学的傲慢和对意志的微妙平衡行为的批评。[1]通过考察意志对于恩典的核心地位，以及从更一般的意义上提出一种唯意志主义神学，詹森纽斯把焦点集中在激情和意志上，并通过否认激情是理性的，从而质疑它们的明晰性。

霍布斯既不是加尔文派，也不是詹森派；他实际上是宗教服从政治的提倡者，但他对17世纪中后期的法国道德主义者和追随他们的英国哲学家们产生了重要影响。他在道德语境下为奥古斯丁主义、唯意志论和古典怀疑主义的诸多主题发声，也为怀疑论者回应自我认知的挑战提供了一条路径。霍布斯的观点，常常采取与新教思想融合的形式，它在新教（特别是加尔文主义和路德教派）共和国和君主国中有着巨大影响力：影响了诸如普芬多夫、维尔图森、拜尔和斯宾诺莎等人。但正如加尔文和詹森一样，霍布斯对人的本质持有一种奥古斯丁式的观念，即人本质上是激情的动物，并且自然地倾向于凭借自身的激情而做出损害理性的行为。

在《利维坦》的导言中，霍布斯将德尔斐神庙的训诫翻译为"读懂你自己"，并且论述尽管所有人都有着相似的激情，但由于体质和教育的原因，激情的对象有很大的不同，以至于"人的心灵的特征，被涂抹，被迷惑，被掩饰，被谎称，被假冒，被错误的教义所迷惑，只有那鉴察人心的人才能看清"[2]。虚荣，或者"以他人的奉承为基础，或仅以自己的推测为基础，以其结果为愉悦"[3]的骄傲，是一种特别具有破坏性

---

[1] Anthony Levi, *French Moralists: The Theory of the Passions*, 1585 to 1649(Oxford: Clarendon Press, 1964) , 202–13; Michael Moriarty, *Disguised Vices: Theories of Virtue in Early Modern French Thought* (Oxford: Oxford University Press, 2011) , ch. 8.

[2] Thomas Hobbes, *Leviathan*, ed. Noel Malcolm, 3 vols.(Oxford: Clarendon Press, 2012) , vol. 2, "Introduction," 18.

[3] 同上书，ch.6, 88。

的普遍激情,导致人们误判自己的能力和未来的机运。只要虚荣仍是一种通过对自身的错误判断来扰乱生活的主要激情,那么霍布斯式问题的核心就是自我认知的问题。这尤其在尼科尔那里得到印证,[1]他在霍布斯身上看到了自己在哲学上的同行者。[2]

对霍布斯而言,怀疑主义解决自我的不明性的方式是通过与他人的共同之处来理解自我。达成这个方式的最佳途径是一种关于激情的机械主义的和比较性的科学知识,它为针对自我和他人的判断提供了外在的验证。如上所述,当人们不再坚信整个自我都是理性的或混杂的理性欲望时,理解特定激情的必要性便显现出来。有关激情的学问是说服不完全理性且充满激情的行动者的方法(除此之外还有修辞术),这种方法通过使人们关注自身最热衷的利益来达到理性。通过理解自己的方式来提供自我认知,使人与人平等,战胜虚荣心,即表明一个人的基本激情和驱动力与其他人都是相同的。

9.2　法国道德主义者和曼德维尔

在拉罗什富科的《箴言集》中有这么一段话:

自爱者比世界上最聪明的人还要聪明。

人们的生命中断之日,才是人们的激情终止之时。

---

[1]　参见Nicole, Essais, "Foiblesse de L'Homme," vol. 1。

[2]　人们的确在他不同于霍布斯的观点处进行争辩——根据霍布斯的说法,他否认人类存在堕落前的未败坏状态(E. D. James, *Pierre Nicole, Jansenist and Humanist: A Study of His Thought* [The Hague: Martinus Nijhoff, 1972], 155–56)——这更多的是因为他希望将自己与霍布斯可察觉的不虔诚撇清关系,而不是一个基础性的分歧。然而,正如即将讨论到的,尼科尔是蒙田式的散文家,他对激情的学问在自我认知中的作用的态度存在根本不同。

激情是唯一总能令人心悦诚服的演说家。激情如同天赋的技巧，其规律永不失灵。[1]

如上所述，自爱对于普遍的知识而言仍是一个问题，但最重要的是要认识自我，特别是对道德自我的认识，因为我们评价自己的方式也是我们认识自己价值所在的方式。在拉罗什富科的表述中，自爱和与之相关的激情自然地比我们对美德、理性和长期利益的渴望更具推动力。事实上它们天生就具有说服力；即我们在心理上被它们所说服，并且它们拥有我们无法控制的自然规则和力量，无论我们是否意识到、是否聪明，这都证明它们是合理的。这使得自我认知不仅难以维持，而且某种程度来说并不自然。只要道德是我们主要看重的东西，自我欺骗问题在道德和我们对最重要的事物的评价和评估之中就都占有一席之地。

拉罗什富科所采用的形式——格言，反思和短文——完美地消除了休谟在自我认知中所谓的"头脑中的混乱"的困难。由于我们只有在自我认知违背了自爱的自然倾向时才能够维持自我认知，因此格言能给予快速一击，迫使读者简要地反省自身并认识自身的真实动机，但其长度不足以促使人们开始理顺这种冲击。拉罗什富科似乎特别有兴趣表明，那些被认为具有美德的人的确经常是罪恶的。例如："自爱似乎被善良所欺骗，当我们为别人的利益工作时，自爱好像忘记了自身的利益。然而在此时，自爱为达到自身的目的实际上正在走一条最稳妥的路线，它在给予的名义下放高利贷，通过这种狡猾的手段获取一切。"[2]当我们认为我们拥有与自爱相反的美德，比如善良，其实是深

---

[1] Rochefoucauld, *Maxims*, 5:4–5, 8.

[2] 同上书，5:236。

层且具欺骗性的自爱和骄傲的产物。

拉罗什富科代表了此类挑战中最具颠覆性和最极端的一面，他强调了自爱无处不在，但并没有提出任何防范自我欺骗的手段。任何认识都是短暂的。同样，由于我们可能意识到这样的事实，即我们与他人共同具有的激情会提示我们自我行为的真正动机，这并不意味着我们实际上会理解自身，并将我们了解的应用到自身的行为上："黑暗隐藏自身（即自我的爱），这并不妨碍它清楚地看到自身之外的东西。在这方面，它就像我们的眼睛，看到一切，却忽视自我。"[1]

拉罗什富科的朋友和同事雅克·埃斯普利特对作为自我认知传统开创者的异教道德学者进行了相似的持久攻击。埃斯普利特的一段文本可能对休谟更著名的一段文本产生很大影响，[2]他论证到："这些哲人的观点是，道德善是这样的原则，其中无论人们做什么事，都是符合道德且值得赞扬的，这种原则从他们对人的心灵的真实状态一无所知时便已生效了。因为他们不知道道德善的源泉何在，也从未怀疑过他身上那些奇怪的变化，这种变化使理性成为激情的奴隶。"[3]异教哲学家对自然善的预设是不充分的，这一假设很好地反映了他们的偏好和愿望。因此，由于自爱，他们将道德善以利于奉承他们自身的方式展现为对他们自身所促进的德性的占有。与拉罗什富科关于塞涅卡的观点一致，埃斯普利特认为加图，一个典型的斯多葛派，被自认为是光荣的、实则是自傲和自爱的行为所驱使，而那些颂扬加图的美德的人，也同样被自爱驱使。[4]

---

[1] Rochefoucauld, *Maxims*, 5:I。

[2] Hume, *Treatise*, 2.3.3.4.

[3] Jacques L'Esprit, *Discourses on the Deceitfulness of Humane Virtues*, trans. William Beauvoir (London: Andrew Bell, 1706), 9.

[4] 同上书，II, ch, I3。

在对异教美德中宽容这一点的攻击上，埃斯普利特企图颠覆人们认为最富于德性之人也最具自我认知的观点："最伟大的人性美德最有欺骗性……人们的看法是极其不公正和错误的。"[1] "一个对自然理性原则宽容的人，知道他自身充满了自爱，因为他总是在善的行为里关注自身的利益，正因如此他不具有真的美德。"[2]相反，一个宽容的基督徒，"承认他的理解充满了那么多的错误，他的意识是那么腐败、那么堕落，而他一切思想和意向都是那么与美德相矛盾"。[3]

尼科尔同样认为自我认知受到严格限制，因为这是"我们堕落的本性造成的普遍倾向"[4]，但被我们的激情、自爱或者自尊所蒙蔽。正如尼科尔、拉罗什富科和霍布斯所说，我们所认为的自我认知，通常是别人对我们的评论，而这种评论更多是别人对我们的奉承而不是给我们指出的缺点，这使我们得不到真实的却也令自身不悦的认识。在前面提到的《论自我认知》和《论慈善与自爱》两篇文章中，尼科尔像拉罗什富科一样认为，虽然每个人都同意认识自我这一箴言的真理性，"他们仍疏于实践它"。[5]我们的心理使我们很难恰当地实践好它。认识自己的欲望会被一个更相似的不要认识你自己的欲望所抵消。在他举出的最惊人的类比中，尼科尔将人类通过追求自我利益以避免自我认知这一行为比作鸟类需要不断地运动，才能避免掉在地上。[6]

与加尔文和詹森一样，尼科尔也认为自我认知是基础性的，但也

---

[1] Jacques L'Esprit, *Discourses on the Deceitfulness of Humane Virtues*, trans. William Beauvoir （London: Andrew Bell, 1706）, 328.

[2] 同上书, 337。

[3] 同上书, 339。

[4] Nicole, *Essais*, vol. 3, sec. 5.

[5] 同上书, sec, 2。

[6] 同上书, vol. 1, sec. 60。

是痛苦的，而自爱则使我们在自身中模糊了"疯狂（愤怒）和地狱是堕落的自然本性的核心"[1]。自我认知是关于人类的堕落的知识，我们通过认识到上帝的伟大而意识到自身是完全消极的——实际上我们什么都不是。[2]我们的骄傲也许会暗示我们并非什么都不是，但我们是评判自身最差的法官，对他人也是如此，随着对自己越来越看重，我们这种能力会越来越差。与蒙田一样，作为对自我欺骗的迷宫的回应，尼科尔建议人类在知识和精神上保持谦卑。

此类反对的共同作用是攻击自我认知传统的第一个前提，即自我认知是自然的，也是自然推理的产物。更确切地来讲，自我欺骗和激情都是自然的——正如埃斯普里特所说，"心灵通常与思想相联系"。[3]其次，在加尔文、詹森、尼科尔、拉罗什富科，尤其是埃斯普利特所提出的第二个前提中，即哲学的特殊职责是认识自我，被认为是彻底错误的。在没有超自然力的情况下，哲学倾向于更加精确的自我欺骗。自我认知本身很重要，也是一种构成其他重要知识的支持性条件，但令它变得如此重要的却是法国道德主义者对它的攻击，这使得自我认知传统在不断修正的过程中被转述——要么走向散文式的谦逊，要么走向激情的研究。并且在埃斯普利特和拉罗什富科那里，我们看到了对天性的自知、德性和幸福之间所谓的联系的深刻挑战。道德上合理的善行被假定是顺乎自然并源于自然的自我认知，而不是由恶魔产生的自我欺骗。

曼德维尔对这些联系发动了最彻底的攻击，尤其是在对这一信念的攻击上，即自知产生了道德善和其他好的东西。他综合了法国道德

---

[1] Nicole, *Essais*, sec, 6I.

[2] James, *Pierre Nicole*, 117.

[3] Esprit, *Fausseté*, 342.

主义者与霍布斯的激情论观点，并有效地扩大了两者的观点。曼德维尔在《蜜蜂的寓言》中展开了结构上对"自爱"的不加掩饰的呈现：

> 正如那些研究解剖学的学者看到的，维持我们的身体"机器"继续运行的最急需的主要官能和动力源泉，不是那些坚硬的骨骼、健壮的肌肉或神经，也不是指包裹着它们的光滑的肌肤，而是那些在庸俗人的眼里显得微不足道或无足轻重的薄膜和小血管；将人的天性从艺术和教育中抽象出来，加以考察，情况也是如此。通过考察可以发现，使人变为社会性动物的，不是由于他善于与人交往，也不是由于善良、怜悯、和蔼可亲或其他一些品行，反之，在这个最大、最幸福和最繁荣的社会中，他的最卑鄙、最可憎的品质才是达成这一点的必备之物。[1]

这表明，对激情的外部和经验性评价是独立于内省的——就像霍布斯一样。在《社会本质之探究》这篇同《论慈善学校》一起收录于1723年版《蜜蜂的寓言》的文章中，曼德维尔抨击了沙夫茨伯里在《论特征》中，通过对公益与自知产生的美德的论证——美德为理性和反思的行为者带来利益且反之亦然——来复兴自我认知传统的企图。继法国道德主义者之后，曼德维尔对西塞罗和加图这样的道德楷模进行了抨击，认为他们的行为是出于罪恶和自欺欺人，而不是出于美德和自我认知。

但曼德维尔也许比他的前人的说法更具有破坏性，他认为自我欺骗是最好的、能带来幸福的。这在加尔文主义传统中也有先例，即上帝通

---

[1] Bernard Mandeville, *The Fable of the Bees*, ed. F. B. Kaye（Oxford: Clarendon Press, 1924），1:39–40.

过我们的罪来创造最好的人, 这在尼科尔那里, 尤其在拉罗什富科那里体现得尤为明显。和他们一样, 最好的人也无法在道德上有助于作为个体的我们。但不像其他人, 拉罗什富科认为未来的末日审判与对罪孽的清算并不相关, 因此也没有对人性或是其他基督教美德的强烈动机(尽管曼德维尔并没有否认私人的美德, 或是否认其是美德)。通过揭露道德的起源、我们动机的复杂性, 并将美德(不像拉罗什富科所主张的)建立在对激情的自然主义描述上(这种描述与格言形式和散文形式相反), 曼德维尔对激情进行了自然科学的分析, 论证了审慎的善德和幸福是由私人恶德和缺乏自我认知带来的, 而非公德。沙夫茨伯里想要重新联合尼科尔等人的学说再向这一说法发起挑战, 但是胜率渺茫。

曼德维尔在《论慈善学校》一文里进一步反驳道, 那些被公开呈现为美德的行为往往隐藏了邪恶的动机和不那么道德的结果, 而人们选择快乐地去做这件事, 意味着这比反思其中罪恶的源头更加自然。这些相似的论证最终导致的结果是自知、道德行为、德性和善之间的联系被有效切断。许多被公共地呈现为美德的品质实际上都是自我欺骗的恶德。真正的自我认知和美德也许是值得期望的, 却是十分罕见且几乎无法达到的, 同时没有任何理由能假定它们给人带来普通人渴望的那种幸福。

9.3　尾声: 巴特勒、斯密、休谟和卢梭

如何回应这种说法? 巴特勒认为, 曼德维尔和霍布斯一样, 把自爱和其他特殊的激情相混淆, 将它们视为一种激情。[1]自爱, 在巴特

---

[1] Joseph Butler, *Sermons Delivered at Rolls Chapel*, 2nd ed. (London: James & John Knapton, 1729), 9n.

勒看来是充满理性的,并与我们的利益和对自我认知的需求是分不开的。[1]拥有恶德的人们会在特定情况下显露他们的激情,在恶习中获得明显的快乐,但并不意味着正确认识美德不会带来幸福,无论是来世今生都一样。一个有道德的行动者是一个会自省并唤起自己良知的人,这对18世纪作家而言与道德感和自省是同样的。[2]虽然我们的行为可能会经常对自己产生自我欺骗,但是良知自然地能对过去的行为进行反思,因此对我们的恶德和美德具有权威性,它能够战胜短浅的自我利益,一定程度上抵消发展良好的行动者所产生的特定激情。

也就是说,巴特勒的三次布道都是关于自我欺骗的,尤其是那种由于轻信别人对我们的评价而加剧和加强的自我欺骗。正如法国道德主义者和曼德维尔的例子,这个人们在社会背景下互相告知要文明行为的谎言,对我们的自我认知产生了负面影响,这会使我们天生的易轻信和精神上的惰性相结合,从而强化自我欺骗。[3]巴特勒和曼德维尔一样,对那些以指导公共道德为己任的行为者表示怀疑。[4]

但最令人惊讶的是,巴特勒意识到我们的自我欺骗能力破坏了源自良心的推演能力,甚至使我们在利益需要的时候摧毁这种推演能力。解决这个问题的唯一办法是为自己制定严格的规则并严格遵守,即使这些规则看起来比较宽松,也不能松懈。作为一个公正的旁观者,从亚当·斯密在《道德情操论》中的记述中可以同时发现他对曼德维尔的批判和无声的赞同。对于斯密来说,能够用严格的规则来判断并运

（页边）

---

[1] Joseph Butler, *Sermons Delivered at Rolls Chapel*, 2nd ed.（London: James & John Knapton, 1729）, xxix.

[2] 参见Bob Tennant, *Conscience, Consciousness and Ethics in Joseph Butler's Philosophy and Ministry*（Woodbridge: Boydell Press, 2011）。

[3] 重点参考Butler, *Sermons*, 7。

[4] Butler, Joseph. *The Analogy of Religion*, 2nd ed.（London: James, John & Paul Knapton, 1736）, 465–66.

用良心进行自我认知的人就是一个发展成熟的道德主体。就像他渴望与见多识广的人们所认为的道德权威达成一致一样——他认为那是公正的旁观者。但正如巴特勒和曼德维尔，斯密对道貌岸然的革新者们十分怀疑，他认识到自爱源于多重动机和自我欺骗，它不仅是比不在乎利益的道德动机强大得多的动机，而且能给社会带来公共利益。

正如本章开篇提到的，休谟的怀疑论与法国道德主义者对自我认知进行挑战的自我欺骗理论有很大关系。《人性论》[1]中提到，自然理性和哲学本身倾向于基本的自我欺骗问题，即便解决办法是不认可一个超自然的神。与霍布斯和曼德维尔一样，休谟也提出了一种关于激情的复杂的机械主义理论，认为它提供了一种可以用来抵消怀疑论的自我认知形式。至于曼德维尔，他认为骄傲和虚荣是根本的动机。骄傲是休谟所认可的核心激情，但他认为一旦我们拥有道德行为和性格，虚荣心将会成为追求美德的动力，因而追求美德的原因与动力就不只一个了，虚荣这样的恶德也会成为追求美德的原因。休谟也质疑看似有美德和真正拥有与美德相关的内部状态以及动机间的界限，与自然能力和美德间的界限一样，他有效论证了自我认知不是美德的必要条件；相反，一个人必须被评价和判断为有道德的。

在四篇"关于幸福的文章"中，休谟在受到蒙田的精神和布鲁耶尔的《性格论》的影响下得出进一步结论：判断和评价自己的任何标准，都不可能不受一个人预先存在的性格和引起我的特定幸福概念的组成激情的影响。[2]这无论是对于怀疑论者和伊壁鸠鲁派，还是柏拉图主义者和斯多葛派，都是如此。性格优先于自我认知，而特殊的人的性

---

[1] Hume, *Treatise*, I.iv.

[2] David Hume, *Essays Moral, Political, and Literary*, ed. Eugene F. Miller（Indianapolis: Liberty Fund, 1985），I.XV.n.

格或气质则是一个偶然事件。我们能够认识自己，但我们是通过性格来认识的，这些性格预先决定了我们如何看待这种知识，而我们认识自己和他人的原因在于被给予我们身体的激情的要求。

最后，卢梭复兴了加尔文主义和法国道德主义者的许多主题，并赋予它们新的历史形式。我们无法理解自己是心理的结果——即自爱——但这要与我们的完美性和一系列使我们与自己越来越疏远的偶然的历史变化结合在一起。因为在目前的历史状态下，我们被自己彻底地欺骗，而霍布斯的激情科学不再是自我认知的手段，这的确是历史自我欺骗的表现。卢梭以许多文学形式展现了自爱的历史，从以思想实验的方式到先验推测方式，从对我们当今的状态起源的猜想到蒙田的自传体、遐想体和独白的形式。这就提出了一个不同的问题，即意识形态的问题，以及我们如何通过它或无视它来认识自己，也引出了对自我欺骗问题的另一种回应。

致　谢

谨以此章献给鲍勃·坦南特和雷蒙德·弗雷。

（何端丽　杨逸凡　译）

第十章

康德的自我认知理想

迪娜·埃蒙茨

183　康德在《道德形而上学》中的一段话里说道：

> 对自己的所有责任的第一个命令，§14：这条命令是"知道（审视，揣测）自己"，而不是关于你自然（属性、本性）完善层面……而是在于你那与义务相关的道德完善。也就是说，是认识你的内心——无论它是好的还是邪恶的，无论你的行为是出于纯粹的还是不纯的，以及什么能作为本源地是人类本质的或派生的（后天的或发展的）东西而归咎于你，并且作为属于你的道德条件归咎于你。[1]

184　通过这一表述，康德赋予了苏格拉底理想式的自知一种意义，它在许多方面都很显著。

首先，康德将自知的理想与道德自知联系起来。更确切地说，这里提到的是我们道德行为的动机和道德品格。

其次，康德谈到了义务。自知不仅是我们应该争取的东西，因此

---

[1] Immanuel Kant, *The Metaphysics of Morals*, trans. and ed. Mary Gregor（Cambridge: Cambridge University Press, 1997），191. 参见Immanuel Kant, *Gesammelte Schriften*, ed. Preussische Akademie der Wissenschaften et al.（Berlin: Verlag Georg Reimer, 1900），6:441.

在这个意义上说,是一种我们不必声称自己能够完全实现的理想,而且康德声称我们有义务为实践自知而努力。

第三,康德所理解的"认识自己"的概念是指一个人积极地、系统地寻找某种东西。他并不是说我们应该小心翼翼(不要超越我们的人类界限),或者我们应该意识到(事实上我们什么都不知道)。相反,他认为,我们根据所得出的与自身性格和动机相关的知识采取行动,这是很有必要的。

本章的第一部分将处理第一点,即康德所理解的作为与道德自知相联系的自知观。另外两点——即自知是一种义务,而且它是一个积极过程——将会在第10.2节和第10.3节分别澄清,其将分别聚焦品格问题和动机问题。

10.1　关于自知的理想

下面的讨论将集中于康德哲学中各种可称为自我认知的自我关系形式,同时聚焦于自知是否能被视为一种义务的问题。

人们可以有一个非常广义上的自知概念,根据这种概念,自知即指一个人所拥有的关于自己的知识。那么作为其中的一部分,就有一种作为人类理性意义上关于我们自己知识的自知。在康德看来,这种人类学知识是可能的,但对他而言,这严格来说不是一种自我认知,因为它是观察人类的结果,因此不依赖于任何特殊的自我关系。[1]

此外,康德哲学中的很多内容相当于哲学上的一种自我认知。我

[1] Immanuel Kant, *Gesammelte Schriften*, 7:120. 参见Immanuel Kant, *Anthropology from a Pragmatic Point of View*, trans. and ed. Robert B. Louden(New York: Cambridge University Press, 2006), 4.

们所了解的理论知识的界限可以被理解为苏格拉底对于人类有限性的洞察。[1]这种知识也是关于人类本身的,在这个意义上它是人类学的。然而,它不完全通过观察人类获得,而是也需要将我们与自己的特殊联系作为知识的一个来源。这种洞察力事实上也可以理解为一种理想。因为哲学知识可以帮助我们避免关于我们的标准和权利的各种错误,所以我们应该努力争取哲学上的自我认知。也许我们还可以说,在康德看来,这种知识是在哲学史的过程中达成的,也是每个人都应该认识到的。因此,我们会在历史背景下给这个理想下定义。[2]

康德还讨论了另一种形式的理论上的自我认知。这是通过反思获得的关于作为个体人格的我们自身的知识,但是康德并不想把这种自知理解为我们应该追求的东西。首先,康德怀疑我们是否真的能通过反省来获得自我认知。他认为,当我们只关注内心状态而没有关注外部世界时,我们缺乏足够的方式来了解内心状态。[3]康德在关于理论知识的问题中提出了这一观点,但是,正如我们后面将会看到的那样,他在实践背景下对自省和自我认知提出了类似的观点。但是,就"理论"自知而言,这不是他唯一的疑问。康德似乎也认为,对一个人的自

[1] Stephen Engstrom, "Self—Consciousness and the Unity of Knowledge," in *International Yearbook of German Idealism*, vol. 11, ed. Dina Emundts and Sally Sedgwick(Berlin: Walter de Gruyter, forthcoming),注:以令人信服的方式将康德的第一批判解释为一种可以被理解为(非理论性的)自我认知的苏格拉底式工作。

[2] 黑格尔在讨论自我认知的过程中提到了这些元素,根据这些元素,历史是苏格拉底命题"认识你自己"的实现。参见Georg W. F. Hegel, *Enzyklopädie der philosophischen Wissenschaften im Grundrisse(1830)*, ed. Wolfgang Bonsiepen and Hans—Christian Lucas(Hamburg: Felix Meiner Verlag, 1992), sec. 377; and Georg W. F. Hegel, *Hegel's Philosophy of Mind*, trans.(from the 1830 edition, together with the *Zusätze*)William Wallace and Arthur V. Miller, with revisions and commentary by Michael J. Inwood(New York: Oxford University Press, 2007), 4。

[3] 参看Immanuel Kant, *Kritik der reinen Vernunft*, ed. Jens Timmermann(Hamburg: Felix Meiner Verlag, 1998)。B 293f. 参见Immanuel Kant, *Critique of Pure Reason*, trans. and ed. Paul Guyer and Allen W. Wood(Cambridge: Cambridge University Press, 1998), 336f。

身感受和想法所进行的广泛审查妨碍了自然的和社会的行动方式。它可能会潜在地导致一种自私的行为。出于这个原因，"理论"的自我认知不是我们应该追求的目标。这就是为什么康德在《人类学》的一个著名段落中警告我们，过多的自我反思会导致病态。[1]这似乎是一个平平无奇的观点，但即便如此，也必须指出，对于康德来说，至少没有理由认为这种自我认知是值得追求的东西。因此，康德将关于我们自己作为个体生物的自我认知理想限制在与道德相关的自我认知上。

最后，在实践哲学中，绝对命令所表达的洞察似乎也提供了一种重要的自我认知，因为对绝对命令的解释提供了我们何以理性地行为的解释。然而，康德似乎认为绝对命令的知识是一种哲学知识，而不是一种自我认知。这可能意味着，它是作为不需要任何特殊的自我关系的理性存在者的纯粹理性分析的结果。然而，如果说我们把自己理解为具有有效理性法则的存在，这一点的确需要一种与纯粹反思不同的特殊的自我关系，因此也是另一种自我认知，这似乎也是合理的。那么我们是否可以说，对绝对命令本质的洞察力是我们应该争取的理想？我们在这里需要考虑到这样一个事实，即这种知识是我们在某种程度上已经拥有的一种知识。[2]也许我们可以说，我们应该争取一种对绝对命令更好的理解。但即使是这样的知识，似乎也不是对于理想或义务的较好选择。我们可以追求的不是对绝对命令的澄清，而是对我们道德品质和绝对命令为我们所扮演的角色的澄清。这是一种自我

---

[1] 参看Immanuel Kant, *Gesammelte Schriften*, 7:133f。参见 Kant, *Anthropology from a Pragmatic Point of View*, 22。

[2] Kant, *Gesammelte Schriften*, 4:403, 412 and 5:91. 以及Immanuel Kant, *Groundwork of the Metaphysics of Morals*, trans. and ed. Mary Gregor and Jens Timmermann（New York: Cambridge University Press, 2012），18f and 26。参见 Immanuel Kant, *Critique of Practical Reason*, trans. and ed. Mary Gregor（New York: Cambridge University Press, 1997），77。

认知,它是关于我们的品格和理想知识的一部分,这将在本章下一节
重点讨论。

除了这种哲学分析之外,还存在与这种哲学分析密切相关的一种
可能的自我关系:自我作为一个思考者和一个行动主体的认识,以及
对思考和行动所依据的原则的认识。没有这种自我意识,哲学分析就
不可能,因为它至少部分地是对这种意识的分析。然而,哲学分析与
自我意识并不是一回事,自我意识就其本身严格地说并非是知识,而
不妨说只是对于知识而言非常重要。至少从术语上这点似乎很清楚:
康德不会将这种自我意识称为"自我认知"。因此,我将称其为自觉意
识。无论如何,这都不是我们可以声称为是一种义务或一种理想的东
西。因为它是我们所是的一个本质性元素,而不是我们可以失去、获
得或争取的东西。

总而言之,康德似乎将理论哲学提供的哲学洞见视作一种自我认
知,但总的来说,除了这个例外之外,由于怀疑人性的自私,他想要将
自我认知的理想限制在与道德相关的实践知识上。在实践哲学中,绝
对命令本身的知识似乎不是一种自我认知,但关于我们与绝对命令的
关系的知识可以作为我们品格知识形式的自我认知。正如我已经提到
的,道德自我认知的相关案例涉及品格和动机方面的知识,下面将分
别讨论这两个方面。

10.2　自我品格的知识观

在我所引用的《道德形而上学》段落之后的内容中,康德解释说,
实践自知是智慧的开端,它包括意志和其行动之间的一致。他接着认
为,这种自我认知的形式同时意味着我们承认人的价值,也意味着我

们公正地评判自己。

我们必须考虑到这样一个事实:《道德形而上学》是1797年出版的,是在《道德形而上学的奠基》和《实践理性批判》出版十年之后。总的来说,康德后期更多地关注品格的概念及其对善恶的倾向,而不是道德行为的原则。这并不一定意味着他改变了自己的观点,而更可能意味着他只是单纯关注其他方面,即品格和成为道德的一般条件。在(康德)后期的关注中,自我认知似乎很有价值,因为我们能够发现我们行动的原始动机是符合绝对命令的,但这为什么是有价值的呢?康德认为这种自我认知导致了一种对人类价值的洞察,这似乎意味着这个价值在于我们的原初动机。然而,自我认知本身也具有道德价值,因为这种洞察可以强化我们遵循绝对命令的意图。尽管我们不必知道绝对命令是理性的,但我们可以获得关于我们与绝对命令关系的知识。自我认知可以使我们承认我们确实是理性的,从而可以激励我们按照绝对命令采取行动。而且,根据康德在《道德形而上学》中的说法,这种知识是我们应该争取的。这里的自我认知是什么意思? 它可能是指对隐含在道德的哲学分析中的关于我们自己的知识。此外,也可能是指,当我们关注自己内心的活动时所获得的关于自己的知识,例如,通过意识到我们的道德感受。这些情感可以帮助我们更好地理解我们的原初道德行为动机。在后一种情况下——我认为是相关的一种——自我认知确实表明着我们有一种特殊的自我关系,因此"自我认知"的概念看起来确实是合理的。

但是,根据康德的说法,当我们获得自我认知时,我们不仅认识到我们的原初动机。我们也意识到,在现实生活中,我们的行为通常会因为没有遵循原初动机而被误导。我们可以发现,动机不是纯粹由绝对命令所引导的,并同时因此发现我们的弱点和仅仅是更喜爱自身的欲望而不是绝对命令的这种倾向。[1]我在这里感兴趣的是，在这种情况下，即使在有关品格的问题上，自我认知也应被理解为关于我们行为动机的知识。[2]对于这种自我认知，我们必须提出这样的问题：我真正的动机是什么？我究竟根据哪个原则采取真正的行动？虽然康德没有在《道德形而上学》的这段文本中详细说明这些问题，但这似乎很清楚，他认为争取这种自我认知是一种义务，而且这种自我认知是可能的——不是在全部自我认知的意义上，但至少在具有争取它的既定义务方面是可能的。

10.3　自我动机的知识观

《道德形而上学》的第9节回答了我们为什么应该将自我认知视为一种义务的问题。根据康德的讨论，我们有义务告诉自己事实真相，因为我们是理性自主的存在，也应该如此对待自己。自我欺骗是一种不讲真相的形式，因此它应该在道义上受到谴责。自欺不是因为我们可能伤害别人而被谴责，而是因为我们不允许以自欺的方式对待自己。康德（在下面的部分）谈论两种自欺：有意识和无意识的自欺。有意识的自欺意味着我以某种方式从自我那里隐藏了关于自己的某些东西。我将关于自己（或者我相信是与我自己相关的事情）的一些事情视为真实，尽管同时我不认为这件事是可能的，或者我甚至知道这不是真

---

[1] Immanuel Kant, *Religion within the Boundaries of Mere Reason and Other Writings*, trans. and ed. Allen Wood and George di Giovanni (Cambridge: Cambridge University Press, 1998) , 45ff. and 75ff. 参见 Kant, *Gesammelte Schriften*, 6:19ff. and 57ff.

[2] 康德不必声称我们为了形成品格才需要自我认知，因为绝对命令的效果本身有助于形成我们的品格。参看 Kant, *Gesammelte Schriften*, 4:410f. and 5:85. 另见 Kant, *Groundwork*, 24f. Kant, *Critique of Practical Reason*, 73.

的。康德承认，神秘之处在于，这究竟如何可能。无意识的自欺意味着，尽管我能够更好地了解自己，但我仍然认为关于我自己的某些事情是事实：在这种情况下，我不会想到，我所认为的其实并不真实。但是，出于某种原因，我有一种恐惧或希望，阻止着我不去仔细观察，而做得更好对我来说是有可能的。如果我更细心地检查，我可以得到更好的结果。康德认为，这两种自欺都和把自己当作一个理性自主的人来对待相冲突。因此，这两种变体都要受到谴责，我们有义务努力争取自我认知，并采取行动对抗可能的自欺行为。康德在第14节和15节中谈到自我认知的理想时，再次提到了这个观点。这也是康德将自我认知理解为一项活动的原因之一。为了避免自我欺骗，我们必须不断审视和研究自己的动机。

这就是康德认为有义务争取自知的理由。那么，是否需要一种直接由康德道德哲学的具体设定所驱动而形成的自知呢？

在《道德形而上学奠基》的第一部分，康德介绍了一个对他的道德理论至关重要的区分：出于义务的行为和合乎义务的行为。当对义务的考虑是唯一的或者至少是我们行事的实质原因时，这个行动就是出于义务的行动。在《道德形而上学奠基》的第二部分，康德介绍了作为道德行动准则的绝对命令。绝对命令是决定一项行动是否具有道德价值以及是否正确的原则（这一区分符合"出于义务"与"合乎义务"的区别）。如果这个原则（绝对命令）是行动的基础，那么这个行动具有道德价值；如果这个行动符合这条原则，那么这就是一种道德正确的行为。这解释了道德行为是什么以及在何种意义上它们是正确的或有价值的。这种解释似乎是道德形而上学的一项重要任务。然而，除此之外，按照康德的说法，我们可以在日常生活的道德行为中使用这一原则。在此，我们可以将它作为一个执行原则。也就是说，我们可以用它来回答我们应该做什么的问题。我们只需要问行动的准则是否可以普遍化。自我认知是否必须在这个过程中被涉及？我们必须认识到自己的准则，我们也必须认识到道德准则。这两者都可以作为自我认知，但康德并没有把它看作一个中心主题。对绝对命令的认识已经是本章前一节的一个主题：对绝对命令的这种认识不是自我认知，而仅仅是对行动之理性原则的认识。对康德来说，认识自己的准则似乎不成问题。之所以如此，是因为一个有意的行为意味着对自己的准则有所了解，而这种了解并不是其他考虑或行为的部分。

　　然而，在日常生活的道德行为中，绝对命令还被设想为具有另一个功能。它可以告知我们一个行动是否在道德上是正确的或者有价值的。因此，绝对命令可以作为判断过去行为的工具服务于我们，也就是说，作为一个判别原则，只有出于绝对命令而做出的行动才具有道德价值。可是，纯粹出于绝对命令驱动的行动与仅仅是遵守它而做出的行动之间的区别，只能从第一人称角度来确定。对行为本身的外部观察并不能告诉我们一个行为是否受到绝对命令的驱使，而且也没有其他人能在这里做出真正的判断。因此，对一个行为在道德上有价值的判断只能由第一人称角度来进行。如果这个判断被认为是可能的，那么我们必须能够知道我们是否出于绝对命令而做出了行动。因此我们必须要能知道我们的动机。在我看来，这对道德哲学而言是至关重要的，它也为我们提供了一个标准，以评价已经做出的行动。因此康德不得不声称，在了解我们自己的动机的意义上，自知是可能的。康德在《道德形而上学》中显然确实认为这种自知是可能的。考虑到这一点，以及目前的情况，我们在《道德形而上学的奠基》中惊讶地读到：

事实上，即使经过最严格的考察，我们也绝对不会完全弄清那隐藏着的动机，因为当道德价值成为问题时，重要的不是我们能看到的行为，而是我们所看不到的内在原则。[1]

为了理解这段话，我们应该回答三个问题：（1）康德如何认为自知在自我动机方面起作用？（2）为什么康德对这种知识的可能性表示质疑？（3）由于康德需要为自知的可能性留下空间，那么这种怀疑论对于康德的道德哲学而言会不会是灾难性的？

（1）关于我们如何获得对我们行为负责的动机的认识的问题，深入到了康德的道德哲学。人们可以问，像我们这样的人是否以及如何根据一个理性法则来认知决定。我之前提出的自我感知（自我意识）的观念对这个问题具有重要意义。根据康德的观点，我认为，不管是从理论还是从实践的角度出发，我们都拥有作为思考者和行动者的自我的意识，也拥有对指导我们的原则的意识。因此，人们可以说，思考和行动是有意识和自觉（自我意识）的活动。总之，康德明确地表示，为了有道德地行动，我们必须意识到理性法则（或绝对命令）。[2]然而，所有这些还没有回答我们如何获得自我认知的问题，因为这种意识不是知识，也不会自动促成知识。关于道德行为，尽管有这种意识，我们也不能说我们知道，我们行动是出于绝对命令。

康德似乎同意这一点。他认为，为了拥有关于我们的动机的认识，我们必须质疑和审视自己。因此，我们需要额外的标准以便判断。人们可以说，在完全没有任何倾向去做出一个行动的情况下，这个行为受到绝对命令的指导。这就是康德在他的《道德形而上学的奠基》开

---

[1] Kant, *Groundwork*, 22. 以及Kant, *Gesammelte Schriften*, 4:407、6:392。

[2] 参看Kant, *Gesammelte Schriften*, 4:403. 以及Kant, *Groundwork*, 18f.

篇实际上所做的：[1]他通过构建所有倾向于反对该行为的情况，来确定那些已经做出的没有出于义务的行为。但是，按照这条进路，只能说明显而易见的情况。康德对我们如何知道自己确实是按照绝对命令来决定的这个问题的进一步回答基于他的道德情感理论。[2]道德法则使我们有一种敬重感。因此，当我们评估我们是否出于道德法则即绝对命令而行动时，我们可以参考这种敬重感。如果我们感到敬重，但也有其他倾向来如此行动，那么我们不得不问：如果没有这个倾向我是否还会如此行动？此外，其他感觉也可以起到暗示作用。在自知的语境下，一个好的或不好的良知是一种有趣的感觉。也许在某些特殊情况下，如果我们遵从但不是出于绝对命令行动，坏的良知也可能会存在。如果这是可能的话，那么坏的良知将会成为判断我们动机的标准。

（2）康德之所以对关于自己动机的知识持怀疑态度，是因为康德对只存在于他所谓的"内在感受"中的东西的知识强度的估计。只在内心感受意义上被给予的东西无法被坚守，并且不可能在主体间重复或考察。因此，作为内在感觉意义上的自知甚至比关于世界的知识更不可靠。因为，也许我的记忆总是不够确切，所有我可以考虑的指标——比如某种感觉的存在——都是第一人称视角记忆的一部分。然而，记忆的错误更可能来源于一个行动所在的更久远的过去，而不太

可能是刚刚发生的行动。所以这种错误是可能的，但这对于拥有过去

---

[1] 参看Kant, *Groundwork*, 12f.

[2] 敬重感告知我们关于我们动机的一些事，这一想法是由斯文·伯内克提出的，参见Sven Bernecker, "Kant zur moralischen Selbsterkenntnis," *Kant—Studien* 97（2006）：182。我同意他所说的，尽管在关于我们专有的通向内心状态的认识论上这一点来说，他认为康德比我认为的更加乐观。Thomas H öwing, *Praktische Lust: Kant über das Verhältnis von Fühlen, Begehren und praktischer Vernunft*（Boston: de Gruyter, 2013），189，219也辩护这个理论，即道德感受是"我们动机的间接意识"。对这些所谓"感受"发展的讨论参考Paul Guyer, "Moral Feelings in the *Metaphysics of Morals*," in *Moral Feelings in the Metaphysics of Morals*, ed. Lara Denis（New York: Cambridge University Press, 2010），130–51。

动机的知识的可能性似乎并不完全是灾难性的。不过,还有另一个错误来源。这个来源就是欺骗自己的倾向。它可能是:先前,实际上不是绝对的命令而是自爱或虚荣心致使我恰好做出了符合绝对命令的行动。一旦完成了行动,我可能会因为不想相信虚荣是我的动机而错误地描述行动,我也会因此逃避这种理解。当我得出这是出于虚荣心的结论时,也有可能出现同样的情况:我事实上是出于义务在做出行动,但我对自己有一个倾向性的看法。这里的问题不是记忆,而是一种压抑或强烈的愿望,导致某种忽视或自欺。那么就没有外部控制来排除这种错误。当康德这么说时,他考虑到了这种情况:

> 有时候确实是这样,在最严格的自我审视下,我们发现除了义务的道德基础之外,没有任何东西可以足够强大到把我们推到这个位置或者那种好行动……但是从这个角度来看,不能肯定地推断出,意志的真正决定性原因实际上不是在这种想法的伪装下的自爱的隐性冲动。[1]

自欺对自知构成了主要威胁。

（3）先前的引语听起来好像自欺的危险是如此严重,以至于当我们完全不依赖对自己动机的判断时,我们的处境会更好。如果这是真的,那么评估过去行为的标准就可以不被严肃对待。康德在自我认知方面看到的问题确实是正确的。而且,他明确地指出了自欺的可能性。没有人能在判断她或他的动机方面是绝对可靠的,而且在某些情况下,相信某人自己的判断是没有意义的。但是,这并不是一个一般来说怀疑个人动机的自知的可能性的好理由。因此,我认为康德关于自欺的

196

---

[1] Kant, *Groundwork*, 22. 参见Kant, *Gesammelte Schriften*, 4:407.

激烈言论在修辞上是错误的，因为对知识确定性的怀疑并不需要破坏一般知识的可能性。

在有些情况下，我确实知道我的动机是虚荣心，尽管其他所有人可能会认为这是一个出于义务的行为。还有一些情况是，除了对道德法则强烈的敬畏之外，我没有意愿去做这件事。在这些情况下，我可以说我知道我出于绝对命令而行动。知识不是绝对可靠的，但标准足够充分。也可能有一些情况，我并不确切地知道是出于绝对命令还是出于我的偏好而行动，但我仍然可以知道我有敬重感。如果我在这些情况下犹豫不决，不把它们算作我伟大功绩的一部分，那是正确的，把这一点保留下来也没有问题。但是，它不会完全改变我对自己的印象，因为即使这种行为不具有道德价值，我也有对绝对命令的敬重。因此，在行动没有积极倾向这种类似的情况下，我也可能会遵从绝对命令而行动。我更可能因忽视最后时刻自身动机的改变而感到担心，而不认为对法则的敬重是错的。我们可以对康德提出的情况说同样的话，在这些情况中我认为我是由于倾向而行动，但实际上是出于我对义务的洞察力：可能有些情况非常明确，而其他情况则并不清楚。没有理由基于存在不清楚的情况或没有错误可能性的情况是不存在的而怀疑自我认知的可能性。我们可以将明确的情况作为（可错的）知识的情况。同时，那些相当清晰的情况可以告诉我们很多关于我们自己的事情，它们也可以帮助我们决定我们在未来情况中的动机。也就是说，这是可理解的，即通过观察我的动机来考察我的品质，的确可以帮助我在其他动机不太清楚的情况下考虑我的动机。因此，即使我们不必将自我认知视为特别可靠的，自知也可以在道德反思中发挥重要作用。康德关于我们如何评估过去行为的概念仍然是可行的，尽管他听起来好像并非如此。康德强调自欺的危险性和完全的自我认知的不可能性，使得人们可能会得到一种错误的印象，即我们不得不否认一般的自我认知。

　　关于康德为什么会正确地看到自欺对其道德哲学概念构成了危险，这一点也变得明朗了。即使该标准仍然可以运行，但它比我们所预期的还要不可靠。我们可以基于这些考虑来看待康德在《实践理性批判》中关于至善的观点。如果我不能充分相信自己的判断，并且如果其他人不能判断我的动机，这似乎是认为上帝是一个正确判断我的权威的一个很好的理由，并把它作为正义的尺度。类比于我们如何理解至善，我们也可以理解康德在《道德形而上学》中对自我认知的看法。在《道德形而上学奠基》中，并没有提及我们有义务去审视自己的观念。但现在应该很明显，这个义务有一个明确的动机。也就是说，我们希望能更好地相信自身对我们动机的判断。因此我们有兴趣减少自欺的可能性。这就是为什么康德在《道德形而上学》中指出，自我认知是积极的：它是积极的甚至是怀疑性的自我审视。自我审视是一项义务，因为它有助于排除阻碍真正自我认知的自欺。如果我们通过审视我们相当明确的行为动机来达到对自己的了解，那么我们就可以在不太清晰的情况中更好地判断自己。在《道德形而上学》中康德还说，我们因为这种对动机进行评估的自我审视而成为公正的法官。我们现在可以理解这一主张，即我们通过提升自我认知来学会避免自欺。提升自知为我们提供更多标准，来决定哪个动机是相关的一个。因为每个人都只能判断自己的行为的价值，所以每个人都应该努力使这种自我认知尽可能可靠。虽然知道自身行为动机是可能的，但我们也知道自欺威胁着这种自我认知。[1]这也是自知观念与康德思想的相关之处。

当我们现在就是这198

---

[1]　这种怀疑主义与亚隆·加里特在本书中对道德家所指出的内容有相似之处。怀疑主义不是没有其他选择。对于黑格尔来说，康德的错误在于，尽管他对纯粹的内在自我认知持怀疑态度，但他仍然认为在行动者中有真实的故事能被发现，而且这个真相只有在他判断的时候才会隐藏。黑格尔完全拒绝这种图景。

自我审视意味着导致一种情况，在这种情况下我仍然只能从第一人称的角度来判断我的动机——那必须是如此——但只要我是公正的，那么就会不易自欺。

致　谢

非常感谢罗尔夫–彼得·霍斯特曼的评论和马库斯·兰伯特的仔细审阅。也感谢康士坦茨研讨会的所有参与者，尤其是乌苏拉·伦茨。

（张海玉　任芮妮　译）

反思二：

雪莱论自我认知的局限性

劳拉·昆尼（Laura Quinney）

对于任何类型小说的作者来说，自我认知的失败都是一个不可抗199拒的写作主题，这一主题本身就很吸引人，充满变化，对于喜剧或悲剧的创作而言都是成熟的。在现代欧洲文学中，自欺心理得到了充分的考察，并导致了叙事和戏剧形式的创新，从莎士比亚的独白主人公到奥斯汀的女主人公，她们通过间接的对话展现对这一心理的巧妙练习；再到现代和后现代主义实验中那些不可靠的叙述者。研究这种叙述性的探索似乎是对文学和自我认知的反思的不二之选，但我将要从一个不同的角度开始，从浪漫主义对自我意识的处理及其对自我认识的限制的调查开始。雪莱就提出了两个问题以反驳德尔斐神谕：自我认知真的有效吗？它不能做到什么？

英国浪漫派在他们富有沉思性和自传体张力的诗中，通过探索主体与自我的对抗中的内在戏剧性，寻求对其自身本性的理解和定位。为了回应在洛克和康德的认识论中所得到的启发，一些诗人——尤其是沃兹华斯和柯勒律治——将这一对抗描述为一场有着难以捉摸的200目标的激烈的斗争。在诗歌《自我认知》中，柯勒律治总结出，自我是不可能被认知的，因为内在仅仅是"黑暗的流动，一切都无法被思想改变"。[1]然而，雪莱将"认识你自己"作为他的座右铭，据他的传记作家

---

[1] Samuel Taylor Coleridge, *The Major Works*, ed. H. J. Jackson（Oxford: Oxford University Press, 2009）, 1.7.

安妮·沃伊[1]所述，他在诗歌和评论中多次恭敬地引用这一训诫（悲剧的目标就是教人以"自我认知和自我尊敬"[2]）。然而，当他写他的最后一首诗，即由于他英年早逝而没有完成的《生命的凯旋》之时，他似乎已经对自我认知失去了信心。他得到了一个悲观的结论，不是说自我认知是不可能的（就像柯勒律治说的），而是说它是无效的。卢梭这个人物的命运就是自我认知失败的例证，雪莱选他扮演这个角色，部分原因是因为与雪莱本人一样，卢梭也把德尔斐训诫作为自己的座右铭。

在《生命的凯旋》中，雪莱呈现了一种自我认知程度的等级结构。比如无名的群众盲目地跟随生命的战车：

> 全都急匆匆赶路，却显然没有人
>
> 知道他来自何方，又向何处行进，
>
> 或是何以成为这万众一员的原因。[3]

更为杰出的俘虏是"智者，伟人，未被遗忘者"，叙述者的向导——卢梭——对此表示鄙视。主教，国王，将军，以及这些带着"光环/思想帝国的标志"的人，他们都是在一些无关紧要的方面拥有知识：

> 他们的知识
>
> 不教导他们认识自己；他们也许
>
> 不能够压制内心的暴动，
>
> 因为在真理的黎明，他们假装

---

[1] Anne Wroe, *Being Shelley: The Poet's Search for Himself* (London: Vintage, 2008), 313.

[2] 同上书，520页。

[3] Percy Shelley, *Shelley's Poetry and Prose*, ed. Donald H. Reiman and Neil Fraistat, 2nd ed. (New York: Norton, 2002), ll. 47–49.

在夜晚之前抓住了它们。[1]

但他想起描述自己的失败时,卢梭坚持自己是与众不同的:

> 我一个人克服了
> 我自己孤独的心,既没有年龄
> 也没有眼泪,也没有灵魂,
> 现在,坟墓也不会对自己的对象发脾气。[2]

尽管卢梭含蓄地声称自己拥有更多的自我认知,但他做出了一个奇怪的区分:其他人是被生活"征服",而他却"被他自己的心征服"。也许他是虚张声势——这是个值得商榷的问题——但我们也要考虑一下这种区分意味着什么。在"智者、伟人、未被遗忘者"的例子中,经验和思想无法创造自我认知,而自我认知的失败导致了内在的致命性的反抗。"反抗"一词指根本性的自我冲突,特别是在自我中隐匿的或压抑的事物的反抗,这种反抗最终要求表达,并导致目标的不一致。雪莱在其诗的几行之后指出这样的"反抗"的本质和后果,当看到拿破仑,这个自我背叛的主要浪漫主义的象征被锁在车上时,叙述者"想到权力和意志如何/在对立中统治着我们的凡人日子,以及为什么上帝让善/与善的手段不可调和/就感到悲哀"。如果不了解自己的动机和欲望,就会导致直接彻底的自我欺骗、意志的扭曲,进而导致恶意和道德或政治上的错误。

202

---

[1] Percy Shelley, *Shelley's Poetry and Prose*, ed. Donald H. Reiman and Neil Fraistat, 2nd ed. (New York: Norton, 2002) , Ⅱ.211—15.

[2] 同上书,Ⅱ.240—43。

但是雪莱诗中的卢梭坚持认为这不是他的问题；他特意将自己与来自启蒙运动的其他人物进行了对比，这些人代表了意志的背叛。"被自己的心征服"是自相矛盾的，这一点没问题，但是卢梭坚持认为，他的自我冲突并不必然引起自欺。他仍然忠于自己的激情，他的理想——或者说，他高度的柏拉图式的爱情——从不接受世界上任何一个可怜的替代品。他承认，他的遗产是一场灾难，但真正的失败是内在的。他恰当的激情与堕落共存，而他的自我认知仍是清晰但无力的。

他以一个怪异的形象出现在叙述者面前——看起来像"老树根"，有着"稀疏的脱色的头发"和"曾经是眼睛"的"洞"。当叙述者问他是谁时，他自嘲为一个被囚禁的灵魂，徒劳地呻吟着自己被侵蚀了：

> 如果天堂的火花点燃了我的灵魂
>
> 地球上有更纯净的营养供应
>
> 腐败此时不会延续
>
> 曾经的卢梭——也不会这样装扮
>
> 也蔑视穿内部有污点的衣物[1]

卢梭看到了发生在他身上的事情，但无法阻止。时间带来对精神的侵蚀，无论对爱的坚守多么忠诚，自我认知也无法阻碍它的衰退。爱会加倍地回到自我身上，并且会变成自我厌恶。在拿破仑和他的同类中，意志是不可靠的，因为他们不会觉察到它的变化；在缺乏自我认知的情况下，他们不会看穿它的"伪装"。卢梭看到他自己的堕落，他看到他的力量在转移，他的痛苦和愤怒使他成为自己的敌人。他被自己的

---

[1] Percy Shelley, *Shelley's Poetry and Prose*, ed. Donald H. Reiman and Neil Fraistat, 2nd ed.（New York: Norton, 2002），II.201—5.

心征服。在这个模式下,自我冲突不需要进行自我欺骗,反过来也不需要被自我认知所支配。在诗中的后半部分,卢梭承认,事实上,他并没有完全理解自己的起源、他的目的和他的命运。至少,在良好的苏格拉底式风格下,他知道了他不知道什么,但对雪莱来说,这种区别变得无关紧要了。

在这里,我们来到雪莱思想中的一个关键改写:自我认知的差异程度并不会产生显著的实质效果。在征服者的"匆忙"中,所有的一切都是在一种先于思考的势头中被一扫而光。征服者是时间,是我们的元素和真正的对手:

> 从每一种形态中,美慢慢地消失,
>
> 从每一条最坚韧的肢体和最美丽的脸庞
>
> 力量和新鲜感像尘埃一样飘落,留下了
>
> 没有生命优雅的行动和形状[1]

雪莱敏锐地抓住了我们在时间中生活的悖论:它令人窒息的"匆忙"导致了"缓慢"和逐渐的侵蚀。卢梭疾驰向前,冲向但从未到达清晰的反思高峰,同时,他时刻被沉淀本身吞噬,最终付出了代价。事实证明,自我认知是对抗时间的薄弱工具:事实上,自我认知可能是我们对时间的短暂体验的根源,而这种暂时性经验阻碍了自我认知的实现。自我意识永远不会赶上时间,因为意识本身总是姗姗来迟,而反思分散在瞬间,无法聚集成一种力量。因此,卢梭在"被遗忘的山谷中"困惑地醒来,他无法召唤他的"精神"去对抗他的侵蚀。他对时间的体验

204

---

[1] Percy Shelley, *Shelley's Poetry and Prose*, ed. Donald H. Reiman and Neil Fraistat, 2nd ed. (New York: Norton, 2002) , II.519—23.

使他只能识别和体验自我一致的失败。

后笛卡尔式的文学能够——并且喜欢——讲述这个故事。我说"后笛卡尔式的"是因为关于自我的文学在笛卡尔之后繁荣起来，并且我说的是"文学"，而不是哲学，因为文学有时是一种讲故事的方式。许多文学作品故意描绘出了自欺，但也有一些作品专注于这样一种方法，即在自欺的帮助下，暂时抑制了自我认知的发展。事情发生得太快，以至于都无法理解它们，等到人感觉到什么的时候已经迟了。不同的年龄带来了不同的、局部的理解形式，这种理解形式不能够依靠积累而变得清晰；而记忆是混乱且有误导作用的，这时候是不能用经验教导的。19世纪和20世纪的许多作家描述的都是在时间的混杂或腐蚀下的自我认知：坦尼森的《尤利西斯》，艾略特的《米德尔马契》，陀思妥耶夫斯基的《卡拉马尔佐夫兄弟》，契诃夫的《三姐妹》，伍尔夫的《到灯塔去》，罗斯的《安息日剧院》，阿什伯里的《凸面镜中的自画像》，普鲁斯特的诸多文本。延迟的认知对于亨利·詹姆斯来说是一个独特的主题；在《阿斯彭文稿》中，这个讲述者很晚才意识到自己喜欢上了那个自己已经拒绝了的女人。贝克特，反过来集中于这样一种方法，即暂时性限制了我们碎片化的自我认知：在《克拉普最后的录音带》，也是关于失去爱情的故事的诗中，克拉普倾听着他多年来所作的叙述，每一个人都对另一个人有偏见，但都与他的愚蠢有关，而《等待戈多》完美地表达了什么是失去时间。在《生命的凯旋》中，雪莱为一种常见的直觉提供了形式：心理上的某些东西干扰了自我认知的目标，但在自我认知的时间性结构中也是如此，因为自我认知的手段和目的是不可调和的。

（秦倩　译）

第十一章

克尔凯郭尔论自我认知

约翰·里皮特

在克尔凯郭尔的写作生涯中,他对苏格拉底以及苏格拉底式 205
自知表现出强烈的迷恋。本章将会大致按照时间先后顺序考察以
下内容:(1)当年轻的克尔凯郭尔首次认识到他身为一名作者的任
务时,他展开了关于自我认知的自传式思考。(2)苏格拉底在克尔
凯郭尔的《论反讽概念》中作为消极角色存在,在这本书中自我认
知被理解为与他人和周围社会的分离——而这一点和克尔凯郭尔的
《非科学的结语》一书中将苏格拉底作为典范的内省思考者这一处理
形成了对比。(3)在《非此即彼》中,自我认知和"自我透明"之间的
联系,以及自我认知与"选择自我"之间的联系被理解为自愿的接
受能力。(4)在《焦虑的概念》和《致死的疾病》这样的著作中,探
讨了罪的重要性,以及我们对上帝的完全依赖,以解决自我认知是
否真正可能的问题。(5)在《自行判断》和相关的日记中有着关于 206
基督徒的自我认知可能意味着什么的更精确详述。我将表明,克尔
凯郭尔关于自我认知的记述与其他记述一样,他使用的前存在主义
者的处理方法有可能误导性地淡化其思想中深刻且明确的基督教
本质。

11.1 克尔凯郭尔的早期思考

克尔凯郭尔很早就提出了"认识你自己"的重要性。在22岁那年写给一位学生朋友的一封信中，他承认在哥本哈根时很享受同学们的瞩目和关注，而他认为这是自己的弱点。他钦佩那些能够留在大海深处不被人发现的鱼的"力量"，而不是像太阳鱼那样觉得需要"在海面上展示自己的银色光芒"[1]。（在他写的信中）克尔凯郭尔记述了一次去吉勒莱厄的某北部小村庄的夏日旅行，这次旅行使他能"专注于自己内在的自我，这驱使我理解我自己，我内在的自己，并能在生活的无限可能中牢牢抓住它，这还使我专注于凹透镜中的我自己和我直到现在都在尝试理解的我周围的生活"[2]。苏格拉底式考察内心的方法开始在克尔凯郭尔身上彰显。一个月后，仍是在吉勒莱厄，克尔凯郭尔撰写了他最为著名的日记之一。这是一篇在找到"我愿为之生为之死的理念"[3]这一意义上关于自我认知的日记，经常作为关于存在主义的基础文章之一而被引用（某种程度上被误解了）。这篇文章明确引入了诸如"作为主观性的真理"等修辞，而这类修辞后来在克尔凯郭尔的一些著名作品中表现明显。此时，年轻的克尔凯郭尔降低了任何理论研究的重要性，对这些理论并不热衷。[4]正是在这一意义上，我

[1] 写给P. E. Lind的信, 6 July 1835. Søren Kierkegaard, *Letters and Documents*（LD）, trans. Henrik Rosenmeier（Princeton, NJ: Princeton University Press, 1978）, 48。

[2] *LD*, 49

[3] Søren Kierkegaard, *Søren Kierkegaards Skrifter*（SKS）, vol. 17, cd. Niels Jørgen Cappelørn et al.（Copenhagen: Gad, 1997–2013）, AA:12; Søren Kierkegaard, *Kierkegaard's Journals and Notebooks*（KJN）, vol. 1, ed. Niels Jørgen Cappelørn et al.（Princeton, NJ: Princeton University Press, 2007– ）, AA:12.

[4] "那又有什么用呢……如果我发现了所谓的客观真理，或者我在哲学家的体系中摸索着前进，并且能够在他们的要求下，把他们都召集起来，指出每一个圆的不一致性……如果基督教对我自己和我的生活都没有更深刻的意义，提出它的意义又有什么用呢……"（*KJN*, 1:AA:12; *SKS*, 17:AA:12）

们应该理解克尔凯郭尔"一个人在认识其他任何事物之前必须首先学会认识他自己"这一主张。只有当一个人于内心中了解他自己，才能在之后看见自己人生道路的前进方向，这样他的生命才能收获宁静和意义"[1]。

11.2　苏格拉底和《反讽的概念》中的自我认知以及晚期的思想

克尔凯郭尔的读者中很少有未注意到他对苏格拉底的敬佩，他喜欢称苏格拉底为"古代睿智的老人"。在化名为约翰内斯·克里马库斯的《非科学的结语》（1846）中，苏格拉底被塑造为不仅是"间接沟通"的模范，也是"具有内省精神的思想家"的价值形象。在这里，苏格拉底通向自我认知的方法是关键之处。在那篇文章中，克里马库斯致力于探究苏格拉底如何"完全思考自身"。[2]他的意思可以从苏格拉底关于灵魂是否不朽的讨论中看出：让克里马库斯印象深刻的是，苏格拉底"将他的一生都押在'如果'上"；[3]他一直很关心"灵魂是否不朽存在"这个抽象问题的具体化（"存在的人，在他存在的时候，与所说的东西的关系"[4]）。但在克尔凯郭尔文集中的不同部分中所展现出来的苏格拉底的观点有着非常重要的转变，相伴随的是，他与自我认知问题的关系也发生了转变。

在克尔凯郭尔博士论文《反讽的概念》（1841）中，他用"一个著

---

[1]　*KJN*, 1: AA:12; *SKS*, 17:AA:12.

[2]　Søren Kierkegaard, *Concluding Unscientific Postscript*（CUP），trans. Howard V. Hong and Edna H. Hong（Princeton, NJ: Princeton University Press, 1992），147n; SKS, 7:137n.

[3]　*CUP*, 201; SKS, 7:185.

[4]　*CUP*, 202–3; SKS, 7:185–86.

名的语句""认识你自己"[1]指出他对苏格拉底的形象的描述是按照习惯来的。但在那篇文章中苏格拉底是一个纯粹否定的形象。克尔凯郭尔抱怨说,"认识你自己"这句话"经常被完全从它所属的思想综合体中单拎出来,一段时间以来,它一直在文学中流浪,没有受到任何挑战"。[2]与其说这句话是关于"充分的主观性,完全无限的内在性",对苏格拉底来说,它有着一个更为鲜明的含义,即"将自己与他人分开"。[3]这与克尔凯郭尔表面上大胆地宣称苏格拉底之前"自我"不存在有关。[4]这如何理解呢?

首先,在关于苏格拉底的个人守护神的问题上,克尔凯郭尔支持柏拉图的观点,即守护神只是警告苏格拉底不要做特定的事情,而反对色诺芬的观点,即守护神也敦促他采取积极的行动。最终,苏格拉底形象的否定性在他特有的反讽概念中得以继承(借黑格尔的话来说就是"无限的绝对否定")。苏格拉底是一个有理有据地使用自己的主要武器——讽刺——来反对不加思考地接受保守道德观和智者的诡计之人。但从城邦角度来讲,这和他的审判结果一样危险;苏格拉底是一个背离自己所在社会的传统信仰与价值观的否定式人物。在克尔凯郭尔关于黑格尔对苏格拉底的观点的讨论中,他认为"认识你自己"恰恰使人自身从周围希腊文化背景的"实体伦理"中脱

209

---

[1] 克尔凯郭尔多次提到柏拉图的《斐德若篇》:参见*Fear and Trembling and Repetition*, trans. Howard V. and Edna H. Hong(Princeton, NJ: Princeton University Press, 1983), 100n, 162–63; SKS, 4:190n, 37 and *Philosophical Fragments*, trans. Howard V. and Edna H. Hong(Princeton, NJ: Princeton University Press, 1985), 39, 47; SKS, 4:244, 251–52。

[2] Søren Kierkegaard, *The Concept of Irony*(CI), trans. Howard V. Hong and Edna H. Hong(Princeton, NJ: Princeton University Press, 1989), 177; SKS, 1:224.

[3] *CI*, 177; SKS, 1:224.

[4] 同上。

离了。[1]并且这是具有传染性的：作为苏格拉底探寻的成果，每个个体仅仅是为了在自己的内心中找寻真理，而变得疏远他人和更广的社会。

因此，在苏格拉底之前，自我并不存在的说法指的是每个人对自己的极端依赖。但是与此相关的还有里达尔·托蒙特对于克尔凯郭尔在《焦虑的概念》（1844）中的方法论的建议。所谓"如果你认识到一个，你就认识到了全部"（unumnoris omnes）原则的关键之处和苏格拉底的"认识你自己"表达了相同的含义。正如托蒙特所说的："每个人都拥有或存在于自己之中，关于人类本质的完整表达，其本质意义不能从科学研究中得到。"[2]我们每个人都可以通过自我反省获得全人类共同的东西——但不是纯粹抽象的那种。这种观点认为，"无论是思辨哲学还是自然科学都不能使我的天性显露出来。相反，自我认知是人类在生存中获得的。也就是说，自知与自我潜能的实现是相协调的"[3]。或许，在其他事物之中，这标志着从早期对苏格拉底的否定性的看法转变为在化名克里马库斯的著作（《片段》和《结语》）中，在一些评注者看来是与之前显著不同的苏格拉底的形象。正如保罗·穆恩奇所说的，苏格拉底在伦理学意义上所参与的"哲学活动不仅仅是其他事物的初期形式，也是人类的理想本身（基督教徒生活外人类可获得的最好的伦理和宗教生活）"[4]。

---

[1] *CI*, 228; SKS, 1:270.

[2] Reidar Thomte, "Historical Introduction," in *The Concept of Anxiety*, trans. Reidar Thomte（Princeton, NJ: Princeton University Press, 1980），xv.

[3] 同上。

[4] Paul Muench, "Kierkegaard's Socratic Point of View," in *Kierkegaard Research: Sources, Reception and Resources*, vol. 2, *Kierkegaard and the Greek World*, tome 1: *Socrates and Plato*, ed. Jon Stewart and Katalin Nun（London: Ashgate, 2010），18–19; 参见 John Lippitt, *Humour and Irony in Kierkegaard's Thought*（Basingstoke: Palgrave, 2000）。

11.3　自知和自我透明

　　《反讽的概念》中另一个值得注意的话题是克尔凯郭尔对"诗意地生活"的真正含义的看法。他反对浪漫主义并强调"对自身完全的透明"。他声称："诗意地生活有别于把自己蒙在鼓里……而是意味着对自身来说——不是在有限的和自负的自我满足中，而是在一个人绝对的和永恒的正当上——变得清晰和透明。"[1]

　　自我透明和把握自己的"永恒的正当"在他第一部主要的学术著作《非此即彼》（1843）中是重要的主题。在此书的第二部分写给美学家A的第二封信中，伦理学家威廉法官断言道"意识到自己永恒的正当性是一个比世界上其他一切事物都重要的时刻"[2]。这就是认识一个人是什么和他注定要成为什么（"在上帝面前"）的意思，这正是A试图对自己隐藏的东西。在自己的永恒正当性中把握自己，是一个人可以统一自我的暂存性和永恒性的方式，也是可能性和必然性的统一方式。[3] "在自由中"（可能性和特殊性）选择自身，而"在悔改中"要求人们在行动上不断实现这种自由："在此基础上选择自己的人是自为行动者。"[4]

---

[1]　*CI*, 298; *SKS*, 1:332（我强调的）。

[2]　Søren Kierkegaard, *Either/ Or*（*EO*），vol. 2, trans. Howard V. Hong and Edna H. Hong（Princeton, NJ: Princeton University Press, 1987），206; SKS, 3:198.

[3]　*EO*, 2:231–22; SKS, 3:221–22. 相比于此处的含义，克尔凯郭尔在1840年的日记中将"永恒的有效性"解释为我的"神圣的必然性"和我的"偶然的有限性"（在特定的时间与在特定的地方产生特定的含义）参见*Søren Kierkegaard's Journals and Papers*（JP），vol. 2, ed. and trans. Howard V. Hong and Edna H. Hong（Bloomington: Indiana University Press, 1967–78），1587（Pap. III A 1）。

[4]　*EO*, 2:232; *SKS*, 3:222.

在同一封信中，法官认为自知是区分"审美"和"伦理"生活方式的关键。合乎道德的个体对自身是透明的，"涵盖了一切"：

> 按照道德规范生活的人领会了自己，认识了自己，运用他自身的意识洞悉了他的全部，他不允许模糊不清的思想在他的内心喧嚣，或者让迷惑人的可能性用它们的骗术使他混乱；他不像是一幅从一个事物转换到另一个事物的"不可思议的"图景，所有都取决于一个人如何转变和转变他物。他认识他自己。"认识你自己"是一句人们惯用的短语，并且已经被视为所有人都为之奋斗的目标。这完全正确，但同样肯定的是，如果它不是一个开始的话，就不可能成为目标。有道德的个体认识他自己，但这份认识不仅仅是意图，根据他自身的必然性这个个体被定义。这是对自己的一种整理，其本身就是一种行动，这就是为什么我深思熟虑地使用"选择自己"而不是"认识自己"这一表述。[1]

所以，关于自我认知最重要的是，它是一个"真实"的个体发展的关键先导。但在此处必须指出的是，威廉法官所说的"选择自己"在思想上与萨特激进的选择有很大的不同。在其他地方，他用"接受"自己代替了"选择"自己的说法，以此来证明这一点[2]——也就是，自愿接受；认清什么是，什么不是，对于你自己来说重要的、可以利用和改善的地方。在这里，积极努力的意愿得到补充——事实上，在某种程度上为一种需要我们承认的有所突破的更被动的价值认知所取代。[3]在研究

---

[1] *EO*, 2:258; *SKS*, 3:246.

[2] *EO*, 2:17; *SKS*, 3:172.

[3] Edward F. Mooney, *Selves in Discord and Resolve* (New York: Routledge, 1996)，17–19，在此处用willingness而不是willfulness。

这个问题的含义的时候，在可能性和必然性之间，在第一人称和第三人称视角之间，有着重要的相互作用，我们需要更详细地研究。

11.4　自知：第一人称还是第三人称？罪的问题和对上帝的依赖

　　苏格拉底式的自我认知本质上是对第一人称的理解，还是说对第三人称的理解也同样重要？要为克尔凯郭尔辩论，我们需要指出这两点：尽管他与诸如"真理是主体性的"这样的口号有关联，但它不仅仅是指前者。之后我会讨论他是如何将两者结合在一起的，并且，在这样的方式下，在我们与上帝的关系也有一个关键的第二人称面向。

　　在《焦虑的概念》中克尔凯郭尔间接地处理了这个问题。他用笔名维吉琉斯·豪弗尼批评了"德国人"的自知观是"纯粹的自我意识，理想主义的空虚"[1]。而在这里所批评对象通常被认为是以丹麦的黑格尔派为代表，他们引进黑格尔的观点，认为自知与自己独有的性格、能力、缺陷等无关，而是就像精神在人类历史和国家中表现出来的那样的对它的普遍认识。[2]对于克尔凯郭尔来说，自知不仅仅是第三人称的事情，并且我们可能将《非此即彼》中美学家A的描述看作尝试做出的客观的处于第三人称的立场对自己的批判。[3]维吉琉斯·豪弗尼补充道："现在是用希腊路径来寻求理解它（自知）的时候了，然后再以假设希腊人拥有基督教预设的方式来理解它。"[4]这种预设的主要内容似乎是罪，这

---

[1]　*CA*, 79; *SKS*, 4:382.

[2]　见编者在*CA*, 240 的注释。

[3]　参见Daniel Watts, "Kierkegaard and the Search for Self—Knowledge," *European Journal of Philosophy* 21.4（2013）：530。

[4]　*CA*, 79; *SKS*, 4:382.

也是克尔凯郭尔讨论焦虑的主题。我们很快就会更详细看到罪恶——以及它的宽恕问题——对于克尔凯郭尔有关自知观点的重要性。

所有这些都把我们从"伦理"阶段带到了"宗教"阶段，在这个阶段，克尔凯郭尔更加强调我们对于上帝怜悯的最终依赖，他坚信，完全的自知是不可能的。在《基督教讲辞》中，他问道：

> 唉，谁认识他自己呢？诚挚坦率的自我反省最终导致的不正是这种最后和最真实、这种谦卑的忏悔吗："谁能知道自己的错失呢？愿你赦免我隐而未显的过错。"（诗篇19:12）当一个人检查他与基督之间的关系时，谁会完全知道自己没有信仰、谁会敢于认为在他的自我审视中没有信仰呢？因此，你不可能以这种方式寻求到安宁。所以，那就歇息吧，在充满祝福的安慰中为你的灵魂寻求安息吧，即便我们没有信仰，也依然是忠实的人。[1]

然而，在其他地方，我们"对上帝的绝对需要"被认为是自知（或我们可能拥有的任何自知）[2]的先决条件。我们可能会把这种对上帝依赖的强调与《致死的疾病》（1848）中的著名表达联系起来。克尔凯郭尔对绝望的主要论述是："当绝望被完全根除时，描述自我的状态的准则是：在将自己与自己联系起来并愿意成为自己的过程中，自我清晰地停留在建立它的力量之上。"[3]这种"清晰地停留"是自我认知的一种表现，因为自我意识到对上帝的亏欠，但它并不将此作为罪恶感和债

---

[1] Søren Kierkegaard, *Christian Discourses*, trans. Howard V. Hong and Edna H. Hong(Princeton, NJ: Princeton University Press, 1987）, 287–88; SKS, 10:308.

[2] *JP*, 1:53（Pap. V B 196）.

[3] Søren Kierkegaard, *The Sickness unto Death*（*SUD*）, trans. Howard V. Hong and Edna H. Hong（Princeton, NJ: Princeton University Press, 1980）, 14; SKS, 11:130（我的强调）.

务,而是对上帝宽恕罪孽的感激。[1]在这里,我们开始看到与上帝的第二人称关系,或者说"上帝关系"的重要性。

214

　　《致死的疾病》是一个凸显了自知的困难的重要文本。由作者反克里马库斯(Anti-Climacus)所描绘的种种绝望实际上往往是自我欺骗的表现,我们有意去抵抗它,亦即抵抗威廉法官所强调的自明。反克里马库斯提出了一个引人注目的主张,他宣称,绝望是一种普遍的人类现象。[2]他料想可能有人觉得这个主张看上去过分夸张,推测人们之所以这样认为,是由于他们倾向于忽视"没有意识到自己处于绝望之中,恰恰是绝望的表现"这一点。[3]正像医生知道的那样,完全可以想象有一种和健康的表现相同的疾病。所以"灵魂的医师"也同样认可在精神方面也有所谓的病弱或健壮一说。换言之,我们中的许多人身处绝望而不自知。因此可以说,藏起了我最需要抓住的东西的,正是那失败的自知。

　　《致死的疾病》也强调了在自知和抽象的知识之间的重要关联。有时,克尔凯郭尔似乎认为知识本身只有工具性价值;真正重要的是克里马库斯在《非科学的结语》中所说的"基本"(即伦理和宗教)知识。所谓的"基本",就其价值来说,即只需要满足生存的需求。[4]这样一种将生活的伦理层面与宗教层面相联络的模式下的自知,被认为是不可缺少的。比如在《致死的疾病》的稍微偏后的段落中,认知以它的"极好"模式被展现出来。在这里需要提及一些必要的背景知识,反-克里马库斯解释"极好"(Det Phantastiske)如下:

---

[1] 《致死的疾病》将对罪恶的宽恕描述为基督教和异教之间的关键区别(SUD, 117; SKS, 11:228)。

[2] SUD, 22–28; SKS, 11:138–44.

[3] SUD, 23; SKS, 11:139.

[4] 从这个意义上说,对于克尔凯郭尔来说,伦理和宗教知识中存在一种特别的、被称作自觉的主张(参见Watts, "Self—Knowledge," 538)。

"幻想"就是那带领人们进入无限世界之物，它引领人们远离自我，并阻止他回归自我。[1]

之后，反克里马库斯简要说明了，通过幻想的三种表现形式——感情、认知和意志，自我被削弱，或者说"挥发"（*forflygtiges*），并因此"迷失"。"幻想"用"一种非人的抽象情感"代替了对他人具体的真实关切。[2]幻想的意志不能清楚地认识自己，以实现其崇高理想，它只能完成这宏大任务的小小一部分，"在今天，在这一小时，在这个瞬间"被完成。[3]那么幻想式认知是什么？反-克里马库斯这样解释它：

> 有关认知的自我发展的法则，则是就其自我本身的成其所是而言。知识的增加与自知的增加相关。自知得越多，它对自己的认识也就越多。如果事情不是这样，那么，知识增长得越多，它也就越是成为一种非人的认识。并且，随着这种非人的认识的出现，人的自我将被浪费掉，大概也就像人力被浪费在建造金字塔上。[4]

换言之，就像克尔凯郭尔总是将之联系于思辨哲学那样，反克里马库斯在告诫人们不要从生活的具体问题中抽象出知识的价值。沿着这条路走下去，将导向一种滑稽的自我遗忘，克尔凯郭尔似乎认为理智的人格外容易如此。在他各种关于迷失自我的讽刺背后，是一个熟悉的问题。他有力地问道：如果一个人获得了关于这世界的全部知识，

---

[1]　*SUD*, 31; *SKS*, 11:147.

[2]　同上。

[3]　*SUD*, 32; *SKS*, 11:148.

[4]　*SUD*, 31; *SKS*, 11:147.

但失去了他的灵魂，那么使他受益的东西究竟是什么？[1]在此，和其他地方一样，对"基本的"知识，克尔凯郭尔给予了它特权。《致死的疾病》中的一个主要的关切是：在抽象层面的自我的迷失，反克里马库斯认为这也是一种绝望的表现。[2]但这样一种自我迷失——或者说使成为自我的这一任务的失败——是完全正常的：

> 一个人的自我是这世界上最少被问及的东西，并且如果人们能感受到"一个人具有这样一个自我"的话，那么这其实是最危险的事情。最大的危险，亦即失去自我，这在这个世界上可以非常安静地发生，就仿佛它什么也不是。没有什么损失能像失去它这样，发生得如此宁静；除此之外的任何一种失去——失去手臂，失去腿，失去五元钱，失去妻子——都一定会被察觉。[3]

这些段落常常被用来支持把克尔凯郭尔解读为一名原存在主义者，关注"常人"（*das Man*）的不真实性（克尔凯郭尔有时也称其为"公众"）。[4]然而，我们很快将会看到，这其中存在着一个基督教维度。

反克里马库斯在之后的一些部分又回过头去简要介绍了自知的问题，他在此假借了"清楚了解自己"[5]的名义。他把一个重要的话题推迟到之后的讨论中，亦即是否可能在身处绝望的同时确知这一点。在

---

[1] 参见Mark 8:36.我讨论了对*Postscript*的讽刺中的一些哲学目的，载 Lippitt, *Humour and Irony*,尤其是在第2章。

[2] *SUD*, 32; *SKS*, 11:148.

[3] *SUD*, 32–33; *SKS*, 11:148.

[4] 参见Søren Kierkegaard, *Two Ages*, trans. Howard V. Hong and Edna H. Hong（Princeton, NJ: Princeton University Press, 1978），90–96; *SKS*, 8:86–91。

[5] *SUD*, 47; *SKS*, 11:162.

这里,他也搁置了对以下可能性的讨论:这种清晰的自我认知也许只是"单纯地把一个人从绝望中拉出来,让他恐惧于自身,因此他就不会陷入绝望" [1]。换言之,自知是否能成为治愈绝望的良药?令人沮丧的是,这部分内容被推迟至D章节——考虑过要写,却从未被写明。[2]但我们能从克尔恺郭尔对这个问题的回答中得到一些思路,有两种途径:第一,反克里马库斯晚些时候在《基督教讲辞》一书中回应了克尔凯郭尔的观点。他暗示道,一种自我认知的完全实现对我们是不可能的。或者说,我们通常只能隐约地意识到自己处于绝望之中,就像一个"不愿承认自己生病真相" [3]的病人一样。第二,他将信仰而不是自知作为绝望的对立面,正如本章第二部分论证所表示的,绝望是罪,信仰是唯一的救赎。

11.5 自知与行动——"面对上帝"

这个话题延续自克尔凯郭尔提供的一份针对基督教的自知的精确翔实的说明,即《自行判断》(*Judge for yourself*)(1851)。在第一段,克尔凯郭尔将"变得清晰"定义如下:"*在自知中成其自身,即使在上帝面前也像面前一无所有那样,仍旧无限制地、无条件地认识下去。*" [4]

基督教教义与"纯人类立场"可能会同意这种观点:自我怀疑与自我误解可能是中毒的表现。[5]但对"在自知中成其自身"的含义,他

---

[1] *SUD*, 47; *SKS*, 11:162.

[2] 参见对*SUD*的补充, 177 n. 53。

[3] *SUD*, 48; *SKS*, 11, 163.

[4] Søren Kierkegaard, *Judge for Yourself!* (*JY*), trans. Howard V. Hong and Edna H. Hong (Princeton, NJ: Princeton University Press, 1987), 104; SKS, 16:160.

[5] *JY*, 104; *SKS*, 16:161.

们却持不同看法。[1]克尔凯郭尔把"客观认识"比喻成一种导致精神眩晕的思辨哲学，就像在《非科学的结语》中，客观认知被认为伴随着自我遗忘，与自我认知所要求的清晰恰恰相反。

对克尔凯郭尔而言，只有能使我们知道自我"面对上帝"的自知，才是真正的自知。联系之前提到过的自我清晰，这个主张现在明确地宣称，清醒的清晰性只有在上帝面前才是可能的。同样地，与皇家马车夫用专用马鞭驱赶他的马，使得马知道谁才是老大一样，上帝也是如此。没有上帝我们什么也不是，他无条件地给予我们家园——这种无条件使我们清醒。[2]在这种情况下，一个人能认识到自己"什么也不是"，也认识到对上帝的绝对依赖性。[3]

这是否使人麻痹？不，显然不是。因为一个人虽然变得"什么也不是"，但以一种"无限的、无条件的"[4]方式，他可以借此使"所有的理解都变为行动"。[5]正如克尔凯郭尔的名言说的那样，生活一定是向前的。做一个人所能理解的事是一种努力，所以我们倾向于将所有的注意力集中在理解或认识上，并假装这就是困难所在。这恰恰是克尔凯郭尔经常警告的伦理道德规避行为。但是，只有求知可以使生命不受

[1] *JY*, 104; *SKS*, 16:161.

[2] *JY*, 107–9; *SKS*, 16:163–65.

[3] 在他们的介绍中，他们从他生命的最后两年里收集了克尔凯郭尔的作品。Hong及其追随者认为，克尔凯郭尔最终认为"自知是通过模仿基督来实现的，而灵性进步在理想需求的基础上变成了倒退"（Howard V. Hong and Edna H. Hong, "Historical Introduction," in Søren Kierkegaard, *The Moment and Late Writings*, trans. Howard V. Hong and Edna H. Hong [Princeton, NJ: Princeton University Press 1998], M xii.）。这与早期的布道观点是一致的，在《非此即彼》中提到，当事情与上帝有关的时候，我们总是"错的"。但在此有争议的是，这是一种只有基督教徒才具备的自觉。

[4] *JY*, 106; *SKS*, 16:160.

[5] *JY*, 115; *SKS*, 16:170.

影响[1]，"我的行为改变了我的生活"[2]，"基督教教义的真正简单的阐述是——去做，去行动"[3]，并且"立刻去做"[4]。这是真正的清醒。

1851年的一篇相关日记给出了克尔凯郭尔对他如何理解自我认知的理想的最清晰的陈述之一。其主题是"带着真诚的祝福，为了在圣言的镜子中看到自我需要什么"[5]。在这里他指出，为了使此处讨论的自知成为可能，一定程度上的自知是必需的。但在接下来的内容中，上述宣告则以一种特别简洁的方式被说明：

> 异教徒要求：认识你自己。基督教宣称：不，那是暂时的——认识你自己——然后在"圣言的镜子"中看到自己，以便正确地认识自己。没有关于上帝的知识或（没有立于）上帝面前就不可能有真正的自知。站在那镜子面前，也就意味着站在上帝面前。[6]

只有"在上帝面前"我才能真正看到自己——镜子不断地提醒"你就是那个人"[7]——任何不符合这种启示的自知都是"欺骗"[8]。

---

[1] 就如上述讨论一样，我在这里假设这个警告是针对"幻想的"知识而言的。

[2] *JY*, 116; *SKS*, 16:171.

[3] 同上。

[4] *JY*, 120; *SKS*, 16:175.

[5] *JP*, 4, 3902（Pap. X4 A 412）。对克尔凯郭尔使用镜像说的深刻研究，参见 Patrick Stokes, *Kierkegaard's Mirrors*（Basingstoke: Palgrave, 2010）。

[6] *JP*, 4:3902（Pap. X4 A 412）.

[7] *JY*, 35–40; *SKS*, 13:62–66.

[8] *JP*, 4:3902（Pap. X4 A 412）。然而，克尔凯郭尔认为，在苏格拉底看来，在圣言之镜中所能找到的知识已经存在于萌芽状态。在他后来关于希腊思想家的著作中，克尔凯郭尔将苏格拉底描绘成人类与神性智慧的关键区别，并"将人类智慧的主张置于个人的能力中，以保持对这种区别的认识"（Muench, "Kierkegaard's Socratic," 20）。因此，他声称："苏格拉底的无知是对上帝的一种恐惧和崇拜……犹太人的希腊版本的说法是：对上帝的恐惧是智慧的开端。"（*SUD*, 99; *SKS*, 11:211）。

澄清一下，这里"圣言"的主要含义是指经文（而不是上帝的"道"）[1]，而且"上帝的知识"不是指"客观的"第三人称对上帝的认识，而是指一种本质上双向的第二人称的"神人关系"，在这一关系中，上帝爱他的造物，而造物反过来也"站在上帝面前"。重点更多的是从关系意义上"认识上帝"，而不是对上帝的认识。

我们也应该注意克尔凯郭尔是如何证明这种无情的自我审查的需要的。虽然他在日记结尾强调"对镜中的自己有一种无情的憎恨，认为自己应该死去"[2]的重要性，但我们不应该错过前面的一段，其中强调了两种错误。在只想要真理的时候，人们应该"既不虚心，也不自欺欺人地想成为一个纯粹的魔鬼"。而第二个错误与第一个错误同样重要：克尔凯郭尔关注对罪的宽恕及其与自我宽恕的联系，[3]这是他一生中大部分时间在有关个人的话题上纠结之处。我们所面对的上帝是赦免我们罪孽的爱的上帝，这对克尔凯郭尔来说是最好的消息。在自知中有一种与自爱相类似的辩证法，克尔凯郭尔关心的是如何区分后者的恰当与不恰当的形式。正如我一定在某种意义上恨着自己，以便能够爱上我应该爱的自己的样子，所以我需要认识到自身自我认知的限度，以便真正的自知可以（至少在某种程度上）成为可能：通过在圣言的镜中凝视自身。

这使我们最终回到应该以第一人称还是第三人称来理解自知的问题，同时这也涉及第二人称。我们现在可以更好地了解克尔凯郭尔是

---

[1] 参见*JY*, 25; *SKS*, 13:53–54。克尔凯郭尔关于这个话题（*JY*, 7–51; *SKS*, 13:39–76）的论述是针对James1:22–27中关于把一个人的信念付诸行动的反思。

[2] *JP*, 4:3902（Pap. X4 A 412）.

[3] 参见John Lippitt, *Kierkegaard and the Problem of Self—Love*（Cambridge: Cambridge University Press, 2013），ch. 8。

如何将这些因素结合起来的。[1]虽然他拒绝了第三人称（"德国人"）的观点，但是，认为克尔凯郭尔将单一的、孤立的主体作为自我认同的唯一支撑点，是误导性的。虽然宣之于克尔凯郭尔口的大量实例似乎表明，他已经同意了这个观点（特别是在"真理即主观性"的口号中），但现在越来越多的人认识到，他打算将此作为一种纠正：一种对与思辨哲学相关的误用的客观性的纠正——从普遍性中拯救特殊；从思想中拯救个体。[2]主观思考者的任务是理解他自己——包括（尽管不限于）他的创造性——在他具体的、特定的存在中，这种"普遍"方面的纯粹给定性。"没有对上帝的认知，就没有真正的自知"：这段日记是克尔凯郭尔试图将上述第一、第二和第三人称结合起来的众多段落中的一个。那么，我们也应该这样理解他的评述：自知应该"以希腊的方式来理解，而如果希腊人拥有基督教的预设背景，那么希腊人就会理解它"。[3]正如我们看到的，希腊人缺乏的概念是罪。我需要把罪理解为一种全人类都涉及的客观属性，[4]但要在第一人称的主观层面上将它作为适用于我的东西。站在"上帝面前"（以第二人称的视角）即是关键。聚焦于关注情绪和情感的现象学，克尔凯郭尔在他关于焦虑和绝望的作品中强调了这种主观维度（并且对"主观焦虑"做了一个冗长的讨论），但这些都是关于人类状况的普遍主张。[5]焦虑的其中一个作用是，它给我们洞察力，让我们感到内疚，对此的讨论出现在《焦虑

221

---

[1] 参见Watts, "Self—knowledge"。

[2] 参见*CA*, 78n; *SKS*, 4:381。

[3] *CA*, 79; *SKS*, 4:382.

[4] 参见 Gregory R. Beabout, *Freedom and Its Misuses: Kierkegaard on Anxiety and Despair*（Milwaukee: Marquette University Press, 1996），53–54。

[5] 在早期，Haufnion区分了"教条"和"心理学"，并声称自己支持后者。但是Beabout合理地建议，他所说的"心理学"更接近于哲学人类学：他关注的是对人类本质的"研究、描述和解释"（同上，36）。

的概念》的最后一章中。豪弗尼声称："如果一个人有罪,他就会一直有罪。"[1]这意味着没有一个有罪的人可以让自己再次变得无辜。这里凸显的是对一个外部赦免者的需求:赦免罪的能力是上帝与人之间的一个"封闭的质的深渊"[2]。我需要知道(第三人称)罪可以被原谅;但我也可以知道我能把握它(第一人称),这适用于我。正如克尔凯郭尔似乎亲身经历过的那样,这一举动远不是能自动完成的,他认为这是恩典的赠礼。[3]最终,从克尔凯郭尔的基督教观点来看,自知的一个关键部分,就是把自己当作一个罪孽已被宽恕的罪人。克里马库斯所谓"传统的正统观念",对于克尔凯郭尔而言,这既是自我认知最深的形式,也是最有价值的恩典。

(刘语萱　王月儿　译)

[1]　*CA*, 161; *SKS*, 4:460.

[2]　*SUD*, 122; *SKS*, 11:233.

[3]　实际上,他宣称,上帝不仅允诺宽恕,也允诺了一种使信徒信仰他的条件(Søren Kierkegaard, *Works of Love*, trans. Howard V. and Edna H. Hong [Princeton, NJ: Princeton University Press, 1995], 379–80; *SKS*, 9:372—73)。

叔本华和弗洛伊德论自知即自由

伯纳德 · 雷金斯特

12.1　自我认知的模糊性和意义

我建议把叔本华和弗洛伊德关于自我认知的观点结合起来, 因为 **223**
它们有一些广泛的、表面的相似之处。他们都拒绝笛卡尔的观点, 即
自我认知——尤其是对自己精神状态的认识——是直接的、不容置疑
的。心理状态存在, 而其主体却无意识, 这是弗洛伊德的老生常谈, 但
叔本华已经注意到认识自己的困难: "理智仍然被排除在真正的决心和
自身意志的秘密决定之外, 有时它只能像一个陌生人那样, 通过侦察
和无意识地做出决定来了解它们。" [1]因此, 自我认知是一种真正的成 **224**
就, 需要付出时间和努力。

与此同时, 这些哲学家接受了广义上的苏格拉底观点, 认为自我
认识是一种伦理上的必要条件, 即是达到理想的存在状态的必要条件,
这种状态他们都称为自由。自我认知是自由的必要条件这一概念也很
普遍: 通过使我意识到在我体内存在的力量, 它使我能够去控制其影

---

[1] Arthur Schopenhauer, *The World as Will and Representation, trans.* E. F. J. Payne, 2 vols.
（New York: Dover Publications, 1969）, 2:xix, 209. Hereafter cited as *WWR*. 见*Arthur Schopenhauer's sämtliche Werke*（Munich: R. Piper Verlag, 1911–42）, 2:235. 以下引用为*GW*。
所有提到叔本华作品的都是对特定作品(章节或章节和页面)的英文翻译, 以及原始德文版本
的相关卷数和页码。

响。不同的是，叔本华和弗洛伊德都认为，自我认知不仅是实现自由的必要手段，而且在某种意义上也构成了自由。在某种意义上，认识自己就已经是自由了。最后，二者都认为只有当自我认知是活生生的时候，才能构成自由。

12.2 叔本华，自我认知与解脱

当我们问"好"是什么意思时，叔本华回答说："我们把一切正如我们所希望的那样称为好。"[1]一件事因满足某些欲望而成为好的。通过考察满足欲望的实际作用，我们可以更深入地了解什么是好的。叔本华否认世界上任何东西都有内在价值。因此，满足我们的欲望不能使我们认识到所熟悉的对象的内在价值。我们也许会认为这种满足是快乐的来源。但在叔本华看来，快乐不过是一种消除或没有痛苦的体验，而欲望的激发要么是原因，要么是结果。因此，满足就是欲望的"平静"和"心灵的平静"的发端。

幸福，被理解为满足（一种一次性地满足我们所有欲望的条件），因此被认为是"最高的善"，不是因为它构成了对内在善物的固定占有，而是因为它带来了心灵的平静。叔本华著名的悲观主义观点认为，如此构想的幸福是不可能的："生活中的每件事都宣称，地球上的幸福注定要受挫或被视为一种幻觉。这种情况的根源就在于事物的本质。"[2]掌握这一事实所需要的知识，在很大程度上是自我认知。

自我认知有不同的种类。有时它指一个人对自己或自己的本性的认识，有时它指一个人对自己心理状态的认识。当叔本华认为我们像

---

[1] *WWR*, 1:360, sec. 65. 见*GW*, 1:427。

[2] *WWR*, 2:xlvi, 573. 见*GW*, 2:656。

意志一样认识自身的时候，他首先想到的是，"因此，我们心中所知道的，不是知者，而是意愿者，是意愿的主体，是意愿……当我们审视自己的内心时，我们总是发现自己是心甘情愿的"[1]。这个概念指向了我们的整个意志和情感，"意愿和不意愿，满足和不满足，以及被称为感情、情绪和激情的东西的所有变化"[2]。这种自我认知揭示了意志是自我的"本质"或"核心"，因为叔本华认为，我们"在意愿着"是自我认知的必要条件。如果我们是"纯粹的理智"，我们的意识就会被世界所吸收，它是"镜子"或"光明"，而且永远不会被诱导去改变自己。[3]正是由于有了欲望，我们才意识到，作为欲望主体的自我与满足欲望的世界之间的对立。

226

通过认识到我们的"真实自我"是意志，而且这个意志是"徒劳的努力、内在的冲突和持续的痛苦"，我们认识到，满足是不可能的。[4]这种进一步的自我认知不是通过上述的先验论证，而是通过对欲望变化的经验研究来实现的，这就涉及对我们自己心理状态的认识。因此，"内在冲突"可以被理解为我们的意志构成中存在着两种欲望：不仅是对财富、名誉、爱情、生存等物品的欲望，这些欲望的挫败会导致痛苦，更是第二种欲望，这种欲望的存在是为了解释我们对无聊的敏感性。在没有内在善的情况下，第一种欲望的满足必然伴随着第二种欲望的挫折，反之亦然。因此，"人生就像在痛苦和无聊之间像钟摆一样来回摆动着"[5]。"总有些东西是被需要的；满足是不可

---

[1] *GW*3:252, sec. 42; trans. Reginster.

[2] *WWR*, 2:xix, 239. 见*GW*, 2:271. 参见Schopenhauer, *Essay on the Freedom of the Will*（New York: Liberal Arts Press, 1960），11. 见*GW*, 3:482。

[3] *WWR*, 2:xix, 201–2. 见*GW*, 2:226–27。

[4] *WWR*, 1:379, sec. 68. 见*GW*, 1:449。

[5] *WWR*, 1:312, sec. 57. 见*GW*, 1:369。

能的。"[1]

　　然而,满足并不是心灵平静的唯一"道路";通过出离(*Erlosung*),"在那最初的意愿之路上,我们一直在寻求却一直在逃避的平静,自动地来到我们身边,一切都好"[2]。我们通过欲望的满足所寻求的内心的平静,实际上可以通过对它们的放弃来实现。事实上,这种"不意愿"是"治愈这种疾病的唯一根本方法,而所有其他的好东西,如满足愿望……都只是治标之策和止痛药罢了"[3]。

　　出离有两种主要形式——审美的沉思和完全的顺从——在这两种情况下,它都是由知识带来的。但是,在出离的性质和达到出离的方式上都有显著的不同。对事物的审美思考产生出离,不是因为它揭示了事物的内容,而是因为它所采取的立场。对于那些拥有超过意志所需要的理智能力的人来说,某些物体的美丽或崇高,可能会使他们的心灵为之着迷,从而使其进入一种"纯粹"或"无欲"的沉思状态,这种状态,即使只是片刻,也不受情感和欲望的搅扰。[4]在这里,出离是通过一种转移注意力的方式来实现的,一种将注意力从我们对世界的日常经验中所特有的依恋上转移开的方式。出离可以通过对我们自身或我们自己的心理状态的审美性沉思来实现,[5]但它不需要,因而也不一定与自我认知相联系。

　　也许因为它还只是停留在转移注意力上,因此审美性沉思所产生的出离是短暂的。当人们关注它的内容时,反思的自我认知使得更持

---

[1]　关于这一论点的详细讨论,参看Bernard Reginster, *The Affirmation of Life* (Cambridge, MA: Harvard University Press, 2006), 107–23。

[2]　*WWR*, 1:196, sec. 38. 见*GW*, 1:232。

[3]　*WWR*, 1:362, sec. 65. 见*GW*, 1:429。

[4]　见*WWR*, vol. 1, secs. 38–39. 参见*GW*, vol. 1, secs. 38–39。

[5]　*WWR*, 2:xxx, 372. 见*GW*, 2:424。

216 —— 认识你自己:从古希腊到当代的哲学史考察

久的出离成为可能。对这一内涵的把握将导致"完全的自我贬低和意志的否定",叔本华称之为"完全的放弃"。完全放弃与普通的放弃不同(叔本华倾向于把它与斯多葛主义联系在一起),[1]因为它不是放弃对欲望的追求,而是放弃欲望本身。[2]

这种放弃"源自知识"。然而,它不是"通过意图或设计来达到的,而是来自人内在的认识和意愿的联系;所以,它是突然来的,仿佛从外面飞来似的"[3]。换句话说,我们从自我认知所了解到的满足之不可能,不是作为产生放弃这个想法的前提,而是作为放弃的一个直接要素,是"一种更平静的意志"[4]。

自我认知有一种使人平静的效果,因为它使我们认识到痛苦的必要性,因而认识到满足的不可能:

> 我们通常不会为不可避免的、普遍存在的罪恶而苦恼……恰恰是考虑到一些给我们带来痛苦的环境的偶然的属性,才使我们遭受痛苦。现在我们已经认识到痛苦是不可避免的,也是生命中必不可少的……如果这样的反思成为一种生活信念,它可能……极大地减轻我们对自身福利的忧虑。[5]

自我认知产生放弃的机制依赖于"人的认识和意志的最内在的关系"。叔本华这里指的是对快乐或痛苦的敏感与"期望"或"模态信念"之间的关系。他认为,被认为是不可避免的"相对"(对我们的偶然环境而

228

---

[1] 见*WWR*, vol. 1, sec. 16. 见*GW*, vol. 1, sec. 16。

[2] 见*WWR*, 1:253, sec. 51. 见*GW*, 1:300。

[3] *WWR*, 1:404, sec. 70.见*GW*, 1:479。

[4] 同上。

[5] *WWR*, 1:315, sec. 57. 见*GW*, 1:373. sec. 55, pp. 306–7. 见pp. 362–63。

言）的剥夺所带来的痛苦比人们认为可以避免的要少，而被认为是不可避免的"绝对"的剥夺（考虑到我们的天性和我们生活的世界的本质）可能根本不会造成痛苦。[1]因此，对绝对不可能实现的认识可能会让我们对它无动于衷，而这正是彻底放弃的关键所在："一切痛苦都是由于我们所要求、所期待的和我们实际上所得到的不成比例而产生的，而这种不成比例的关系又显然只能在人的认识中才有，所以有了更高的解悟就能把它放弃掉。"[2]

这种漠不关心就相当于无意愿："必须对之加以否定的那些好的东西，都被漠视了，由于人类的这一特性，每一个愿望都很快地破灭了，因此就不会再有痛苦。"[3]渴望某些东西本质上并不是漠视它。如果人们认为剥夺自己所渴求的东西是不可避免的，那么他就会漠视它。这意味着对它的渴望已经"死去"。

叔本华指出，只有当对痛苦的必要性的洞察成为一种"活的信念"时，才会产生这种效果。或许，这是为了解决一个反对意见——也许是因为他被叔本华的论点所说服——痛苦是"不可避免的"，但仍然会被它所困扰。因此，我们可能认为，当知识是"直接的"或经验的，而不是"间接的"或仅仅是一种认识时，它才是"活生生的"——"个人感受到的痛苦"，而不是"仅仅知道的痛苦"[4]。但叔本华坚持认为，这两种知识都可以导向放弃。它们构成了两种可能的放弃"路径"[5]。

一种信念也许在另一种意义上是"活生生的"。叔本华认为，要达

---

[1] 见*WWR*, vol. 1, sec. 16. 见*GW*, vol. 1, sec. 16。

[2] *WWR*, 1:88, sec. 16. 见*GW*, 1:105–6。

[3] *WWR*, 1:87, sec. 16. 见*GW*, 1:105。

[4] *WWR*, 1:392, sec. 68. 见*GW*, 1:464。

[5] 见*WWR*, 1:397, sec. 68. 见*GW*, 1:471。

到放弃所需的知识需要"退而反思"[1]。这可能指的是漠视,叔本华经常把这种漠视看作认识正确的条件:"只有当我们在没有任何个人参与的情况下考虑事物,从而在意志完全沉默的情况下,对事物的理解才有可能实现。这种状态受到外界的制约,是由于我们对所设想的场景完全陌生,并与之分离,而根本没有积极地参与其中。"[2]如果对痛苦的必要性的认识让我们自己置身事外,很难想象它会如何影响我们,使我们完全听之任之。为了产生顺从,知识必须以一种引起我们兴趣的方式"鲜活起来",通过某种方式使"痛苦"这种不可避免的必然性"近在咫尺"。[3]

这就给完全放弃的可能性带来了一个问题:它需要正确和引起兴趣的知识,但知识不能两者兼具。我们可以通过两个评论来回应这个问题。首先,我们的兴趣不一定会导致认知扭曲;它们还能增强认知能力:"当涉及与自己意愿密切相关的对象时,最愚蠢的人的理解也会变得敏锐起来。"[4]其次,"退而反思"可以说只指实现模态知识所必需的抽象,而不是指无利害性(*disinterestedness*)。放弃源于对痛苦的必然性的认识,这种认识只需要从"当前的现实"而不是无利害性中抽象出来,[5]而不是去漠视。

以下评论表明,理解"活生生"的知识更有希望:

> 即使是对于一个人来说,当他接近[认识痛苦的必要性]、他自己的可容忍的条件、眼前的谄媚、希望的诱惑,以及意志一次又一

[1] *WWR*, 1:85, sec. 16. 见*GW*, 1:103。

[2] *WWR*, 2:xxx, 373. 见*GW*, 2:425。

[3] *WWR*, 1:254–55, sec. 51. 见*GW*, 1:301–2。

[4] *WWR*, 2:xix, 221. 见*GW*, 2:249。

[5] *WWR*, 1:84, sec. 16. 见*GW*, 1:101。

230

第十二章 叔本华和弗洛伊德论自知即自由 — 219

次地给予自己的满足,即对欲望的满足,几乎总是一种对否定意志的持续阻碍,以及对重新肯定意志的持续诱惑。[1]

一个"仅仅"了解痛苦的必要性的人,可能同时享受着"他自己可以忍受的状态"和对欲望的频繁满足,这使他容易受到"眼前的谄媚,希望的诱惑"的影响。因此,他只"接近",而没有完全实现对痛苦的必要性的认识;或者,在获得了这些知识之后,他被诱导去抑制它。在任何情况下,他都无法关注这些知识及其含义,并使它们在他的脑海中"鲜活",以产生顺从所需的途径。因此,要实现放弃,他必须采取措施,以确保这种知识成为一种"活的信念"[2]。

12.3 弗洛伊德,自我认知与自主

弗洛伊德式的典型病人是这样一种人,他们的想法和价值观看似很明确,但他们实现这些想法的过程却受到了特殊的强迫或某种强迫症的阻碍,这些强迫甚至对他们自己来说都是令人困惑和无法理解的。对此,弗洛伊德的基本猜想是,这些强迫表达了某种无意识的心理状态,比如被压抑的欲望,或者是在脆弱状态下形成的情感反应模式,然后被防御性地转移到可能不再需要它们的情境中。

人们常常以两种方式来设想受到威胁的自由。一种观点认为,无意识的精神状态是病人意志之外的外来力量,它们的干预对他的行动

---

[1] *WWR*, 1:392, sec. 68. 见*GW*, 1:465。

[2] 这可能是禁欲实践的适当作用(*WWR*,第1卷,第68节);为消除这些知识成为一种"活的信念"的阻碍。习惯于贫穷的人不太容易受到欲望的诱惑。

自由或他按照意愿行事的能力构成了威胁。[1]识别这些无意识状态可以让他开发出更有效的策略来控制它们，从而恢复这种自由。另一种观点则认为，这些无意识的心理状态被视为行为人真实自我的一部分，比如，因为它们与社会期望相冲突，从而压抑了真实的自我。[2]由于对它们的有效抑制在一定程度上取决于能否成功地将它们从行为人的意识中祛除，因此，自我认识就是解放它们所必要的第一步。

然而，弗洛伊德认为精神分析疗法产生的自我认知有不同的效果。首先，它并不包括加强所宣称的价值观（通常是道德价值观）对被压抑的冲动的控制："你不能由此得出结论，认为我们影响了他们，使它们有利于传统道德。"[3]它也不包括释放被压抑的（通常是性的）冲动：

> 因此，你不能用精神分析允许一个完整的性生活来解释它的治疗效果……通过把无意识的东西带入有意识的东西，我们解除了压抑，我们消除了形成症状的前提条件，我们将致病的冲突转化为正常的冲突，以某种方式找到解决办法是可能的。我们给病人带来的只是这个单一的心理变化。[4]

---

[1] 这一观点隐含在Stephen Mitchell, *Hope and Dread in Psychoanalysis*（New York: Basic Books, 1993）和其他的明确的精神分析中。参见Bela Szabados, "Freud, Self—Knowledge and Psychoanalysis," Canadian Journal of Philosophy 12.4（1982）: 696。

[2] 这是20世纪中期精神分析理论的一个常见主题。参见Jacques Lacan, Écrits: *A Selection*, trans. Alan Sheridan（New York: Norton, 1977）and Ronald Laing, *The Divided Self*（Baltimore: Penguin, 1965）。

[3] Sigmund Freud, *The Standard Edition of the Complete Psychological Works of Sigmund Freud*, trans. and ed. James Strachey in collaboration with Anna Freud, assisted by Alix Strachey and Alan Tyson, 24 vols.（London: Hogarth Press, 1956–74），16:434. Hereafter cited as SE. 参见 *Gesammelte Werke*（London: Imago, 1991），11:450. 以下引as*GW*。所有关于弗洛伊德作品的参考文献分别是标准版的相关卷和页，以及Gesammelte Werke的相关卷数和页码。

[4] SE, 16:435. 见*GW*, 11:451。

心理治疗的目的不是要解决公开的价值观和压抑的冲动之间的冲突，就好像前者是病人真实自我的表现，后者则是威胁他的自主性的外在力量。这是一个将"病态冲突转化为正常冲突"的问题。"当冲突导致压抑时，它就是病态的。"这种压抑将冲突从行为人的自主思考中移除，使他无法找到真正的"解决方案"。换句话说，它不仅影响行为人按照他的意志——他的自我控制——管理其行为的能力，而且影响他的意志本身。因此，心理治疗的目的并不仅仅是为了简单提高行为人的行动自由，而是使他的意志自由成为可能："我们最希望实现的是，病人能够自己做决定。"[1]

以最低限度的消极意义理解的意志自由是这样一种条件：任何心理状态都不被禁止进行深思熟虑的考虑——不能在决定要做什么或看中什么方面发挥作用。如果考虑是在不了解行为人的某些现有态度（如信仰、欲望或感情）的情况下进行的，就不能充分表达他的立场。用意识代替无意识的目的是确保深思熟虑充分地表达了行为人的立场。它不能取代深思熟虑的过程，但它使深思熟虑成为可能。假设我的性欲与社会普遍存在的道德规范相冲突。通过对性欲望的压制来解决这一冲突对我的自由构成了威胁：由于无法考虑这些欲望的要求，我的思考没有充分反映我作为行为人的立场；此外，被压抑的欲望可能会以我无法监控的方式扰乱思考。解除压抑使我能够考虑我的性欲望的要求，从而重新考虑我已经内化的道德规范的要求，并做出自己的决定。我可能仍会决定避开性欲的满足，但在这种情况下，我的决定将是一个自主的行为。

弗洛伊德认为，为了具有治疗价值，自我认知必须是某种类型的。他区分了两种类型的自我认知："知识并不总是等同于知识：有不同种

[1] SE, 16:433. 见 *GW*, 11:450。

类的知识,这些知识在心理学上完全不能等同……医生的知识和病人的不一样,不能产生同样的效果。"[1]第一种自我认知是医生从病人的头脑中获得的知识。它类似于当代哲学家所说的第三人称的自我认知,因为它以一种方式了解一个人的心理状态,也能以同样的方式了解另一个人的心理状态:

> 顺便可以指出,这只是像对待别人一样对待自己的心理生活。人们会毫不犹豫地把心理过程归因于他人,尽管他没有直接意识到这些过程,只能从他们的言语和行为中推断出来。但是对别人有利的东西,则必须适用于自己。[2]

换句话说,自我认知在于检查自己的语言和行为的证据,并推断出对其进行最佳解释的心理状态。

这种自我认知是一项艰难的成就:

> 经验表明,我们很清楚如何解释他人的行为(也就是说,如何融入他们的心理活动链),但相同的行为,我们却拒绝承认自己的心理活动。在这里,一些特殊的障碍明显地使我们的调查偏离了我们自己,阻碍了我们对它的真正了解。[3]

235

在这一点上,弗洛伊德比叔本华更了解自我认知所面临的困难的复杂性。叔本华满足于唤起一种"过度的智慧"来解释它的可能性。相比

---

[1] SE, 16:281. 见*GW*, 11:290–91。

[2] SE, 20:32. 见*GW*, 14:57。

[3] SE, 14:169–170. 见*GW*, 10:268。

之下，弗洛伊德认为，自我认知需要求助于特殊技术，比如自由联想，甚至是另一个人的存在——如一位分析者——这允许转移到治疗情境的可控范围内展开。[1]

当我们考虑到一个病人听到和接受医生对他心理状态的解释并不足以产生治疗效果时，达到所需的自我认知形式的困难就变得更加明显了。这种自我认知可能不能成功地取代"有意识的东西代替无意识的东西"——换句话说，它不一定能解除压抑。看看弗洛伊德是如何将无意识与有意识状态进行对比的：

> 从表面上看，这似乎表明，有意识和无意识的思想是对相同内容的记录，但构造不同。不过，稍加考察就会发现，给病人提供的信息与他自己被压抑的记忆的同一是显而易见的。听过某事和经历过某事在心理上是两种不同的东西，尽管它们的内容是相同的。[2]

解除压抑并不是简单地把一些内容从心理的一个区域（无意识）转移到另一个区域（意识）。即使在行为人的意识意识到的过程中，这些内容也可能反过来成为两种不同意识的对象——"听过"（das Gehorthaben）和"经历过"（das Gelebthaben）。同样的内容会对病人的心理经济产生不同的"影响"，这取决于它是这种意识的对象还是另一种意识形式的对象。"听过"的模式可能指的是病人可能从医生的解释中学到的关于他自己状态的知识。但解除压抑需要以"经历过"的方式来认识自我。这后一种形式的自我意识涉及的不单单是纯粹的

---

[1] 见SE, vol. 11, Lecture 19. 见GW, vol. 11, Vorlesung 19。

[2] SE, 14:176. 见GW, 10:275。

理性认知,比如说,对另一个人的性吸引力是我对她的其他奇怪行为的最好解释。它要求我"经历"这个吸引。这是什么意思呢?

假设我认识到,一种未被承认的性欲的存在是我某些特殊的强迫性行为的最好解释。根据这一证据,我接受了"我被这样的性欲所激怒"这样一种说法。据推断,性欲被压抑是因为它引起了冲突,例如,它与内化在我的超我之中的社会规范发生了冲突。仅仅意识到我的性欲可能不会从根本上改变其心理状态;相反,它可能会使我对它的抑制变得更无情、更有效。在超我的压力下,我继续把它当作一个陌生的客体,它没有任何理由要求我进行深思熟虑的关注。我可能知道它,但我并不认为它有资格得到我深思熟虑的关注。

此处的对比让人想起了当代有关(第三人称)转述一个状态和(第一人称)陈述一个状态的区分。[1]这是一种误导:弗洛伊德认为拥有治疗价值的自我认知是一项真正困难的成就。但自认(avowals)所涉及的自我认知根本不是一种认知成就;可以说,自认对象本身就是行为人所知道的。[2]因此,弗洛伊德关于"活生生的"自我认知的观点,更有可能被理解为强调了实现有效治疗的自我认知的特殊困难。

弗洛伊德有时将其描述为心理状态的"活生生的"意识,这种意识涉及对心理状态的全部情感特征的体验。我能意识到我对一个人的性吸引力是我对她做出特殊行为的最好解释,但我却感觉不到这种吸引力的情感特征。然而,某种程度上,我去体验在自己身上发现的一种态度特有的情感特征,并不一定会使这个发现在有更好的治疗效果。我可以继续以一种陌生的感觉去体验它,而不是将它视为符合我深思

---

[1] 公开承认是认可或承诺,这些不能是无意识的。在这一点上,见Akeel Bilgrami, *Self—Knowledge and wrath* (Cambridge, MA: Harvard University Press, 2006),附录1,他分别用性情和承诺的术语来描述报告的对象和否认的对象,并特别关注弗洛伊德。

[2] 见SE, 12:147–56. 见GW, 10:126–36。

熟虑的关注的对象。

我自己状态的"活生生的"知识则暗示着一种特殊的占有。在《记忆、重复和工作》[1]中，弗洛伊德区分了实现治疗性自我认知的两个阶段。这篇有关技术的重要论文集中在移情的案例上。移情在过去的经历（例如过去的关系）于现在的病态的"重复"中是很明显的。"记忆"是自我认知的第一个阶段：它包括承认过去的经历（因此并不一定适用于现在的经验），并在获得（被压抑的）倾向的意识中来解释现在的情况。

然而，仅靠记忆并不足以消除压抑。自我认知还必须要有第二阶段，弗洛伊德将其描述为"跨越"：

> 正如我们所知道的，克服困难的第一步，是通过分析者发现了困难，并让他认识到这一困难，（这一困难）是病人永远无法认识到的。现在看来，分析实践的初学者倾向于把这一入门步骤看作他们整个工作的组成部分。我经常被要求就一些案例提供建议，其中医生抱怨他曾对病人指出困难所在，但情况却没有改变。这位分析师只是忘记了，给困难起个名字并不会导致它立即消失。我们必须让病人有更多的时间去熟悉他现在已经熟悉的事情，去跨过它，去克服它……只有当困难达到顶峰时，分析者才能与病人共同努力，发现被压抑的本能冲动，而正是这种冲动在滋养着这些困难；正是这种生活体验（Erleben）让病人相信了这种冲动的存在和力量。[2]

---

[1]　见SE, 12:147–56. 见*GW*, 10:126–36。

[2]　SE, 12:155. 见*GW*, 10:135–36。

由于有动机的无知，压抑与要克服的困难相对立。这是要去知晓病人在某种意义上不想知道的事情。一旦这种困难被命名，似乎现在病人就知道了他不想知道的是什么。但困难并没有因此消失，这有几个相关原因。首先，由于受到压制它的力量的抵抗，这种认识很难在头脑中保持"活力"：因此，尽管我可能承认我压抑了性欲望，而且它们有正当的理由要求我进行深思熟虑，但当我在考虑与它有关的情况下该怎么做时，我可能仍会拒绝考虑这一主张。其次，认识到我压抑了欲望，还不知道是什么力量导致了它们的压抑（"压抑的本能冲动助长了困难"）：没有这种认识，我就不太可能知道什么时候，甚至是否发生了压抑。[1]最后，被压抑的欲望（它们的"力量"）的全部影响——例如，它们的影响可能在各种情况下发挥作用——并不是仅仅因为认识到我有这些欲望就能显现出来：它们需要长期的、投入性的经验，才能理解它们影响的范围和深度。

"活生生"的自我认知因此不是有特权（第一人称）的自我认知。它仍然是一种至少在原则上可以由其他人来实现的知识。弗洛伊德称它为"活生生的"，因为它需要对作为其对象的状态的直接或活生生的体验：例如，在移情的展开中进行（尽管只是在可控的分析环境中，以允许"记忆"和"跨越"所需要的反思发生）。因此，它更有可能由行为人的状态来完成，而非别人，部分原因是，除了行为人自己之外，任何人都很难维持与她的心理状态进行必要的、高强度的、长期的接触。

　　如果自我认知允许心理状态（如欲望）可用于行为人深思熟虑的思考，那么自我认知在治疗上就是有效的。她所压抑的欲望只有在她

---

[1] 对困难的关注是典型的弗洛伊德理论的一个重要分支，也就是所谓的自我心理学。Anna Freud, *The Ego and the Mechanisms of Defense* (London: Hogarth Press, 1966)。

所获得的知识是活生生的时候才能再次被思考。一旦实现了这种自我认知，行为人就自由了，因为曾经被禁止深思的心理状态现在也能被思考了。[1]

（陶松林　吴顺　译）

---

[1] 有时，弗洛伊德认为，自我认知只会让病人从他的病态倾向中获得一些自由，但并不能完全消除它们：“分析并不是为了使病态的反应变得不可能，而是让病人的自我自由来决定一种或另一种方式。”（SE, 19:50n; cf, *GW*13:279n）在其他时候，他认为成功的分析治疗可以达到更深层和更持久的效果：“医生和病人的分析治疗需要完成严肃的工作，这是用来提升内部困难的。”通过克服这些困难，病人的心理生活永久地改变，被提高至一个高水平的发展，并且仍然受到保护，以防止出现新的生病的可能性。（SE, 16:451; cf *GW*11:469）欲知更多有关“发展”与无意识事物转化成有意识事物的关系，请参阅Jonathan Lear, *Freud*（New York: Routledge 2005），ch. 1。

第十三章

胡塞尔现象学与先验的"自我认知"事业

德莫特·莫兰

德尔斐神谕"认识你自己!"业已获得了一种新的含义。实证科学是一门"遗忘"了世界的科学(Wissenschaft in der Weltverlorenheit)。我必须通过悬置来让这个世界"消失",以便通过一种普遍的自我审视(in universaler Selbstbesinnung)来重新获得它。奥古斯丁说:"不要向外求;回到你自身;真理就寓于人心。"

——埃德蒙·胡塞尔,《笛卡尔式的沉思》[1]

对埃德蒙德·胡塞尔来说,哲学首先是一门关于主体性的科学,或者具体而言,是一种主体性被理解为"感觉构成"(意义的形成)的活动,[2]而不是他所描述的"客观的主体性的科学",即人或者其他动物所具有的主体性,作为世界的一部分的主体性。[3]思想成熟阶段的胡塞尔知道主体性不仅产生知识,还产生非常特殊意义上的自我认知。因

240

241

---

[1] Dorion Cairns译(Hague: Nijhoff, 1950), sec.65, 157。英译的引文后面有胡塞尔全集的评注本,*Husserliana: Gesammelte Werke*（下引为*Hua*）(Dordrecht: Springer, 1956—)的章节号和页码。因此,这里所引的是《笛卡尔式的沉思》(*Cartesian Meditations*, 以下简称*CM*), sec.64, 157。参阅*Hua*, 1:183。

[2] 根据胡塞尔的观点,意识生活将自身编织(综合)为一个统一的整体,意向性地赋予其意义,将其指定为具有某种形式的客体,包括理解其世界的整体背景("视域", horizon)。胡塞尔关于解构(Abbau)与重构(Rekonstruktion)的讨论,可参见《胡塞尔全集》(*Hua*, 8:356)。

[3] *CM*, sec. 13, 30. 见*Hua*, 1:68。

此,自我认知是胡塞尔现象学的核心目标,尽管是以他自己独特的方式来解释的。对胡塞尔来说,自我认知不应像当代大多数版本的精神分析哲学那样,被视为主体对自己心理状态的直接的、非理性的认识。它至少意味着知道自己是一个自我,还要知道自我是怎样一种处于发展中的时间性的存在(以及自我如何贯穿其时间性),并且,至关重要的是,要知道规定所有存在者(包括自我本身,其他自我,以及整个主体间的客观世界)的意义建构的先验条件。

因此,胡塞尔认为自我认知是一种律令,既是理论洞察力上的,也是实践智慧上的。就理论层面而言,至关重要的是要认识到,从自然态度出发不能获得真正的自我认知,而是需要采用一种非常特殊的先验方法。正如他为《大不列颠百科全书》撰写的关于现象学的条目的第一稿(1927年)中所说的那样:

> 通过先验还原,无处不隐性发挥着作用的绝对主体性随其整个先验生活被揭示出来。一切实在的和观念的对象以及它们之所以存在的合法性都在其意向性的综合中被建构起来。[1]

在胡塞尔的设想中,现象学的自我认知首先要涉及的就是要获得对自我及其建构活动的独立的知性认知。但是,对于任何生活活动而言,通过这种激进的方式来认识自我都是革命性的。这也正是为什么先验的自我认知可能被看作为人类生活提供了·种伦理道德愿景。正如胡塞尔在1923至1924年间为*Kaizo*撰写的题为《更新》的系列文

242

[1] Edmund Husserl, "Phenomenology [Draft A]," in *Psychological and Transcendental Phenomenology and the Confrontation with Heidegger* (*1927–31*), trans. Thomas Sheehan and Richard E. Palmer, *Collected Works*, vol. 6 (Dordrecht: Kluwer Academic Publishers, 1997), 98.见*Hua*, 9:250。

章中指出，[1]自我认知对于伦理学意义上的"自我更新"是必要的。自我认知使人类摆脱日常生活的偏见，并让他们依据坚实的理性动机来行动，实现胡塞尔所谓的"真正的人性"（Echtes Menschentum）的理想。[2]

胡塞尔认为，作为这种自我认知的结果，一个人可以过上完全理性的生活，既然他的动机已经得到澄清，并且他开始采用最理性的动机。于是他以最深刻也是最激进的方式对其自我负责，不仅是为（for）自己负责，更是对（to）自己负责。对于胡塞尔来说，伴随着自我认知的生活是一种"终极负责任的生活"，[3]因为通过自我认知，我们学会了阐明我们文化——它的主流价值和规范——的真正意义。

接下来，我将分三步来讨论胡塞尔关于自我认知的观点。首先，我将对胡塞尔现象学背后的苏格拉底以及笛卡尔的遗产进行简要叙述。然后，我将概述胡塞尔的哲学发展，并重点讨论其中的两个特点。考虑到"自我"（self）或"我"（ego）这个概念，我需要讨论胡塞尔对"我"在意义建构中所起到的作用日益增加的重视。其次，我将指出胡塞尔在其成熟的作品中如何区分自然与先验的自我反思。最后，我将讨论胡塞尔哲学中"悬置"概念的价值，即对自我认知的信仰承诺之中止的价值。总的来说，我们可以将胡塞尔现象学理解为通过运用悬置所带来的洞见，从而获得哲学性的自我认知或一种特殊的遵守律令去认知自我的方式。

243

---

[1] *Hua* 27:23. 胡塞尔为一本名为*Kaizo*的日本期刊写了几篇文章，只有第一篇文章 "Renewal as an Individual—Ethical Problem" 发表了。参见 Edmund Husserl, *Shorter Works*, trans. and ed. Frederick Elliston and Peter McCormick（Notre Dame, IN: University of Notre Dame Press, 1981），326–34. 参见*Hua*, 27:3–13。

[2] Edmund Husserl, *Formal and Transcendental Logic*, trans. Dorion Cairns（The Hague: Nijhoff, 1969），5. 下引为*FTL*. 参见*Hua*, 17:9。

[3] *FTL*, 5. 参见*Hua*, 17:9。

13.1 苏格拉底和笛卡尔在胡塞尔现象学中的遗产

胡塞尔认为他的自我认知模式是在哲学中所能获得的最终版本，并且，它把生活提高到一个新的层次。胡塞尔赞扬苏格拉底取得了关于自我意识和先验生活的最早突破。苏格拉底提倡让生活远离盲目，[1]走向反思的、明证的生活———一种真正的理性生活。[2]胡塞尔将苏格拉底的这一突破，与笛卡尔回归自我的的做法结合起来。胡塞尔经常将现象学描述为一种"新笛卡尔主义"："我们也可以说，哲学本身就是笛卡尔式沉思的根本性和普遍性的延续，相当于是一种普遍的自我认知，它包含了所有解释自我的科学。"[3]

对于胡塞尔来说，笛卡尔式的我思（ego cogito）是整个现象学的基础。他接受了我思的基础前提，即"我在"这一直接、现实、不可更改、不可否认的必要事实。[4]作为真理，这一点坚不可摧，不能被取消。我体验着我现在的生活，这种情况下我不能怀疑我是否存在，甚至无法想象自己不存在，因为在我的想象中不存在的我其实是另一个我。

虽然胡塞尔认为，苏格拉底和笛卡尔开拓了把自我认知作为哲学旨趣的路径，但他自称是第一个系统地揭示和探索无限的自我体验领域的人。他甚至愿意把他的哲学称为一种普遍的自我学（egology）[5]，尽管在他的成熟期的著作中，他认为先验的主体性总是暗示或涉及超

---

[1] 参见 *Hua*, 7:10。

[2] 参见 *Hua*, 7:12。

[3] *CM*, sec. 64, 156（translation modified by Dermot Moran），参见 *Hua*, 1:182–83。

[4] *Hua*, 14:152.

[5] *CM*, sec. 13, 30. 参见 *Hua*, 1:69, sec. 21, 53; 1:89.

越的主体间性的"联结",因此,一个人只有在与他人一同存在(共在,相互存在;Mitsein, Miteinandersein)的关系中才能成为自己。[1]

自我认知要求,最起码一个人的心理状态或生活经验可以被反思性地理解。胡塞尔认为,每一种心理经验都能被反思性地理解,[2]这是一条基本规律。胡塞尔进一步强调了一个人直接呈现在自身面前的必然性,尽管他相信这里还有更多值得去思考和解释的地方。

对于胡塞尔而言,现象学是一门关于第一人称经验的系统的科学,尽管他很少使用"第一人称"这一精确术语。第一人称也会参与到第二人称和第三人称的处境当中;自我在某种程度上是通过与他人的主体间性的参与构成的。而且,这里也存在一种第一人称复数,正如我们将会看到的,胡塞尔认为笛卡尔式的我思(ego cogito)应该严格地表述为"我们思"。[3]

一旦人们认识到关于"我思"的必然真理,就会立即且毫无预兆地进入一个全新的体验领域——"先验的自我经验"[4],一个"无限的、全新的存在领域"[5],一个一旦采用正确的方法就可以直观地解释的领域。我从流动的当下中的"我是(在)"入手,同时也将"我思"理解为我—我思活动—所思对象(ego-cogitatio-cogitatum)的意向性结构。围绕着这个直观的给予性的内核,聚集着各种关于过去和未来、可能性和现实性的"境域的"经验,胡塞尔也坚称其是必然可体验的。[6]我

245

---

[1] *Hua*, 6:260, 15:267.

[2] Edmund Husserl, *Ideas for a Pure Phenomenology and Phenomenological Philosophy. First Book: General Introduction to Pure Phenomenology*, trans. Daniel O. Dahlstrom(Indianapolis: Hackett, 2014), sec. 38, 66。下引为 *Ideas I*。参见*Hua*, 1:67。

[3] *Hua*, 8:316.

[4] *CM*, sec. 9, 22, 或参见*Hua*, 1:62。

[5] *CM*, sec. 12, 27, 或参见*Hua*, 1:66。

[6] *CM*, sec. 12, 28, 或参见*Hua*, 1:67。

们也可以考察自我建构的时间性存在的方式，同理可以考察自我给予某物现实性、可能性以及诸如此类的价值的方式。

胡塞尔很清楚，我思（cogito）是一种自我显现的行为方式。此外，这一自我需要以一种超越自然反思的反思方式才能细致地解构，对于胡塞尔来说，这种反思总是被一种对"存在信仰"或"存在意识"（Seinsglaube）的承诺抑制。对自我的真正本性的探求需要"先验的反思"，这样才能理解自我的视域、综合性、被动性、习惯性和规律性的本质结构。

胡塞尔认为，自然反思被困在一种固有的"自然主义"中，仍然充斥着很多人类学以及心理学的偏见。因此，进入自我的纯粹意识生活是很困难的。借用一种古代怀疑论者的技巧对笛卡尔的激进怀疑论加以改进，胡塞尔采取了"无私"或"超脱"的先验旁观者的立场，提出了一种新的先验悬置的方法，即排除存在信仰放弃所有信仰承诺的方法。他在1929年的阿姆斯特丹讲座中说道：

> 仅仅对意识的反思，还不能在纯粹和本质上产生精神。更确切地说，我们更需要借助自然的意识生活去接受世界，并对它进行反思，从而拒绝存在信仰，因为作为一个现象学家，是不能继续持有这种东西的（进一步地说，我们必须拒绝天真地接受对于世界的任何形式的立场）。作为现象学家，我们只能是意识生活中的旁观者，只有这样我们才能获得纯粹的经验。[1]

在胡塞尔的工作中，他认为先验自我认知对人类至关重要，但为了证

---

[1] Edmund Husserl, "Amsterdam Lectures," in *Psychological and Transcendental Phenomenology*, 222. 见*Hua*, 9:307。

明这一点，他必须超越对先验生活的基本描述，并说明为什么这必须由那些寻求理性生活的人来完成。因此，我们可以说胡塞尔的整个哲学重点是关于"自我意识"（self-awareness）、"自我感知"（self-apperception）[1]或"自我认知"[2]的实践，以及理性的"自我负责"（self-responsibility）[3]的生活（Selbstverantwortlichkeit）。[4]但他如何理解这一点，则在其早期和晚期作品里会有变化。

13.2　胡塞尔现象学中自我和人格概念的发展

虽然胡塞尔一直对意识的主观性及其意义建构感兴趣，但最初"我""自我"之类的概念并不在其中。正如其老师布伦塔诺（Franz Brentano，1838—1917）在《从经验的观点看心理学》[5]（1874）一书以及《描述心理学》[6]（1887—1891）等讲座中阐发的那样，胡塞尔最初采用描述性的心理学来定义现象学。布伦塔诺将他其所提出的描述心理学（或"心智学［psychognosy］"）理解为一种"让我们了解自己的对象"的科学。[7]就描述心理学对自我认知的关注而言，布伦塔诺仅

247

[1]　*CM*, sec. 45, 99. *Hua*, 1:130.

[2]　同上书,*CM*, sec. 64, 156, 或参见*Hua*, 1:182。

[3]　Edmund Husserl, *The Crisis of European Sciences and Transcendental Phenomenology: An Introduction to Phenomenological Philosophy*, trans. David Carr（Evanston, IL: Northwestern University Press, 1970）。下引作*Crisis*。

[4]　*Hua*, 6:272.

[5]　Franz Brentano, *Psychology from the Empirical Standpoint*, trans. Antos C. Rancurello, D. B. Terrell, and Linda McAlister（London: Routledge, 1995）. 参见 Franz Brentano, *Psychologie vom empirischen Standpunkt*, 2 vols, ed. Oskar Kraus（Hamburg: Felix Meiner Verlag, 2013）。

[6]　Franz Brentano, *Descriptive Psychology*, trans. Benito Müller（London: Routledge, 1995）. 参见 Franz Brentano, *Deskriptive Psychologie*, ed. Roderick M. Chisholm and W. Baumgartner（Hamburg: Meiner, 1982）。

[7]　Brentano, *Descriptive Psychology*, 78. 参见*Deskriptive Psychologie*, 76。

仅满足于在心理状态的内在感知中获得的直接明见的真理，但其目的仅在于描述关于意识经验的基本构成，而不包括对自我的关注。

根据胡塞尔在其思想成熟时期的观点，尽管布伦塔诺承认意向性，但他从来没有把它看作"复合表现"，[1]即一种"感觉给予"的主体性的结果。每种事物、每个人，乃至被称为客观事实的"自然"以及上帝的理念都是"我的意识成就的结果"。[2]而胡塞尔在其《欧洲科学危机与超验现象学》中声称，他在1898年写作《逻辑研究》时就已经意识到了"经验对象与给予方式之间的普遍先天关联"[3]。

胡塞尔最早在《逻辑研究》[4]第一版中就（以一种休谟式的方式）断言，他无法在经验之流中找到"我"。同时，他也拒绝了新康德主义的保罗·纳托普（Paul Natorp，1854—1924）关于"意识"[5]的描述，即认为它是"原始的关系中心"，胡塞尔这样说道："然而，我必须承认，我很难找到这种原始且必然的关系中心。我唯一能够注意到并因此感知的是经验性自我，以及它与自我经验的经验性关系。"[6]

此时，胡塞尔把经验性的、心理的自我看作意识中出现的对象。他写道：

> 对我们先前主张的反对意见可能会认为，自我向它自身显现，具有意识以及关于自身的特殊感知。然而，对经验自我的自我感

248

[1] *FTL*, sec. 97, 245, 或参见*Hua*, 17:252。

[2] *FTL*, sec. 99, 251, 或参见*Hua*, 17:258。

[3] Husserl, *Crisis*, sec. 48, 166n. 参见*Hua* 6:169 n. 1。

[4] Edmund Husserl, *Logical Investigations*, trans. John Findlay, ed. Dermot Moran, 2 vols.（New York: Routledge, 2001）.

[5] 参见Paul Natorp, *Einleitung in die Psychologie nach kritischer Methode*（Freiburg: Mohr, 1888）。

[6] *LU*, Fifth Investigation, sec. 8, II, 92. 参见*Hua*, 19.1:374。

知是一种日常事实，没有任何理解上的困难。我们感知自我，就像我们感知到外在的事物一样。[1]

但等到他的下一本重要著作《观念》（1913）[2]出版，并且修订出版了《逻辑研究》第二版（1913）时，胡塞尔开始认同康德，认为"我思"必须伴随着所有的经验。他写道：

> 纯粹的自我在每一个当下的我思中都以一种特殊的意义存在，而所有的背景经验都属于自我，自我也属于这些经验。由于所有这些经验都在我的经验之流中，就必须能够转化为当前的认识者，或者能够被内在地包含在其中。用康德的话来说，就是"我思必须伴随我所有的表象"。[3]

自我属于每一次经验，但与纳托普所主张的相反，它可以通过一种特殊的方式被掌握：

> 一般来说，一种新的被称作"自我反思（Ego-reflection）"的我思包括了我思的所有要素，这在原则上是可能的。这样一来，就可以在之前的我思的基础上把握住……之前的我思当中的纯粹对象。因此，它与纯粹自我的本质有关，它能够把它自己看作自身的所是，以及一系列行为来把握自己……从而使自己成为一个对象。因此，纯粹的自我永远不能成为对象的断言是绝对错

---

[1] *LU*, Fifth Investigation, sec. 8, II, 93. 参见*Hua*, 375。

[2] Husserl, *Ideas I*.

[3] *Ideas I*, sec. 57, 105. 参见*Hua*, 3.1:123。

误的。[1]

自1913年起,胡塞尔采用新康德主义的术语"纯粹自我"(pure ego),例如他在《逻辑研究》第二版中就谈到了"纯粹自我"(das reine Ich)[2],尽管他原本视意识的同一性为不必要的假设。[3]但是,胡塞尔作出了新的区分,他声称,除了经验性的自我之外,还必须假设一个纯粹的自我,然后才是先验自我。此后,他试图描绘自我的意义建构对全部经验的贡献。

自此,胡塞尔的现象学摆脱了布伦塔诺学派那种仅仅对个别心理片段进行描述的心理学,[4]而成为一种特定的,持续的,涉及具有同一性"意识流"(Bewusstseinsstrom)的方法论反思,一种对自我体验(self-experience)的激进的意义解释(sense explication)。因此,先验自我也就成为所有"意义和存在"的真实来源。[5]实证科学,即对世界进行研究的科学,已经失去了人类在主动或被动的意向性活动中产生的意义,因为他们所研究的是他们认为的(如果按希拉里·普特南的话来说)一种"现成的"(ready-made)世界。因此,回归自我的源泉就是回到意义的形成与建构的起源,以及原始意义的起源。

胡塞尔开始认为,自我不仅仅是使经验得以统一的一个形式的"自我极"(ego pole),它有能力获得习惯、性格,以及自己的风格。胡

---

[1] Edmund Husserl, *Ideas Pertaining to a Pure Phenomenology and to a Phenomenological Philosophy, Second Book*, trans. Richard Rojcewicz and Andre Schuwer(Dordrecht: Kluwer, 1989), sec. 23, 107. 下引作*Ideas Ⅱ*. 参见*Hua*, 4:101。

[2] Husserl, LU, Fifth Investigation, sec. 5 and sec. 8.

[3] 参见*LU*, Fifth Investigation, sec. 8, Ⅱ, 549n。参见*Hua*, 19.1:374n。

[4] 参见Liliana Albertazzi, Massimo Libardi, Roberto Pol eds., *The School of Franz Brentano*(Dordrecht: Kluwer, 1996)。

[5] *CM*, sec. 41, 84. 参见*Hua*, 1:117。

塞尔认识到,自我是不固定的,但有其历史:"可以说,自我在历史的统一体中构成了自己。"[1]自我受到了心理物理学意义上的制约,但也积蓄、沉淀着特征、性格、能力、力量和习惯。胡塞尔写道:

> 习惯必然会形成,就像原始的本能行为以及自由行为一样。习惯性就是:动机产生的动力又促成了动机。同样,让一个人以其价值判断为动机来做决定,去抵制另外一种动机,就会产生一种倾向(一种驱动力),让自己再次被这种价值动机所决定……再去抵制那种动机。[2]

意识到习惯性的自我是如何形成的,这使我们能够将这一过程提升到一个更加合理的自我发展的形式。

13.3　通过悬置得到的先验现象学的自我经验

对于思想成熟时期的胡塞尔来说,激进的自我反思涉及人们从持续奔涌的生活之流中抽身(为此他使用希腊词*epoché*),即一种人们对认知态度或立场的悬置,即对充斥于日常生活中的"存在信仰"的剥离。这使得自我的沉思者能够在明晰的理性思考和对精神运作的深刻理解的基础上,仔细审视、理解、评估,并最终接受或抛弃他已有的承诺。[3]

在《观念》之后的成熟时期作品中,胡塞尔认为哲学本身的目的是

---

[1]　*CM*, sec. 37, 75. 参见*Hua*, 109。

[2]　*Ideas II*, sec. 59, 267(translation modified by Dermot Moran). 参见*Hua*, 4:255。

[3]　参见Thomas Nenon, "Freedom, Responsibility and Self—Awareness in Husserl," *New Yearbook for Phenomenology and Phenomenological Research II*(2002):1–21。

在"绝对"的意义上去寻求自我的知识,以及理解到这样的自我具有本体论上的绝对地位。一旦他辨识出了纯粹自我,便成了其无限深度的探索者。[1]他不仅讨论了积极的、清醒的、思考当中的自我,即真正意义上的我思,还讨论了在被动状态下,交织在一起的感知经验(被动的综合)(passive synthesis),以及变化状态下不同时刻的自我,例如处在沉睡、幻想或睡梦当中的自我,孩童时期的自我,成人时期的自我,以及在与其他自我的集体有意识接触当中的自我。但在所有这些不同状态的自我背后,都是绝对和纯粹的自我,这使得胡塞尔最终与德国的观念论传统保持一致(据他在1917年的演讲表明,他与费希特的一致性尤为明显)。

对于胡塞尔来说,自我有很多层级,从将自我联系在一起的于综合时间经验流中发现的最原始的统一性,到受不同层级需求、欲望和本能驱动的自我,具有习惯和能力的自我,直到作为在人类的世界里行动的人那样的一个完全自主、自由行动的理性主体。自我必然体现在特定的时间、地点和物理状态中,但它也可以发展成一个不单单与身体联系起来的、可以自由行动的人。胡塞尔在书中写道:"精神,是使人类作为个人成为人类世界的一员并且与其他事物相区分的关键。"[2]

然后,他又补充道:

---

[1] 胡塞尔同时用"Das Ego"和"Ich"来表达第一人称的经验性自我(empirical ego)(在《逻辑研究》中),或心理学的自我(psychological ego)(参见CM, sec. 11, 25;或参见Hua, 1:64),但这只是经验性的主体,也只提供了经验性的身份,而非他所谓的"纯粹的"(参见Ideas I, sec. 57, 105);或参见Hua, 3.1:109; sec. 80, 154. Hua, 3.1:161)或者"先验的"自我(das transzendentale Ego,参见CM, sec. 11, 26; Hua, 1:65),胡塞尔在《笛卡尔式的沉思》中强调了自我经验的无限性(CM, sec. 12, 27.),或参见Hua, 1:66.)。

[2] Ideas II, 215. 参见Hua, 4:204。

在源初的起源中，人格的自我不仅仅将自身建构为由源始的"本能"从外部持续推动并且只能被动"驱动"的人格，还被建构为一个更高的、自主的、可以自由行动的自我，尤其是一个以理性的动机为指导的，而不是一个单纯被拖曳而不自由的人。[1]

对于胡塞尔来说，这些驱动力绝不只是纯粹的本能，而是由我们对它们的意向态度塑造的。我们的驱动力通过被自身接受或拒绝而具有人格化的形象。人们很少对食物本身感到饥饿，而是渴望某一餐、某一特定的味道或一杯咖啡等。我们自身的驱动力是以某种预先设定的感觉形态出现在意识中的。

对于胡塞尔来说，任何经验活动都有一种直接的前反思(prereflective)的察觉，这是意识的一个基本要素。要被意识到即是要被察觉，这是一个明晰的真理。从这个意义上说，所有的意识都是以我思或自我为中心的，但这种自我意识是有限的，还不是完全有意识的自我。在胡塞尔逝世后出版的《观念 II》，即《观念》的第二部中，[2]胡塞尔说，反思的自我以"未反思的意识"为前提。[3]在反思当中，自我逐渐了解"如何在不同的主观环境下'表现'自己"，并且可以进入"我思之纷繁缠绕的动机"。[4]这使我不仅能够理解哪些动机实际上影响了我，以及如何影响我，我还进一步了解自我的性格。我有"属于自己的特点、行事方式、独立判断、偏好，以及独特魅力"[5]。

正如我们所看到的，胡塞尔关于自我认知的论述需要从两个方

[1] *Ideas II*, sec. 59, 267. 参见*Hua*, 255。

[2] *Ideas I*.

[3] *Ideas II*, sec. 58, 259. 参见*Hua*, 4:248。

[4] *Ideas II*, sec. 58, 260. 参见*Hua*, 4:248。

[5] *Ideas II*, sec. 59, 266. 参见*Hua*, 4:254。

面理解：生命既存在于自然中，也存在于先验形态当中。在他成熟时期的作品中，他倾向于在以自然态度朝向世界的自然生活的经验，和作为先验的"无私旁观者"（unbeteiligter Zuschauer, uninterestierter Zuschauer）[1]的自我的经验之间做出区分。的确，这是胡塞尔先验哲学的主要贡献之一，他认为先验的领域不仅是一套先天的形式法则和结构，而且是可以有意识地经历的、活生生的动态的生命感觉结构——一个"先验的经验（康德所陌生的概念）领域"。

胡塞尔坚持认为，在他将其描述为天真、直率、自然的生活的日常自然经验中，我们转向外部世界和各种感兴趣的对象。自然反思中充满了偏见和成见——尤其是那些来自"心理物理学"的偏见。例如，正是自然反思将逻辑与心理学混为一谈。胡塞尔在自然态度中写到了自我认知和自我反思：

> 在观察事物的过程中，我能够察觉到这个事物；同样地，在记忆中，我经常被某样事物"预先占领"（beschäftigt）；在虚构的幻象中，我密切关注着想象中的世界，并且对其进行细致的观察。或者我在自我反思中，不仅作出一个判断；同时我会撤回一个判断，偶尔也会"克制"作出判断。我达到了一种令自己高兴或不高兴的状态，快乐或悲伤，我希望或者我想要行动；或者我也会"抑制"快乐、愿望、意愿和行动。在所有这些行为中，我都与它们在一起，当下和它们在一起（aktuell）。在反思中，我把自己理解为一个与它们在一起的人。[2]

---

[1] 参见*Hua*, 6:340 and 242。

[2] *Ideas I*, sec. 80, 154. 参见*Hua*, 3.1:179。

另一方面，对于胡塞尔来说，先验自我认知是从先验旁观者的立场中获得的知识。它假设了人类意识有能力自由地改变自己感兴趣的进程或方向，这实际上是改变了自我在自然生活中的意向性所指，分化了自己的兴趣，与此同时自我开始沉思自己的意义赋予活动。

在《笛卡尔式的沉思》中，胡塞尔明确地指出，我通过悬置活动进入"纯粹"自我——在其他地方被称为先验主体性。在悬置的状态下，所有关于"人"的假设都被抛弃了，我体验到自己是一个可以表达和评估的主体，建构着世界的"意识和有效性"（Sinn und Geltung）。胡塞尔写道：

> 悬置也可以说是一种激进而普遍的方法，我以纯粹的自我意识来理解自己：作为自我，以我自己纯粹的意识生活来理解自己，整个客观世界对我来说是存在的，并且这样的世界恰是与我相符合的……在笛卡尔那里，正如我们所知道的一样，他用"我思"这个名字来表示。这个世界对我来说绝对不是别的，而是存在于我的意识中并被我接受的世界。世界在我思中得到了全部意义，普遍的和具体的，它是作为特定的我思中存在的形象而被接受的。[1]

沉思的主体不能再把自己看作一个自然的自我——一个完全沉湎于世界的存在者。正如胡塞尔在《笛卡尔式的沉思》中所坚持的那样，这种先验的自我并不是任何在先验还原中幸存下来的"世界上的一小撮"[2]（ein kleines Endchen der Welt）[3]。正如胡塞尔所坚持的，只有通

---

[1] *CM*, sec. 8, 21. 参见*Hua*, 1:60。

[2] *CM*, sec. 10, 24（translation modified by Dermot Moran）.

[3] *Hua*, 1:63.

过悬置才有可能进入先验自我的生命："首先，先验的悬置和还原将先验的主体性从自我的隐蔽（Selbstverborgenheit）中释放出来，并且将它提升到一个新的层次，即先验的自我意识。"[1]

胡塞尔进一步认为，先验自我是被具身化和"世界化"（Mundanisierung; Verweltlichung des Ichs）的先验自我。胡塞尔倾向于认为，这种先验自我是通过自己的时间意识来建构空间和时间的。有时他把先验的自我说成是无时间性或永生的。但在其他地方，他坚持先验自我和自然自我是严格平行的。因此，人们必须假设生死等事件具有先验性和自然性等双重意义，事实上，这正是胡塞尔在他后来反思生命和死亡时的方式。[2]

一个人对自己的直接察觉主要是一种对原始存在的体验。当我寻找自己的时候，总是发现在当下观察中和在当下理解中的自我之间是没有差距的。然而，其他形式的自我反省，例如记忆，在运作时伴有胡塞尔所说的某种"自我分裂"（Ichspaltung）和某种自我分化的方式运作的。当一个人在记忆行为中理解自己时，在记忆中隐含着承认当下记忆中的自我与早期记忆中的自我不同，而后者是记忆所要朝向的目标。与此同时，记忆包含了一种特殊的意义，即当下在进行记忆活动中的自我和被记忆的自我是同一个人的不同状态。这是一个自我异化和自我认同的特殊例子，胡塞尔认为这是自我生活的核心。自我在自身之中已经包含了对他者或"非自我"的一种开放态度。他在《观念Ⅱ》中写道："自我将其自身断定为非自我，并以此为契机在朝向自身的过程中表现自己；自我不断地在'超越和反对'当中构成自身，并且

---

[1]　参见 *Hua*, 34:399（translated by Dermot Moran）。

[2]　参见 Edmund Husserl, "Grenzprobleme der Phänomenologie. Analysen des Unbewusstseins und der Instinkte. Metaphysik. Späte Ethik. Texte aus dem Nachlass（1908–1937）," in *Hua*, vol. 42。

在这个过程中,它在不停地刺激当中获得动力,这种过程不是任意的,而是一种'自我保护'[1]的活动。"

这引领着胡塞尔对自我认知问题的概括:自我沉思不仅是为了达到"我",而且是要认识到什么是自我——需要有睿智的眼光看到自我的本质并且要对与"非自我"事物之间的关系有深刻的理解。这依赖于这样的概念,即经验中总是存在一种"我"的意义——包括有争议的睡眠或无意识状态。在当下状态下展现出来的我思可以与它更早先的状态以及未来可能的状态建立良好的互动联系。胡塞尔对此写道:

> 让我们在这里只指出最重要的一点,自我形式中最一般的东西,即自我所固有的时间化,借助于这种时间化,自我在它的种种时间样式中构成自身,使自己成为有延续性的自我。实际上现在存在着的同一个自我,在某种意义上是属于每一个过去的自我,这是另一种自我,就像过去那样,而不是现在这样——然而在时间的连续性中,二者是同一的,它是现在的模样,同时也是过去的模样,并且在未来到来之前现在已经具备了将来的样子。现在存在的自我,只不过是暂时性的,与过去的自我有联系,即使过去的自我已经不再存在:但它仍可以与其进行对话并批评它,就像它能做的其他事情那样。[2]

此外,建构所有其他自我的主体自我性,是自我的功能。对于胡塞尔来说,就正如笛卡尔一样,把握自我的同时也掌握了自我的本质,这使人们至少能够按照像胡塞尔所说的"开放的多元化"(open

---

[1] *Ideas II*, sec. 58, 265. 参见*Hua*, 4:253。

[2] Husserl, *Crisis*, sec. 50, 172. 参见*Hua*, 6:175。

plurality）自我一样去理解其他自我。他写道：

> 为了理解先验自我如何可能，即一切对我有效的存在物的原始基础，如何能够在自己内部建构另一个先验自我，以及之后也构成其他多元开放的自我——"其他"自我在其原始存在中是绝对不会通达我的"自我"的，但作为存在者和如此这般的存在者，却可以被我认知。[1]

尽管胡塞尔承认，我的自我去"认识"其他自我的方式是有问题的，因为我不能简单地与他们相对立，但这并没有让他放弃先验自我认知为我们提供了关于他人知识的假设，而是承认我当前和过去的自我以及我和他人之间的状态的"纠缠"，这使他提出了"交互共在此相处"这一重要概念，即在与他者的关系并通过这种关系，处于与他者的交互意向链条之中，从而最终为客观世界和文化共同体的经验担负责任。

总之，对德尔斐神谕"认识你自己"的经典解释是，我们每个人都知道自己的界限和极限，不是要自不量力，而是记住自己并非不朽，也不是神。而且，假定自我认知是有局限的，就是要意识到自我认知不仅是有限的，而且容易犯错误。胡塞尔将德尔斐神谕解读为要求进行现象学的自我探究，因此他得出了另一个结论。通过悬置的实践，激进的自我研究者可以突破经验性中自我的局限，恢复一种先验的生活，在这种生活中，自我可以为理性驱使，服从于规范，并能够理性客观地对证据进行评估。胡塞尔相信，自我变得自由，能够识别并选择持久的具有指导意义的价值观。他写道，自我可以通过选择自己的价值观

---

[1]　*FTL*, sec. 96, 239–40. 参见*Hua*, 17:246。

来定位自己：

> 作为良知主体的我是贯穿于整个生命中的我，也是保持价
> 值的我；当回溯起来的时候，这样的价值对于整个未来生活仍
> 然充满意义，且被认为具有普遍意义，在某些特定的情况下持久
> 有效。[1]

　　当人类开始认识自我时，他们就会从随波逐流的自然生活中解脱
出来，悬搁自己的信仰承诺，以便明确他们行动的真实动机并成为能
够自我负责的人，他们还会辨别和确定在生活中可以依赖的价值观。
人们自我反思的最大成就，就在于它能让人从普遍的角度、脱离特殊
的利益，对自己进行反思，对于胡塞尔来说，这就是哲学生活，是二阶
理性的生活，是根植于理性并且得到明证地奠基，胡塞尔将其称为"确
真性中的生活"[2]（Leben in der Apodiktizität）[3]。

　　　　　　　　　　　　（韦从民　彭文楷　译　潘兆云　校）

---

[1]　引用自未发表的手稿AV21/84b，可参见Hanne Jacobs, "Towards a Phenomenological Account
　　of Personal Identity," in *Philosophy, Phenomenology, Sciences: Essays in Commemoration
　　of Edmund Husserl*, ed. Carlo Ierna, Hanne Jacobs, and Filip Mattens（Dordrecht: Springer,
　　2010），333–61。

[2]　Husserl, *Crisis*, sec. 73, 340.

[3]　Husserl, *Hua*, 6:275.

反思三：

罗马勒·比尔敦与自我认知的拼贴画

贾思敏·艾斯博特

　　艺术家便是这样一类艺术爱好者，他发现在他看到的所有艺术中总缺少某样东西，于是填补这缺失之物便成了他毕生创作的中心。

——罗马勒·比尔敦（Romare Bearden）[1]

对自我的认知就像死后的生命……

凭借广阔的笔触和监禁的传说

你依靠那自我决定的知识逃脱樊笼

请接受掌声，因为你为人类注入了色彩……

——《黑星》（*Balck Star*）[2]

　　这一年是1977年。画家罗马勒·比尔敦第一次在曼哈顿上东城的科迪尔和埃克斯特罗姆美术馆展出了"黑色奥德赛"（*A Black Odyssey*）系列作品，这一新系列由二十张描绘光亮的土地和海景的拼

---

[1] Calvin Tomkins Papers, "Some Questions and Some Answers" (New York: MoMA Archive, Queens, 1976) , quoted in Robert G. O'Meally, "Romare Bearden's Black Odyssey: A Search for Home," in *Romare Bearden: A Black Odyssey* (New York: DC Moore Gallery, 2007) , 9.

[2] Black Star featuring Vinia Mojica, "K.O.S. (Determination) ," on the album *Mos Def & Talib Kweli Are Black Star* (1998) .

贴画组成，我们能从这些作品中体会到非洲艺术和历史的剪影。远远望去，这些画作看上去像是被无缝绘制的作品；但若走近些，我们便能发现作者通过剪切拼贴无数染色纸来创造三维空间错觉的方法，作品的组成部分也被清晰地展现了出来。

对于熟悉古希腊吟游诗人之详尽实践的欣赏者来说，"黑色奥德赛"也是一个史诗般壮举的重现——比尔敦用剪纸、颜料、石墨和胶水诠释了荷马史诗《奥德赛》。《奥德赛》讲述的是一个战士经历艰难险阻回到阔别已久的家乡伊萨卡岛的故事，原著中这个故事的诗化表达尤其展现了主人公的心路历程对他寻找物质家园的暗示作用。众所周知，我们的内部冲突不可避免地属于自我认知的范畴——这或许也是必要的，那么便可以说，自我认知不是一个结果，而是一个过程，即使是在不和谐的元素之中，其意义也凭借这样一个艰苦卓绝的历程得以展现了。正如比尔敦这一系列作品所展示的一样，故事的许多情节对奥德修斯自我意识的建构（或破坏）至关重要，歌声动人的女妖、声色犬马的诱惑、凶恶残暴的巨人、惊涛骇浪的航程，一次又一次危险的遭遇考验着他正直生存的意志。

"黑色奥德赛"描绘了各色人物和他们或敌对或和谐的光怪陆离的遭遇。为了增加系列叙事的可能性，比尔敦设计了这一系列展现的作品，这也使鉴赏者可以选择性地了解荷马史诗。作为一名用画作展现史诗的视觉翻译者，比尔敦用不同色彩绘制出的人物剪影代替了书中用"他"或"我"直接展示的奥德修斯，这些用素黑色纸剪制的剪影成为了人物经历的倒影。其中一个倒影可能使用了亨利·马蒂斯使之著名的曲线切口法，其他持续出现的倒影则可能使用了希腊陶俑花瓶或迪士尼电影《大力士海格力斯》（*Hercu Les*）中的黑色人物叙事手法，后者在开场便呈现了五个弯曲的棕色的人唱着《福音真理》（大力神的悲剧）从希腊花瓶中探出的场景，迪士尼的这种黑色人物叙事手法也引导着观众通过卡通形象的颜色和外形去理解它们的种族和性别。福音歌曲中详尽的呻吟诉说中渗透出来的这种振奋人心的、女性化的黑色概念，成为希腊展现男性气概的英雄故事的背景。

与之相似，欣赏者的知识，他的一系列假设和经验，都能被映射到"黑色奥德赛"的每一个剪影上，于是欣赏者可能会产生与奥德修斯截然不同的观点。这种不同激活了这些图画——用比尔敦的话来说，它将"被（欣赏者）觉察的缺失之物"放了进去，而在这种人与艺术场景的相互作用中，每次交互的结束都是另一个交互的开始。因此，解码一幅拼贴画的过程正是自我认知过程的真实写照。正像自我认知要求主体内部与主体周围的矛盾并存一样，一幅拼贴画的易读性也要求对片段的颜色、形式和内容的多方面理解。

再来看一下《塞壬之歌》(The Sinen's Song)这幅作品，这幅画描绘了一个海岛岸边的奇异场景，画面里有八个人呈水平方向站立，在最左边，第九个人双手被缚在身后，斜倚在那里，他身上单薄易碎的白衣几乎只能遮住他的躯干和腹股沟。若注意到其柱形的穿着，欣赏者也能在作品左侧衣着完整的人物形象身上看出作者对古希腊建筑和音乐的参考。画面中的人物剪影似乎正面朝大海，向一艘渡水的船打着手势。两只象牙白色的鸟儿潜入画面当中，引导着观者的眼睛掠过每一个明艳色彩的载体。蓝色和绿色构成了天空、海洋和大地，这种简单的色块组合为这幅作品奠定了色调基础，也突出强调了那些白纸碎片的部分并填补了整个画面的建筑空间。除了划过天空的鸟儿，泡沫浮动的海浪和人物衣着的提示也起到了暗喻环境之平静的作用，船上飘扬的旗子则暗示着清风徐来。然而，这种对平静和谐象征的假设却被那艘正前进的船的桅杆上绑着的人给推翻了——弓起的脊背、悬摆的四肢，无一不说明着这个人正遭受着苦难。

虽然《塞壬之歌》以荷马史诗为背景，但是这幅画的呈现视角却与原作《奥德赛》有戏剧性的偏离——比尔敦并未以海上之人的视角描述这个场景，而是从岛上原住民的角度展现了故事原貌。原著作者荷马倾向于将读者视角固定在被绑住的奥德修斯身上，史诗中的这位主角自愿冒险将自己吊起来以抵御海妖塞壬歌声的诱惑，比尔敦则放弃了对故事的直接演绎，他把观画者的视角定位在了塞壬身上。

一幅画有同时表达多个故事或信息的能力，《塞壬之歌》便是如此——若注意到衣着完整的柱形形体者的头部摆放，发现他们的头颅是如何被定位在竖琴状环形物体附近的，则除了对史诗的重现，这个海岛奇景也唤起了对大西洋奴隶贸易的思考——这究竟是一件乐器还是一个套索？这种不可思议的相似性一定在1977年的美国人中引起了轰动，因为在吉姆·克劳、民权运动和黑人权利运动时期，黑人和其他被嘲弄、被伤害的令人同情的有色人种正是大众媒体关注的焦点。现在来看最右边人物剪影的衣领，如果我们接受前面大西洋奴隶交易的暗示，那么这种衣着也可以被看作奴隶主用来惩罚他们奴隶的合金枷锁，于是这些"塞壬"以及他们俘虏的歌声与贯穿西方历史几个世纪的殖民行为便产生了联系。而对于那个悬吊在海上的人呢？他带来了第三种叙事的可能性——船上的十字形桅杆唤起了我们对圣经故事中耶稣基督的预言死亡的回忆。这些跨历史的参考材料互为基础，使观者得以看到作品中人物遭受的身体和心灵双重折磨的实质。

这一系列作品的题目"黑色奥德赛"也为我们提供了一个理解比尔敦剪切和粘贴手法的思路，比尔敦在对荷马史诗《奥德赛》的视觉演绎中置入了非洲的苦难经历，或者反过来说——他在讲授非洲人民苦难的画作里插入了西方经典的元素。比尔敦在传统神话中即兴演绎出了不可能的故事——在这位艺术家的纸之建筑的世界中，奥德修斯和被抓住的非洲人互相见证了对方的苦难，正是从这个角度出发，这个不可能的故事才能够（通过历史、通过矛盾、通过自我）被读者理解，并使这种理解变得显而易见。《塞壬之歌》提供了对奴隶制史实及其穿越时空的回响的思考，我们同样可以联想到其他的离散者、流亡者，以及围绕着他们存在的暴力模式。鉴赏这幅拼贴画或其他"黑色奥德赛"中的作品便是这样一个连续映射解码的过程。

《塞壬之歌》这幅作品的迷人之处正在于它能够超越希腊神话而产生共鸣，这与《黑星》通过悲剧展现的隐喻的后世相类似——虽然《黑星》的歌词将监禁和死亡等同了，但它为自我认知提供了一个启示性的注解："对自我的认知就像死后的生命。"这个抽象的自我认知概念由已经存在之物和可能存在之物组成的多种配置构成，它将那些包含着内外兼有的苦难之打击和对启示之期冀的遭遇历史纳入了洞察中。

（彭暖　译）

第十四章

诠释学哲学中的自我认知

查尔斯·吉尼翁

当今天的人们第一次听到古人的箴言"认识你自己"时，他们似乎会认为，这句话是在要求他们尽可能清楚地了解自己在社会中的地位、技能和局限、家庭和社会关系以及诸如此类的事情。显然，我们现代人也会像古人一样，认为遵循"认识你自己"这一建议对于实现我们所想拥有的最丰富、最充实的生活是有价值的。我所怀疑的是，我们当代的自我认知活动在多大程度上可以关注我们认为对定义我们的身份至关重要的内在特征，比如感觉、欲望、需要、偏好和厌恶。我在这里想说的是，在过去四百年左右的时间里，现代世界观逐渐兴起，这导致了人们对内心和精神生活的更多关注。无论内在性的核心原因是什么，今天的人们在思考"真正的我"或"真实的自我"时，都会非常认真地对待内在的东西。

近来的诠释学思想家认为，这是从笛卡尔开始、经洛克和康德而占据主导地位的认识论，在推动现代强调对自我的思考方面发挥了重要作用。强调思想及其内容已经成为关于我们作为人类的存在以及我们与世界的外在关系的特定的本体论预设。诠释学哲学家声称，正是这些假设误导了我们对自我认知等话题的思考，他们认为我们应该以一种能更真实地反映我们对日常生活中的事物的实际体验的方式来看待我们的困境。在本章的前三节中，我将回顾近来现代主流诠释学批判思想的一些要点，并勾勒出他们关于我们的处境所提出的另一幅图景。在最后一节中，我想问的是，通过对自我认知概念的诠释学修正，我们是否可以通过提出"真实性"的理想来看待自我认知的真正有益维度。

14.1　生活和经验

根据能被大众普遍接受的哲学史，我们是从笛卡尔那里继承了对知识问题的关注，它假设了一幅人类的图景，根据这种图景，内在的心理生活与外在的、由各类可供我们表征和使用的对象组成的世界有着明显的区分。在这种认识图景下，认识的任务要求"主体"正确地表征要认识的对象。此时，自我认知在各种知识类型中享有特权地位，因为在这种情况下，认识者可以直接通达要认识的对象。认识者在内省中认识自己，他们拥有的知识确信是无可置疑的，至少在某种程度上，没有人能反驳另一个人对他或她内心所发生的事情的看法。这里的看法是指一个人进入自己的思想的特权，而思想的状态和活动则通过自我的直接呈现到达自我。一旦这个基于认识论的本体论确立，其他类型的知识将可能被认为是在确定性和可达性的程度上是次要的。

诠释学通过提供给我们理解自己和我们的世界的另一种方式来挑战许多建立在认识论模型上的本体论假设。从这个角度来看，我们对认识论困境的标准观点，即赋予自我认知以特权地位，源于一种我们可以称为"方法主义"的倾向，即认为适合自然科学探究的过程方法也能为我们提供一种将存在于日常生活中的人类概念化的适当方式。[1]方法主义给我们描绘了一幅我们日常生活的画面，它与我们在进行观

---

[1]　这个关于"方法的具体化"的描述源于Charles Taylor, "Overcoming Epistemology," in *Philosophical Arguments* (Cambridge, MA: Harvard University Press, 1995), 1–19。

察和形成信念时所采取的立场具有相同的结构。根据方法主义的观点，我们最初基本上也是在一种自由接受的状态下接受和处理数据的主体。以这种方式来看，我们作为主体的基本目标是正确地表达我们周围的东西，以便熟练地利用它。

就自我认知而言，被认识的对象也是认识的主体。认识情境的基本本体论构成的预设已决定了认识者的自我和认识过程的概念。我们所认识的自我是一个长久存在的"行动和经验的中心"。当我们把注意力转向内心，观察内心世界的时候，我们就认识了自己。自我认知有助于成功的生活，因为它省察和维护了在任何类型的知识中我们都会使用的进程。

诠释学思想家们试图通过提出另一种我们在一般情况下生活的方式来削弱这种常见的知识图景。诠释学认为，在日常生活中，首要的是以实际的、积极的方式参与到处理事物的充满意义的环境中去。正如威廉·狄尔泰的名言所说："在洛克、休谟和康德所构建的知识主体的血管里，没有真正的血液流动，只有被稀释了的理智的汁液，一个单纯的思考的过程。"[1]从这一观点来看，基于认识论的自我意识与现实生活的生气与活力是脱节的。与这种基于理论的框架相反，海德格尔认为每一种形式的知识，包括自我认知，都是建立在与一个共同的生活世界的交互作用之上。

14.2　存在于世

诠释学对传统认识论模式的批判使我们看到基于认识论的模式的

---

[1] Wilhelm Dilthey, *Selected Writings*, ed. R. A. Makkreel and F. Rodi, vol. 1（Princeton, NJ: Princeton University Press, 1989）, 50. 参见 Wilhelm Dilthey, *Einleitung in die Geisteswissenschaften, Gesammelte Schriften*, vol. 1（Leipzig: Teubner, 1923）, xviii。

主体/客体和心灵/物质二分，这主要是因为，在哲学中我们是从哲学的理论立场来看待事物的。与此相反，诠释学提出的现实概念是从对人类生活的描述开始的，他们认为人类生活主要是嵌入一个相互依存的无缝世界，通过我们实践活动的协调，可以进入这个世界。在海德格尔的叙述中，以实践为特征的人们和他们所从事的活动的环境，是由于他们在公共的"世界"中所处的位置而使他们成为现在的样子。使一种常见的活动成为可能的原因——例如演奏小提琴——是一群特定人群的实践背景，比如音乐教师、小型音乐会团体、继承前人的风格和技巧等。公共实践所维持的规范和惯例被一代又一代的从业者所继承和吸收。因此，作为人类，就要适应周围的社会系统所提供的"可能性"。

鉴于这种对群体实践的基本参与，海德格尔说，我们的身份——我们在生活中通常是什么——就是他者。[1]从这个角度来看，我们对自我认知的认识，与其说是关于我们个人的信息，不如说是一种自我意识，用狄尔泰的话说，是"文化系统和社会组织的交汇点，它们的存在与之交织在一起"[2]。从一开始，我们就以节点的形式存在于关系网络中，这些关系构成了我们共同居住的公共世界。我们的存在在成为"我"之前就是一个"存在"——正如查尔斯·泰勒所说："在我们通过

[1] Martin Heidegger, *Being and Time*, trans. John Macquarrie and Edward Robinson (New York: Harper & Row, 1962) , 164. 参见 Martin Heidegger, *Sein und Zeit* (Tübingen: Max Niemeyer, 1972) , 126. 德语单词"人"（ man ）是中性代词，用于表达"一个人在这里不这样做"。因此，它既可以表示"任何人"，也可以表示"一个人"（尽管在英语中使用后者可能会引起误解）。我使用"他们"一词要遵循英语翻译的要求，但我要强调的是这并不意味着别人比自己更重要，因为我们都是他们自己。

[2] Wilhelm Dilthey, *Selected Writings*, ed. R. A. Makkreel and F. Rodi, vol. 3 (Princeton, NJ: Princeton University Press, 1989) , 270. 参见 Wilhelm Dilthey, *Der Aufbau der Geschichtlichen Welt in den Geisteswissenschaften* (Frankfurt am Main: Suhrkamp, 1974) , 310。

'我'之前，我们通过'我们'意识到世界。"[1]

在某种程度上，自省假定自我是内在的东西，可以通过一种特殊的内在知觉来发现，这并不是实现自我认知最值得信赖的方式。内在转向极容易产生自我欺骗，尤其是考虑到我们的发现可能对我们的自尊有多大的威胁。我们会被自我欺骗、痴心妄想、夸大其词、虚假意识、压抑和单纯的幻觉所支配。此外，我们生活中的某些方面可能会让我们充满恐惧，因此我们有动机来掩盖我们在自我意识中发现的东西。

从这种不值得信赖的自我审视中得出的诠释学结论是，我们不是通过内省，而是通过瞥见与他人的互动发生了什么来了解自己。只要我们自己的存在是由周围公共环境塑造和定义的，那么自我认知——对我们自身存在的认识（或者海德格尔所使用的"此在"[Dasein]）[2]——就是通过观察我们每天共同应对各种情况的实际方式来实现的。这种"存在"是如此普遍，以至于"甚至包括自己的此在在内：恰恰当此在对'种种经验'和'行动中心'掉头不顾或根本不曾看之际，它自己的此在才从它自身'出现'。此在首先在它所经营、需要、期待、防备的东西中发现自己本身"[3]。正如海德格尔说的，我们就是我们所做的。[4]

即使当我试图准确地了解我自己的真实本性时，主体的优先顺序

---

[1] Charles Taylor, *Philosophy and the Human Sciences*, vol. 2. of Philosophical Papers（Cambridge: Cambridge University Press, 1985），40.

[2] "此在"是海德格尔使用的术语，特别是在《存在和时间》里，指的是人类存在。这个术语字面意思是"在那里"，通常是不翻译的。

[3] Heidegger, *Being and Time*, 155. 参见 Heidegger, Sein und Zeit, 119。

[4] Martin Heidegger, *History of the Concept of Time: Prolegomena*, trans. T. Kisiel（Bloomington: University of Indiana Press, 1985），244, 310. 参见 Martin Heidegger, "Prolegomena zur Geschichte des Zeitbegriffs," in *Gesamtausgabe*, vol. 20（Frankfurt am Main: Vittorio Klostermann, 1979），336, 428。

也是非常明显的。例如，当我在一个安静、沉思的时刻转向内心，可能会让我认为自己是一个冷静、随和的人。但是，当我注意到我在糟糕的交通状况下的反应时，我发现我最初的印象是具有误导性的，我易失控的脾气是更典型的"真实的我"。我发现，自我认知不是从内在的转变中获得的，而是从我如何融入到我所处的共同世界中去的感觉中获得的——是在我与周围世界的模式的协调中获得的。用海德格尔的话来说，"自己的此在正和他人的共同此在一样，首先与通常是从周围世界中所操劳的共同世界来照面的"[1]。出于这个原因，"自我认知以源始地有所领会的共在为基础"[2]。因此，当我发现许多亲近我的人比我更了解我自己时，也就不足为奇了。狄尔泰也提出了类似的观点，他指出了自省在获得自我认知方面的"狭窄界限"，他说："只有考察一个人的行为和创造，他对生活的固定表达，以及这些对他人的影响，才能让人了解自己。"[3]

14.3　表达和理解

狄尔泰向我们展示了如何知道我们是谁，他认为这取决于构成人类存在的三个基本结构之间的动态互动。第一个结构就是生活体验。生活不只是没有干扰、没有重点、没有特点的事件流。相反，它经常被有意义的、深刻的经历打断，这些经历为构成整个事件流提供了关联。第二个结构被称为表达。生活经验总是压迫着向外展示它们自己，以便在客观世界中达到一种持久的形式。生孩子、读博士、出版一

---

[1] Heidegger, *Being and Time*, 163. 参见 Heidegger, *Sein und Zeit*, 124。

[2] Heidegger, *Being and Time*, 161. 参见 Heidegger, *Sein und Zeit*, 124。

[3] Wilhelm Dilthey, *Selected Writings*, trans. H. P. Rickman（Cambridge: Cambridge University Press, 1976），176（translation modified）. 参见 *Der Aufbau der Geschichtlichen Welt*, 98–99。

本书——这些经历会产生一种压力，迫使你以独特的方式表达自己，比如，当父母、当老师或当学者。通过这些表达，长久性的"生命对象化"出现了。第三个结构是理解，这个词在某种技术意义上被使用。狄尔泰认为，日常生活的产品和创造之间充满意义的连续性，加上它们在更大范围内的生活世界中所处的位置，使我们既为自己也为他人理解。

正是因为我们对人类的理解依赖于我们对表达的理解，所以狄尔泰说，一个人"只有通过理解的迂回才能学会认识他自己"。[1]我们知道我们是谁、我们是什么，不是通过一些直接的途径去了解我们内心的事情，而是通过迂回的途径去理解构成我们共同的"客观意识"的生活表现。出于这个原因，我们对自己生活的把握包含了一个"诠释学循环"：在对整体意义（我们的"理解"）的全面预期与构成和调整不断出现的整体的经验之间，存在一个不断的往复运动。

自我的诠释学概念实际上涉及自我本身，这为自我认知的问题提供了新的解释。我们可以看到，认识自己并不是一个通过自省可直接获得正确表述的问题。相反，我们发现给我们提供自我认知的是一种"知道怎么做"（know-how）——即在通常的情况下知道如何"做自己该做的事"的前反思能力。任何伴随我们行动的心理因素最终都在我们把握正在做的事情和思考我们是谁中起着相当小的作用。当我们考虑到我们所做的事情的实际情况时，我们就不会那么迫切地想要在我们已呈现的活动中假设一种伴随的心理活动。举个例子，狄尔泰试图摆脱这样的想法，即我们需要看到两个因果联系的活动，一个是心理上的，一个是生理上的，这样才能对我们正在发生的事情有所了解。例如，在恐惧的情况下，假设恐惧的表达与引发恐惧的感觉不同，这是

---

[1] Dilthey, *Selected Writings*, 3:168. 参见 Dilthey, *Der Aufbau der Geschichtlichen Welt*, 98–99。

错误的。正如狄尔泰所说："表达恐惧的姿态和恐惧不是两件分开的东西，而是一种统一体。"[1]与其在"意识导致身体运动"的模式下思考这个问题，不如把外在的表现和感觉看作一个整体：一个典型的情况是，尖叫和恐惧往往是同一事物的两个维度。

查尔斯·泰勒用"表现主义"一词来形容表达在我们生活意义中所起的作用的概念。[2]这一观点适用于语言领域，它认为我们使用的词语既不是我们思想的外在修饰，也不是我们思想的单纯符号，要想理解说话人的"心思"，就必须返回他们的心理起源上。相反，我们使用的词语给我们的想法提供了一个表述：它们定义了我们的感觉和想法，从而使我们的话语有了意义的细微差别，这样使我们作为说话人的身份出现了差异。诠释学观点认为，在正常情况下作为一个人，需要掌握和结合在我们的公共世界中流通的解释的意义和可能性。那么，我们就是一个各种可能性的集合，而这些可能性来自我们共享世界的可理解性。这也就意味着我们不可避免地总是常人的例示。在此基础上，鲁道夫·马克里尔（Rudolf Markkreel）总结狄尔泰的表现主义说："我们表达自己的方式，无论是在交流中还是在行动中，都将成为自我理解的必要中介。对我们自己的理解必须通过对人类的客体化来进行解释，这样才是可靠的。"[3]

14.4　历史性与本真性

我们一直在思考的事情的结果是：自我认知不是通过内在转向来

---

[1] Dilthey, *Selected Writings*, 3:229. 参见 Dilthey, *Der Aufbau der Geschichtlichen Welt*, 256.

[2] 参见Charles Taylor, *Hegel*（Cambridge: Cambridge University Press, 1975），13n。

[3] R. A. Makkreel, "Dilthey: Hermeneutics and Neo—Kantianism," in *The Routledge Companion to Hermeneutics*, ed. J. Malpas and H.—H. Gander（London: Routledge, 2015），79.

实现的，而是以一种知识或能力在"他者"中作为参与者来实现的。而这个术语指向的是我们被抛入的生活世界，正是从这个世界中，我们能描绘我们的可能性，我们可以汲取词汇来进行自我解释。从这种语境化的角度来看，我们不可能从中获得一种独一无二的或特殊的理解。即使是我们崇敬的"个性"观念，也仅被证明是一种解释社会建构的方式。正如海德格尔所说："自我……只是这种实体的一种存在方式（也就是此在）。" [1]我们当代文化中关于自我和个性的独特思想是特定历史发展的产物，对理解人的本质没有约束力。

但是，这个结果给我们最初的研究带来一个问题，那就是试图说明为什么在我们的现代世界中，遵守"认识你自己"这个箴言如此重要。因为如果我们接受在这些条件下的自我认知只会对我们是谁产生短暂和可能的解释，那么解释就像任何他者的沉沦一样充满了可能的畸形，很难看到这样一个成就可以带来什么好处。那么问题就会变成：如果诠释学的观点认为我们的"自我认知"在任何时候都只是局部的和可作废的解释的组合，那么诠释学如何使我们理解对自我认知的深刻价值，这种自我认知对丰富我们的生活又有什么作用？

为了回答这个问题，我们需要理解海德格尔思想中的核心，即本真性（authenticity）。尽管在海德格尔的评论中对本真性的概念有激烈的争论，我们仍有可能提炼出一些与我们的问题相关的核心观点。"本真性"的德语是"Eigentlichkeit"，它是基于"eigentlich"（意思是"真正的"或"真实的"）而形成的新词，后者又包含词干本身（意思是"自己的"或"适当的"）。那么这个词的含义是：如果我们想要过最美好、最充实和最有价值的生活，那么我们就应该忠实于（并因此需要知道）

---

[1] Heidegger, *Being and Time*, 153. 参见 Heidegger, Sein und Zeit, 117。

"真正的我"或"真实的自我"。[1]这一理想术语指向了一种个人的概念,它比当今流行文化中狭隘的个人主义观念更丰富有力。

海德格尔认为,真正的个性是一种成就,而非一种给定。根据他的说法,我们通过某些改变自己生活的事件发现自己的"个人能力"。这些事件总结起来是:(1)在存在主义的焦虑中,人们意识到社会的所有可能性和价值判断的偶然性,并意识到一个人最终要靠自己找到人生价值。"焦虑使此在个体化,从而揭示了它的独特性。"[2](2)承认我们面对死亡时的有限性使我们认识到,我们的生活正在朝着理念中的圆满前进,我们要为此展现一个内容和目标。而我们作为一个整体存在"向着预期前进"。(3)在罪恶的经验中(德语"Schuld"译为罪恶,这个词还意指"欠债"),我们认识到作为常人的自我,难以接近本真的自我,这使我们感觉到一种力量,要把我们日常生活中的各种可能性转变成我们自己的自我。根据海德格尔的观点,我们以坚定的态度来对待我们的生活:我们承认对于我们所做的选择,并因此采取"选择去选择"的模式,坚定地站在我们当前的"处境",把自己奉献给在这些条件下显现为真正值得我们选择的东西。[3]

这种对我们能做什么、应该做什么的新见解的结果,是承认我们的生命是短暂的、面向未来展开的。我们对作为一个整体的承诺决定

了我们如何面对过去的事物。有了这种对我们生命的"投射"的感觉,我们就有了在当前一致地和明确地行事的基础。生命过程的这种暂时的"跨越"被称为历史性。对海德格尔而言,人类具有双重意义上的历史性。首先,生活是一种"发生"(Geschehen一词的词源与Geschichte

---

[1]　参见Charles Guignon, *On Being Authentic*(London: Routledge, 2004),ch. 1.

[2]　Heidegger, *Being and Time*, 233.参见 Heidegger, Sein und Zeit, 188。

[3]　对于海德格尔而言,"处境"指的是世俗的条件,与单纯的"情境"(Lage)区分开来。在"处境"中,行动的背景是意义层面的,需要决定性和执行力度。

有关, Geschichte 在德语中是"历史"的意思), 在某种程度上, 它是一个具有诠释学循环结构的不断向前的计划。我们一直在朝着我们生活的圆满而前进。其次, "历史性"还指社会的历史演变, 每个人都被卷入其中。由于这种预先给定的"真实性", 我们受惠于一个更广泛的世界历史故事, 它为我们作为个人的选择提供了有意义的背景。当我们明白历史是什么时, 我们就会把握我们的对未来的计划和所要承担的责任。正如海德格尔所说: "理解历史不是意味着别的, 而是理解我们自己——不是在我们可能确立关于我们自己的各种事情的意义上, 而是在我们体验我们应该是什么的意义上。占有一段过去, 意味着认识自己, 因为它是对那一过去的亏欠。"[1]

定义"自我"的是我们把发生的事件和由此产生的事件拼接在一起的独特方式, 这些事件构成了一个我们可以在其中构建自身的故事。在这里, 自我的同一性, 我们认为是个人同一性的"作为自身的自我", 是通过抓住和重新排列的"他者—自己"模式到一个集中的、清晰的投射来完成的。这正是利科所言的"自我同一性", 自我同一性是持续建设的结果, 而不是单纯的一致性。[2] 通过变得本真而产生的自我认知不是一组可以用命题来表达的正确表述。与其说它是"知道是什么", 不如说它是"知道怎么做", 这是对生活艺术的内涵的把握。

自我认知有两个方面, 与人类生活的两个构成维度相对应: 他者的存在和能够实现我们的潜能——成为一个真实的自我。一方面, 我们在其中的嵌入向我们揭示了我们之于人类社会的有限性和归属

[1] Martin Heidegger, *Plato's "Sophist"*, trans. R. Rojcewicz and A. Schuwer (Bloomington: University of Indiana Press, 1997), 7. 参见 Martin Heidegger, *Gesamtausgabe*, vol. 19 (Frankfurt am Main: Vittorio Klostermann, 1992), 11。

[2] Paul Ricoeur, *Oneself as Another*, trans. K. Blamey (Chicago: University of Chicago Press, 1992), 3. 参见 Paul Ricoeur, *Soi—même comme un autre* (Paris: Éditions du Seuil, 1990), 13。

感。像所有的人类一样，我们发现自己是会死的、脆弱的、容易犯错误的，并且对我们所承担的价值缺乏真正的把握。我们注定要在我们的文化所提供的实践中为自己找到一个位置。要充分了解自己，我们需要知道自己的极限，认识到自己易犯的错误。然而，把握我们自己的限度的同时会让我们获得一种"有限的自由"，让我们摆脱那种虚幻的想法，即不切实际的计划是可能的。因此，此在可以接管"被遗弃的无力，从而对所披露的情况变得清醒起来"，它可以获得无力的超能力（Übermacht），使其能够为逆境做好准备[1]。

清楚地理解自己的存在就像正在进行的"发生"朝着一个圆满的方向迈进一样，它使人终于认识到不是一切都是可能的，我们需要做出有重点的、能定义生命的、与我们共同体的"遗产"相协调的选择。狄尔泰曾建议，所有人在自己的生活中都应当有一个总体目标。生活中存在一种倾向："实现所有个人目的都从属于一个超越目标，即实现最高的善。"[2]无论我们是否同意，每个人都会自然而然地拥有一个或一组决定性的目标。但应该清楚的是，向这些目标作出承诺是为了表明自己（本人或做什么）是真正有价值的，这给了我们一种理解我们是谁和我们的目标是什么的方式。当一个人的历史性植根于对最根本目标的全心全意和明确承诺时，人们便会发现，自己是值得认识和关心的。[3]

决断可以改变一个人的生活方式。海德格尔强调，需要通过消除微不足道的或无关的可能性来简化我们生活的必要性，以此增加实现我们目标的可能性，以确定我们生活的目的。正如他所说："只有

[1] Heidegger, *Being and Time*, 436. 参见 Heidegger, *Sein und Zeit*, 384–5.

[2] Dilthey, *Selected Writings*, 3:222–3. 参见 Dilthey, *Der Aufbau der Geschichtlichen Welt*, 248.

[3] Somogy Varga在一篇论文中进行了详细的研究，在此，本真性作为一种伦理理想展开。参见 Somogy Varga, *Authenticity as an Ethical Ideal*（New York: Routledge, 2012），Part II.

通过与死亡的对抗前进，每一个偶然的和'临时'的可能性才能被驱除。只有'不受死亡的束缚'，才使此在达到它的目的，推入它的有限性之中。只有抓住自己此在的有限性，你才会从无尽的可能性中夺回来，这些可能性提供给最亲近的人……并带入命运的简单性之中。"[1]

简化使一个人能够实现我所谓的"专注"生活。海德格尔认为，这种专注是通过把关注的东西放在生存中至关重要的位置来实现的。他说，真正的自由"只是在选择一种可能性，即容忍一个人没有选择其他人，也没选择他们"[2]。一个被决定的理想指定的生活"不能变得僵硬，应视处境而定，但必须明白，决断……必须保持敞开和自由，以适应当前的可能性。决断的确定性意味着一个人可以为收回决断的可能性而保持自由"[3]。因此，韧性也是我们认识自己所涉及的一部分。

本真的自我只有在一个人达到真正的历史性，赋予自我一致和连 278
贯性的时候才能显现出来。用海德格尔的话来说就是：

> 自我对反复无常的分心的坚决反对本身就是一个坚定，这种坚定性已被延伸——此在作为命运"融入"出生与死亡以及它们"之间"的坚定性，并将其视为"融合"。因此，在目前的视野下，在这种恒常的情况下，此在就是当前情境中世界历史性的东西。[4]

根据我对这段话的解释，海德格尔说的是，真实的决断性使人能够理解自己真正是什么，作为一个正在发生的事件，向世界展现着自己；它

---

[1]　Heidegger, *Being and Time*, 435. 参见 Heidegger, *Sein und Zeit*, 384。

[2]　Heidegger, *Being and Time*, 435. 参见 Heidegger, *Sein und Zeit*, 285。

[3]　Heidegger, *Being and Time*, 435. 参见 Heidegger, *Sein und Zeit*, 307—8。

[4]　Heidegger, *Being and Time*, 435. 参见 Heidegger, *Sein und Zeit*, 390—1。

不仅是直接存在于人的头脑中的思想和感觉的串联。本真性是关于生命如何存在的问题，而不是关于生命是什么的问题：它更多的是一个我们做什么和我们如何去做的问题，而不是一个可以用命题表达的具体问题。

尽管最先出现在我们脑海中的标杆人生典例是马丁·路德在宗教中的生活和文森特·凡高在艺术中的形象，但目的性不仅仅是拥有强大职业承诺能力者的可能性。当狄尔泰说"没有任何一种生活是如此贫乏，以至于它的道路是不完整的"[1]时，他是在暗示，即使是普通人也可以有对生活目标的承诺，这一点在工人阶级的父母身上很明显，他们做出牺牲，使他们的孩子可以有一个比他们更好的生活。"认识你自己"的箴言表达的理想似乎对每个人都有价值，但对于一个坚定的哲学家来说，这一理想尤其有效。因为它责成我们实现一种清晰的远见、正直和坚定，让我们受到比虚荣或名利的欲望更有分量的东西激励。要认识自己是谁，对自己的动机进行自我批判，并致力于发现真相。自我认知有助于使生活成为一项持续有价值的事业，同时加强必要的谦逊，随时准备收回自己的承诺——如果有必要的话。

（张可旺　苏若天　译）

---

[1] Dilthey, *Selected Writings*, 3:253. 参见 *Der Aufbau der Geschichtlichen Welt*, 287。

第十五章

分析哲学中的第一人称与自我认知

塞巴斯蒂安·罗德尔

　　人们可能会怀疑分析哲学传统中是否有某些内容与苏格拉底的自 280
知相关。诚然，在关于我思、自我指称、第一人称等话题上，分析哲学
有大量文献。但这些文献的主旨似乎并不是想要在苏格拉底的意义上
来认识自我。然而，我相信，在分析哲学中可能找到一条思维线索，将
我们带入苏格拉底问题的最深处。

　　苏格拉底认为，如果他缺乏自知，那么追求任何其他知识都是荒
谬的（或者，也许是他人的知识[1]）。如果自我认知只是关于一个特殊 281
对象、特殊主题、特殊内容的知识，这句话就不正确。只有通过认识的
方式来区分自我认知，才可能是正确的。如果自我认知只是作为一个
现实领域的知识，与其他现实领域有关的知识并列，那么苏格拉底问
题就既不能指导哲学，也不能指导人类生活。这里有三个文本为有关
自知的分析性思维划定界限：卡斯塔涅达的《他：对自我意识的逻辑
研究》，伊万斯《参照的多样性》中的"自我指称"一章，和安斯康姆的

---

[1]　"但我没有时间去做这些事情。至于原因，我的朋友，是这样的。我仍然无法如德尔斐神谕所
　　命令的那样，了解我自己；在我理解我之前，研究其他事情似乎是荒谬的。"（Plato, *Phaedrus,*
　　in *Complete Works*, ed. John M. Cooper [Indianapolis: Hackett, 1997]）, 229e–30a)

《第一人称》[1]一文，这些文本向我们提出一个问题，即自我认知是否可以被归入关于事物的知识的一般概念之下，如果它不能的话，它是如何被思考的。所以，本篇文章是对这些文本的导读。本篇文章选取了部分进行解读，其中的侧重点由每一节的主题决定。[2]最后，我们发现分析哲学并没有与苏格拉底问题割裂开来。事实上，我们可以把对第一人称思想的分析性反思理解成一种为恢复苏格拉底哲学作为哲学源泉的努力。

15.1 卡斯塔涅达

在文章《他：对自我意识的逻辑研究》中，卡斯塔涅达讨论了在间接引语中出现的反身代词的用法，并表明了思想和表达思想时具有的第一人称特征。为了说明代词的这种用法，他引入了一种新的视角：即标星号的代词"她*"。

在间接引语中，普通代词意指那正在思考某人某物的她与正在思考的她是同一的。当我们说"《灵魂》的编辑认为她是一个百万富翁"时，只有当编辑认为是百万富翁的人没有别人，只有她自己时，我们所言才为真。如果她认为她想要表达的是"拥有第17号彩票的人是百万富翁"，而这个人被证明就是编辑本人，或者"玛丽昨天提到的那个人

---

[1] G. E. M. Anscombe, "The First Person", in *Collected Philosophical Papers*, vol. 2, *Metaphysics and the Philosophy of Mind* (Minneapolis: University of Minnesota Press, 1981) , 21–36; Hector—Neri Castañeda, "'He': A Study in the Logic of Self—Consciousness," Ratio 8 (1996) , 130–57; Gareth Evans, *The Varieties of Reference* (Oxford: Oxford University Press, 1982) .

[2] Gareth Evans《多种类的指称》(下称《指称》) (*The Varieties of Reference*) 的编者John McDowell在谈话中告诉我，这项工作的相关章节与苏格拉底问题无关。所以有可能在不考虑苏格拉底问题的情况下阅读本章。而我试图表明，我们可以在考虑到这个问题的情况下阅读它和其他同样的文本。

是百万富翁"，而玛丽提到的那个人就是编辑，那么，这也是真的。

相较而言，代词"她*"不仅意味着正在思考某人某物的她与正在思考的她是同一的，而且她所认为的是以第一人称表达出来的。如果我们将用第一人称表达的知识称为自我认知，则对"她*"的逻辑性质的探究就是对自我认知本质的探究。因此，卡斯塔涅达写道："这种对代词'他'的用法（他引入的代词"他*"的指称）……是自我认知、自我信念、自我设想的重点，也是这一研究的主题。"[1]

卡斯塔涅达指出，"她*"不能用任何其他语词来进行分析，这并不让人感到意外。但是它产生一个结果，卡斯塔涅达认为这是"本文的一个亮点"[2]。

总的来说，卡斯塔涅达观察到，从"X知道P"推论出"P"是可能的。然而，如果X的知识用代词"她*"来呈现，如果关于X的知识被表达为自我认知，那么，没有一个句子可以不引入X来表达X所说的知识。例如，编辑知道她*是百万富翁，我们不能通过说"她*是一个百万富翁"来表达她知道的东西，因为"她*"并不能独立使用。我们也不能用别的第一人称语词，来代替"她*"去说明当《灵魂》的编辑说"她知道她*是个百万富翁"时是什么意思。

我们可以通过以下方式说明这一视角的重要性。一般来说，表达一个知识是由一个被认知的对象、一个指代那认知的人的词以及表示她正在认知的动词组成的。通常，我们可以区分开一个人知道什么，与她知道这件事区分开。当某人知道P的时候，一方面，这是她知道的；另一方面，她知道P。这种区分似乎是思想与知识的正确概念的核心。弗雷格对思想的区分体现了这一点。弗雷格所谓的思想是一个

283

---

[1] Castañeda, "He": A Study in the Logic of Self—Consciousness," p.130.

[2] 同上书，p131。

命题，一个已知的东西，一个态度，一种主体可能与一个命题相关联的方式。当我们通过这些概念尝试思考自我认知时，我们就会认为，在自我认知中，主体出现了两次：作为认知的和作为被认知的。当然，这并不能将自我认知与普通的反身代词所指涉的知识区分开来。当《灵魂》的编辑知道她用"编辑是百万富翁"来表达的东西时，编辑就会出现两次：知道某事的她，与她在知道。为了描述自我认知，我们必须说主体出现了两次，即作为某种状态的主体和命题的主体。现在，我们希望以一种特殊的方式来描述自我认知，使得这两种主体相联系。但卡斯塔涅达认为，这是徒劳的。当主体自己正在认知的时候，就不会以一种不涉及第一人称代词的方式表达她知道的东西，如果不涉及第一人称代词的表达，就不能同时包含作为她所知道的主体，与她知道的主体。主体的这两个维度不能区分开。也就是说，主体并不是出现了两次，而是只出现了一次。在自我认知中，不能从主体知道的事物中分离出什么；思想和认识，命题和态度的区别并不适用于此。

　　卡斯塔涅达的反思表明，"自我认知"中的"自我"并没有说明什么是被认识的，而是说明了认识的方式；它不是一个内涵短语"我知道SELF是F"，而是一个认知性动词"我自知作为F"。打个比方或许有助于了解这种对比。如果我拥有移动物体的能力，我可以将这种能力应用于自己身上：比如，当我的右臂瘫痪时，我可以用左手移动它。在这里，我在运动中出现了两次：作为移动某物的人和我所移动的人。显然，虽然这是自身所发出的运动，但并不是自我运动。用我的左手臂移动右臂，我就正在移动我的左手臂；这才是自我运动。我想，没人会将自我运动定义为一种移动事物的力量之行为，在这种行为中，不仅那移动某物的人与她所移动的人是同一的，而且，主体的这两个维度以一种特殊的方式联系在一起。自我移动不能被理解为移动事物的特殊行为。

因为后者的任何行为，本质上都是自我移动。因此，在自我运动中，我不会出现两次，而只会出现一次：移动我的左臂，我就是在自我移动。"自我移动"中的"自我"表示不是移动的东西，而是移动的方式。

与自我运动一样，自我认知也是如此。如果我拥有想象的能力，我可以将这种能力应用于自己。我可以想到塞巴斯蒂安·罗德尔他是F。这里主体出现了两次，一次作为思考者，一次作为被思考者。这不是自我思考。我们对自我运动的反思表明，试图用一种独特的方式来定义自我思考可能是错误的，在这种方式中，主体的两个维度是相关联的关系。也许，在自我思考中，我不会运用自己的能力去思考对象。也许我不会设想一个对象，比如我，是F，要么，我认为自己是F，要么——虽然与英语语法不一致，但在逻辑语法上是通顺的——我自我思考是F。此时，主体并没有出现两次，且指出主体的两个维度之间关系的需求也消失了。所以，如果将自我运动的模式平行至自我认知的情况中：自我思考不能被理解为认知事物的特殊行为，因为后者的任何行为，本质上都是自我思考。

15.2　埃文斯 I：自我定位

自我思考并不是思考一个相区分的内容，而是思考思维的一种方式。我们在事后来描述卡斯塔涅达之高见的重要性。人们对它的第一反应是不同的；认为思考是一种命题式表达的观点非常根深蒂固，以至于它并不被接受为反思（总的来看，现在依然如此）。若我们坚持认为自我思考是一种命题式表达，那么卡斯塔涅达就会面临这样一个问题：如何才能明确表达这一命题，尤其是，如何用第一人称代词来明确表达。因为没有任何一种语言形式可以让一个人用来表达，当编辑正在认知她*是一个百万富翁时，她具体知道什么。这样的话，她所知道的，就与她在知道分开了。对这个问题的第一个回应如下。自我认知中被认知的命题并不反映自我认知的特征；第一人称代词对这一命题的贡献只不过是提供了对象——也就是说，主体正在认知它——但并不以任何方式表明她认知到自己正在认知它。因此，就被认知的命题而言，由某人自己所说"我是一位百万富翁"，与旁人描述此人"这个人是一位百万富翁"所表达的知识内容并没有什么不同。这不过是一种回避。[1]

286   这一观点构成了加雷斯·埃文斯试图回答这个问题的背景，第一人称代词对命题起什么作用？（此处的命题是一个理论预设，认为知识是一种命题式表达，这一预设在自我认知中是被认知的对象。）[2]埃文斯对这个问题的回答表明，自我认知并不是将对特定事物的一般性认识能力运用于"自我"这个特殊对象。

    若自我认知是通过被认知的事物进行区分的，那么它就可以而且必须在对认知某物是什么这一先验和独立的描述的基础上被理解。而若它是关于某一特定对象的认知，那么它就可以并且必须根据对特定对象的知识的先验描述来被理解。这就是埃文斯的进路。他对思考一个特定对象的过程进行了一般性的描述，[3]以便解释各种形式的指称（其中包括自我指称）是如何表达特定对象的一般概念的。

    他首先提出这样一个概念，即思考是对某物的思考：对某物的思考

[1] 这种观点被称为"新罗素主义"，但这里与罗素没什么关系。新罗素主义使用了另一种句子的语义价值来补充她的观点，即其特征，这是一个从索引到命题的关系。与第一人称代词相关联的特征决定了说话人在自知命题中的位置。这与回避没什么两样。由于这个关系没有出现在说话者的思想中（如果它的确如此，我们不得不问说话者是如何看待这个关系的相关论证的），它无法解释人们如何以第一人称思考自己。

[2] 它被称为"新弗雷格主义"，因为它试图将第一人称知识看作弗雷格式知识。

[3] 参见Evans, The Varieties of Reference, ch. 4.3 and ch. 4.4。

是一般性的,因为它是一个概念,对某物的思考是特殊的,因为它是一个对象。思考的人理解她所应用的概念的普遍性。也就是说,她有一个可能适用于多个对象的概念。现在,一个概念并不会具体化自身。因此,如果应用概念的行为是对特定事物的知识,那么特定事物就必须是被给予的。它不是在概念中被理解的,而是在一个不同于应用此概念的行为中被理解。这即是一个指称行为,它从包含各种各样对象的概念中挑出一个特定的概念。埃文斯用空间和时间上的整体来确定物体的第一个基本雏形。因此,在首要和基本的情况下,指称通过指向一个对象,将其与所有其他事物在特定时间的位置区分开来。此外,由于指称对象在空间上是展开的,而在时间上是连续的,因而,指称便通过其种类来描述它:秉持时空统一原则。埃文斯将一个物体的概念称为基础性概念,因为它的种类和它在空间和时间中的位置区别于别的所有事物;它是基础性的,因为对一个事物的任何指称都涉及这个物体的基础性概念。根据这一观点,空间和时间中事物的统一性的概念就要先于对某一特定事物的指称,且它是使这种指称得以可能的前提。这一概念是思考的基本层面的底层,它由思考自身所提供,因而在思考中是主动的。

埃文斯接着解释了指称性思维是如何挑选对象的。指称性思维以主体对客体的感知为基础。[1]因为,从论证的角度思考,主体认为客体是她(或者更确切地说是她*)能够通过感知来确定的客体。[2]这是一

---

[1] 参见Evans, The Varieties of Reference, 第6章。

[2] 认为证明指示性指称的感知是自我意识——即感知一个事物就意识到正在感知它——在《指称》中并没有被明确表达。然而,这的确是它的基本原则。一个主体对一个物体的感知使她能够指称它,因为她的感知为她提供了一个想法,该主体可以相对于她*自己定位感知的物体。在感知一个物体时,主体意识到自己*;在感知对象时意识到自己,她意识到自己感知到它。她是否知道"感知"这个词是无关紧要的。在接下来的段落中,感知的自我意识几乎都是明确的,我将回到这段文字:"一个可感知的、客观的、空间世界的概念本身包含着主体存在于世界中的概念"(同上书, p.222)。这将可感知世界的概念表达为自我认知行为只有当感知者知道自己正在感知时,这才成立。

种指称行为，因为感知对象使主体能够定位它，她能以自我为中心，定位与她*自己相关的对象。然而，她对客体的定位意味着，她所定位的事物也能客观地被另一位置所定位——比如这座山、那棵树、那条河等。主体通过这种方式感知对象，对它进行理性的思考，将对象与它的基本概念联系起来，并使其区别于所有其他事物。

若我们也在这个意义上来理解自我思考，我们便会认为，自我思考是通过一种指称行为来应用一个概念，而这种指称行为从空间和时间的所有对象中指定一个对象。那么，当一个人在思考"我"时，他如何在空间和时间中指定一个对象呢？埃文斯的回答是：主体以自我为中心定位了一个指称性思维的对象，并相对于这个对象来定位自己。她不仅将自己指称的对象定位了出来，将它与其他对象区分开来，而且也将她*自己从这些对象中区分开了。[1]

这并不是把自我思考归入对特定对象的一般思考。相反，这恰恰表明了它不属于这类思考。诚然，思考一种指称性的思想时，主体的确将她*自己相对于所思考的对象进行定位，但这并不意味这样一种指称行为，在这种指称行为中，她将自己从一切空间和时间中的对象中区分开来。只有当主体的概念先于她的自我思考时，这样的指称行为才能发生。也只有在这时，她在思考自己的时候才会想到这些对象中的哪一个*，如果有的话，指称行为则会明确是哪个。但事实并非如此。因为对于空间和时间中杂多对象的观念都是自我思考的行为。这一点在埃文斯的作品中被多次提及，他尤其在一段话中表明，就相对稳定的对象系统而言，对象定位也包括这些对象的自我中心定

---

[1] 埃文斯还断言："我们有一种可以被描述为感知我们自己的身体的一般能力，尽管这可以分解成几个不同的能力：我们的本体感知，我们的平衡感，热和冷，压力等等。"（同上书，p.220）我选择忽略这一点，因为埃文斯没有说明这些获得自我认知的方式如何与思想的基本层面联系起来，从而提供一个对自我的充分认识。

位。[1]的确,埃文斯强调,主体对空间和时间中物体世界的看法,就是
对她*所处世界的看法。[2]主语代词"我",即"我"所表达的思维方式,
存在于构成任何指称行为的思想之中;它是构成思考事物的思想的本
质。由此可见,不能将这种思维方式理解为各种各样的指称;更不能
将其理解为一种能力的行为,将思考的能力应用于思考的人身上。

埃文斯想要表明,我在自我思考中所思考的她是一个存在于空间
和时间中的存在,她是物理的、有形的、可感的(他似乎认为这对于反
驳例如"笛卡尔主义"等邪恶的哲学倾向是重要的)。但这并不需要将
我存在于空间和时间中也作为一个事实来确定。我们需要理解一个
主体如何在空间和时间中理解她*自己;我们需要从她在自我思考中
思考自己的方式来理解这一点。因此,如果自我思考涉及一种指称行
为,并从空间和时间中的一切事物中选取一个对象,就像我在自我思
考中所思考的那样,那么我们便会这样做。但并非如此,主体在她*所
感知的对象的指称性思想中定位自己,这意味着,一个主体——不管
怎么说,就是一个思考指称性思想的人——知道自己处于空间和时间
中。这并没有说明她在自我思考中是如何思考自己的。相反,这表明
了她至少不通过指称的方式来思考自己。若要指称性地思考对象,她
就总是会将自身与这些对象区分开来。不管是思考指称,还是思考概

---

[1] 第7章的附录3。参见同上书,p.265:"在这种情况下,对空间的看似客观的思维方式已经被自
    我中心所污染了。"《指称》的编辑认为这是埃文斯的一个担忧,人们可能会认为,他还没有弄
    清自我思考与思考的客观性之间的联系。我所阐述的正是这样一种担忧。

[2] 参看上面部分引用的这段话:"任何一个思考者,如果他有一个关于客观空间世界的想法——
    一个可以被感知但并不依赖于被感知其存在的物体和现象的世界的想法——他必须能够认
    识到,他对世界的感知同时是以他在世界中的位置,以及在那个位置的世界为前提的。一个可
    感知的,客观的空间世界的概念带来了主体存在于世界中的概念,这随着由于他在世界中不
    断移动的位置和世界位置或多或少的相对稳定而带来的感知。认为存在一个客观的世界,与
    主体存在于其中的观点是不能分开的,他所处的位置是由他所感知的对象所给予的。"(同上
    书,p.222)而这必须在第一人称*中被认知。

念,还是思考思想,思考她*自身是她已经先行的行为。无论如何,思考她*自身的行为,都不是指称性的行为。

15.3 安斯康姆

安斯康姆在她的文章《第一人称》中断言,"我"并不指称。埃文斯经常谈到这篇文章和其论点,并拒绝接受它。但很明显,他不是拒绝,而是没有理解。他不知道她这句话可能是什么意思:"我"并不指称。事后看来,我们的处境要好一些:安斯康姆说,"自我认知"中的"自我"不属于内容从句,而是属于认知动词;它并不表明任何有关被认知的东西,而是明确了认知这个行为。正如自我运动不是将一种移动事物的能力应用于自己的身上,自我认知也不是将一种认知事物的能力应用于自己身上。因为,任何移动事物的能力都是自我运动;同样地,正如埃文斯所指出的,任何思考事物的能力的行为都是一种自我思考的行为。

"我"不指称;"我"这个概念并不表明任何命题。没有这样的命题,因为自我认知并不是一种命题的态度。它不是谓述某物的什么,某物就是它自己。它是自我指称的。安斯康姆这样展开她的论证:她讨论了一个人可能指称一个对象的各种方式,特别是通过名称和指示词来指称一个对象,并发现,自我思考并不以这些方式来指称自己。人们可能会忍不住回应,认为这并不表明"我"不指称,而只是表明它不以这些方式指称。我们不得不得出结论,有人可能会说,不是"我"没有指称,而是它以一种不同于这些方式的方式在指称。用埃文斯的话来说,这是一种不同类别的指称。只有当我们给指称下一个一般性的定义,并将自我思考纳入其中时,这一回应才站得住脚。据我所知,唯一一位给予安斯康姆回应,且试图在一般性指称的范围下

来解释自我思考的学者，就是埃文斯。他的工作恰恰证实了安斯康姆
的观点。他表明，我们认为一般意义上的指称的概念来自指示性指称
（demonstrative reference）：通过指示性指称，我们得以理解以我们所
指称的对象的感觉情感和知觉为中介的指称。首先，埃文斯对思考的
描述表明，概念本身并不会特定化自己；为了使一个概念在特定的知识
中有所体现，必须给予一些特定的东西，因为理解它与应用这个概念是
不同的。因此，在任何概念中包含的客体的杂多，都是可被给予的客体
的整体：即感官经验的客体的整体。这个整体的概念就是感官经验的
形式的概念：某物作为感官经验的对象所表现出来的先验特征。[1]此
外，由于指称对象是在感官经验中被给予的，因而在空间中展开，并在
时间中持续存在，因此，在我们对它的思考中，必须有一种概念，通过这
种概念，我们可以设想它的空间和时间的统一性，设想同种类的概念。

当安斯康姆的观点似乎难以理解时，宽容原则要求我们将其解读
得更有限，不是直接说在自我认知中没有指称，而是没有某种指称。
例如，有人可能会说，安斯康姆只是表明，在自我思考中没有接受性指
称，没有接受性的行为或情感行为作为中介的指称。[2]或者，还有人可
能会说，安斯康姆只是认为在自我思考中，没有涉及她所认为的对象
概念的应用。然而，这样说根本就什么也没说，因为在我们减去这些
特征的时候，指称的概念也就发生了变化。[3]

---

[1] 在将这些客体表示为感知对象之前，埃文斯在空间和时间中引入了杂多客体的概念。对比
    Ernst Tugendhat, *Vorlesungen zur Einführung in eine sprachanalytische Philosophie*(Frankfurt
    am Main: Suhrkamp, 2010)将空间解释为与判断客体之间感知关系的形式，从而将相关的整
    体理解为经验客体的整体。

[2] 我也这样认为。参看Sebastian Rödl, *Self—Consciousness* (Cambridge, MA: Harvard University
    Press, 2007) , ch. 4。

[3] 参看Edward Harcourt, "The First Person: Problems of Sense and Reference," in *Logic, Cause
    and Action: Essays in Honour of Elizabeth Anscombe*, ed. Roger Teichmann (Cambridge:
    Cambridge University Press, 2000) , 25–46。

15.4　埃文斯Ⅱ：透明

　　埃文斯描述了一种判断自己相信什么的方法，即思考自己所相信的东西就是自我认知。我可以通过思考是否p来判定我是否相信p。问自己是否p，并推断出p，因为，比如说，存在q、r、s，所以我知道我相信p，事实上，我是基于q、r、s而相信p的，这就是自我认知。理查德·莫兰在《权威与隔阂》中将这一观点延伸运用于欲望。我可以通过反思X是否是可欲的来确定我是否欲求X。询问X是否是可欲的，并且推断确实是基于q、r、s，我知道我欲求X，的确，在q、r、s的条件下，我欲求X。如此，通过反思所思的什么为真，以及为什么为真，我能够知道我所思考的是什么，通过反思什么是可欲的，以及为什么可欲，我能够知道我所欲求的是什么。[1]"透明"一词描述了这一点：一个关于我自己的问题，即，我是否相信P，这个问题对于是否p来说是透明的。前一个问题相对于后一个问题是透明的：我通过思考后者的真值来回答前者。

　　在描述这种获取自我认知的方式——"透明"——时，埃文斯提醒我们注意判断的一种形式特征：判断事物是如此，就是在意识到自己正在回答"事物是否如此"这一问题的情况下，对这一问题的回应。因此，判断事物是如此，就是在判断排除与之相反的事物。所以，判断是以意识到判断真值的方式进行的有意识的判断。故而，判断是一个人基于他认为可能表明他的判断是正确的条件进行的判断；就是有意识地根据这些条件进行判断。

---

[1] 例如, Richard Moran, *Authority and Estrangement: An Essay on Self—Knowledge*（Princeton, NJ: Princeton University Press, 2001）, ch. 2.6。

我们可以将上述有关判断和意愿的特点描述为——判断即是有意识地判断真值，[1]因此，某种程度上，这依赖于一个人判断的有效性；意愿是有意识地意愿善好，某种程度上，这依赖于一个人意愿的善好与否——这种情况下，我们说判断和意愿是理性的。然而，如果以这种方式来考察自我思考，似乎我即是判断，我即是意愿，我即是推理。"我"一词表明了判断、意愿和推理的形式特征，但似乎并不能有助于理解主体是出于空间和时间中的存在。埃文斯很清楚这一点。因此他补充道，以这种方式认为自身相信什么的主体，她自身必须将自己作为空间和时间中的客体来思考。[2]但我们看到，他实际上并没有说明主体如何做到这一点。

这一难题在莫兰那里仍旧存在。莫兰把信念和欲望描述为自我谓述的行为。与埃文斯不同的是，他并没有明确表明，思考的主体是完全形式性的。他也没有提到有必要将他对自我思考的观点与解释一个人如何在空间和时间中理解他*自身结合起来。在莫兰看来，主体知道什么，认为她相信p，这是一个经验性的心理事实，因此它是经验知识的对象。但这一观点无涉于莫兰认为主体如何思考自己*的论述。因而，他认为两种观点都描述了同一件事——即所谓经验性的心理事实——但他并不提供一种包含了这两种观点的论述，从而使二者对同一事物的观点可被理解。[3]

---

[1] 把这称为获取自我认知的方式是误导性的。这表明有些东西需要知道，其中有人可能会或可能不会知道。

[2] Evans, *The Varieties of Reference*, 231f.

[3] 在Rödl, *Self—Consciousness, ch.* 6, 以及Sebastian Rödl, "Intentional Transaction," *Philosophical Explorations* 17.3（2014）：303–16中，我认为，对判断和意愿的另一个主体的理解，也就是对作为物质的和可朽的现实的主体的理解，并不是经验的。

15.5 结 论

"我"不指称：这是我们通过讨论卡斯塔涅达、埃文斯和安斯康姆的观点得出的结论。理解"我"还有另一种不同的方式：即将"我"看作推理、判断和意愿的形式。但我们并不明白作为空间和时间中物质的和可感的存在，"我"是什么。这就是苏格拉底问题。这一问题表达了这样一种困惑：人们对自身充满困惑。对分析哲学有关这一话题的观点的探讨表明，人们的困惑包含在"我"这一表达中：思考"我"，我们不知道所思考的是野兽还是上帝。苏格拉底问题包含在"我"这个语词中，这并不奇怪。这一问题以第一人称提出，因而只能以第一人称回答。它产生于"我"，其答案也一定在于"我"。

（胡浩宇　瞿波　译）

反思四:

自画像

克里斯多夫·S.伍德

自画像可以产生自我认知吗？似乎可以,有两种可能的方式能做到这一点。自画像者可能会在创作自画像的过程中了解到一些关于自己的事情;在完成自画像后,安静地思考也可能会传递关于自我的特殊知识。有趣的是,这些知识会超过个人反思所获得的对自己的了解。

不过,在评估这些可能性之前,我们必须先定义自画像。肖像是指一个真人的形象,通过将名称与图像连接起来,或者通过创建一定程度的相似描述来让(至少一些)持有人将图像识别为个体,从而实现参照效果。许多肖像画的参照物都消失了,但是当这些描绘符合肖像画的惯例时,它们可能会起到参照效果。

有时,一个人希望为自己画一幅肖像,但他缺乏绘制肖像的技能。所以他会把这项工作委托给画家或摄影师。不过,模特可以继续为自画像的绘制作出贡献,通过摆出姿势,来对抗艺术家控制绘画的意愿。

当委托肖像的个人和制作肖像的个人是同一个人时,我们称这幅画为自画像。这个人拥有一面镜子,知道如何画画,或者知道如何在相机上操作定时器,因此不需要引入他者。肖像背后的两个代理人成为一体。肖像画中两个意志的竞争关系瓦解了,自画像里,画家进入了摆姿势和观看姿势的反馈循环。自画像和委托肖像的区别在于后者是共享的。委托肖像可以被理解为自画像的特例。

在制作自画像的过程中，自画像者是否可以学习特定的关于他自己的内容？在凝视脸部的感知并保持静止的过程中，自画像能够比镜子中已经看到的东西多些什么？请注意，这里的主题是15世纪以来的自画像，当时有用的镜子首次出现在欧洲。镜子时代（以及后来的相机时代）的自我认知主要是为了个性化：识别那些区别于其他人的属性。自我认知的其他传统，例如提醒我们都是凡人的基督教箴言"凡人终有一死"，都是去个性化的。

"自画像能提供关于个体的知识吗？"这个问题的答案是肯定的。镜子中的自我审视以及用油漆或粉笔在镜子中渲染图像的努力，可能会以比内省更有规律的方式成功地将自我以及在社会中引导自我的姿势和表情系统聚焦起来。此外，自画像者可以学会从其他人的角度看待自己。想必透视自己的能力是自我认知的途径之一。观看成品也可能产生自我认知，因为肖像，或者任何肖像都可以提供对被社交表现所掩盖的角色、性格、心理状态、希望、恐惧、妄想等方面的洞察。即使在制作图像后没有持续的私人学习过程，例如在机械照相亭内拍摄照片时，也可以实现治疗的效果或启发自我认知。

然而，我们也有理由怀疑描绘能多大程度上促进对一个人的了解：首先，静止的图像减少了人们了解一个人的其他众多渠道。例如，观察一个人的行为或聆听她的谈话，是了解该人的某些事情、包括一个人的自我的好方法。

其次，服装和由模特选择的姿势可能会干扰对人物的真正洞察力。这不仅仅只是发生在肖像中，也发生在生活中。它甚至可能发生在私人反思中，虚荣心让我们为自己呈现出被我们珍爱的自我形象。不过，自画像与自省中产生的自我形象不同，因为他们最终可能会被其他人看到。画肖像，包括自画像，与其说是自省，不如说是穿上衣服走到公众面前。

第三，肖像和肖像画家不得不尊重媒介、技术和惯例，以确保可理解性，这影响了对整个人的观察。特别是，肖像作为艺术作品的任何主张都可能与任何有助于认知的决心发生冲突，因为在大多数（但不是全部）艺术理论中，艺术作品之所以区别于文物、信息或表演，就在于其不必保持其他事物被期望具有的相似性。通过补充、扭曲、重新构建、夸大或以其他方式模糊观察对象的清晰、合理的视觉，绘画或照片就成为一件成功的艺术作品。对于弗朗西斯·培根来说，艺术形式创造的想象力是不可信任的，因为它是遮蔽真实知识的"种族假相"之一。

最后，描绘一个人往往也是赋予一个人某种程度上延续，甚至是永恒的方法，而一件被认为是艺术作品的肖像似乎对此更有帮助。但自我纪念与自我去神秘化是相冲突的，这是关于自我认知的一些经典学科的核心议题。

荷兰画家伦勃朗（1606—1669）通过绘画、素描和蚀刻三种媒介画了许多自画像。其中一幅是他对自己的描绘，他的表情很惊愕，这幅画的创作时间为1630年，尺寸为51毫米×46毫米。

他正在镜子前扮鬼脸，而这似乎在我们和关于伦勃朗·范·赖恩的更深层次的认识之间笼上了一层面纱。人们可能会怀疑伦勃朗是否打算看到，或者揭示任何有关他的有趣的事情。也许他只是把自己当成一个模特，以便为他画中的一个表情惊愕的人物塑造一个令人信服的样貌。但这并不是一项私人研究，仅供他自己参照，因为他选择了蚀刻这一媒介，这种媒介可以将一幅图像复制出多份出版。他为自己制作了足够的蚀刻和绘画作品，最终他可以使得人们能够识别他的脸和他的风格，并因此认识到这是一幅自画像。那种将快速的线条被划入蜡面，模仿头发的缠结的风格，也是他风格化自我的一个方面；应用富有表现力的阴影；注重脸部，忽视身体和环境——这本身就是自画像的一个维度。艺术家也通过他的描绘手段展示自己。伦勃朗经常在他的自画像中摆出雄壮的姿势。他喜欢服装。也许通过采取一种姿势，他承认了自己，并向我们透露他的表现的弱点。这个小小的细节可以被认为是自我认知的呈现。然而，没有办法知道这对艺术家意味着什么。摆姿势和观看的反馈循环太紧密了。

近四个世纪以来，这幅蚀刻画被视为珍品，并被收藏家和博物馆所收藏。艺术作品是一种想象力的建构，超越了它可能服务的包括知识在内的所有实际功能。然而，说这种蚀刻的艺术品质抵消了认知价值是不正确的；反而，它可能增加认知价值。苏格拉底所称赞的那种对自身有限性的清醒评价可能不是唯一的自我认知。艺术品也许会引发关于自我的非教导性的直觉。

我们能不能就所谓的自拍，即用手机摄像头拍摄并在互联网上发布的自画像说出同样的观点？自拍起初只不过是自画像的激进民主化，通过使拍摄过程尽可能简单，它延续了20世纪初小型手持相机发起的技术的去神秘化。自拍的冲动是不可抗拒的。但在这种媒介中，艺术成就的可能性是有限的。不过，请记住伦勃朗的原始自拍，我们不希望过早地排除这样的假设，即每张自拍中所蕴含的想象的自我造型的确可以促成自我认知。

（刘文超　译）

参考文献

一手文献

Anonymous. *The Book of Privy Counselling*. Manuscript: British Library Harley 674 (H), fols. 92r–iiov.

Anonymous. *The Cloud of Unknowing*. Manuscript: British Library Harley 674 (H), fols. I 7 V–3 Ⅳ.

Anscombe, G. E. M. "The First Person." In *Collected Philosophical Papers*, vol. 2, *Metaphysics and the Philosophy of Mind, 21–36*. Minneapolis: University of Minnesota Press, 1981.

Aristotle. *The Categories*. Translated by H. P. Cooke. Loeb Classical Library No. 325. Cambridge, MA: Harvard University Press, 1983.

Aristotle. *The Complete Works of Aristotle*. 2 vols. Edited by J. Barnes. Princeton, NJ: Princeton University Press, 1984.

Aristotle. *De anima*. Translated by D. W. Hamlyn. Oxford: Clarendon Press, 1993.

Aristotle. *Ethica Eudemia*. Edited by R. Walzer and J. Mingay. Oxford: Oxford University Press, 1991.

Aristotle. *Ethica Nicomachea*. Edited by I. Bywater. Oxford: Oxford University Press, 1963.

Aristotle. *Magna Moralia*. Edited by F. Susemihl. Leipzig: Teubner, 1883.

Augustinus. *Contra academicos, De beata vita, De ordine, De libero arbitrio*. Edited by William M. Green. Corpus Christianorum, Series Latina, 29. Turnhout: Brepols, 1970.

Augustinus, Aurelius. *Confessiones*. Edited by Martinum Skutella and Lucas

Verheijen. Corpus Christianorum, Series Latina, 27. Turnhout: Brepols, 1983.

Augustinus, Aurelius. *De Trinitate.* Edited by W. J. Mountain. Corpus Christianorum, Series Latina, 50-50A. Turnhout: Brepols, 1968.

Brentano, Franz. *Descriptive Psychology.* Transl. by Benito Muller. London: Routledge, 1995.

Brentano, Franz. *Deskriptive Psychologie.* Edited by Roderick M. Chisholm and W. Baumgartner. Hamburg : Meiner, 1982.

Brentano, Franz. *Psychologie vom empirischen Standpunkt.* Edited by Oskar Kraus. Hamburg : Meiner 2013.

Brentano, Franz. *Psychology from the Empirical Standpoint.* Trans. By Antos C. Rancurello, D.B. Terrell, and Linda McAlister. London: Routledge, 1995.

Butler, Joseph. *The Analogy of Religion.* 2nd ed. London: James, John & Paul Knapton, 1736.

Butler, Joseph. *Sermons Delivered at Rolls Chapel.* 2nd ed. London: James & John Knapton, 1729.

Calvin, Jean. *Institution de la religion chretienne.* Geneva: Philbert Hamelin, 1554.

Castaneda, Hector-Neri. "'He': A Study in the Logic of Self-Consciousness." *Ratio* 8 (1996): 130–57.

Cicero, Quintus Tullius. *De Finibus Bonorum et Malorum.* Edited by L. D. Reynolds. Oxford: Oxford University Press, 1998.

Coleridge, Samuel Taylor. *The Major Works.* Edited by H. J. Jackson. Oxford: Oxford University Press, 2009.

Descartes, Rene. *Oeuvres.* Edited by Charles Adam and Paul Tannery. Paris: Vrin, 1983–91.

Descartes, Rene. *The Philosophical Writings of Descartes.* Translated and edited by John Cottingham, Robert Stoothoff, and Dugald Murdoch (vols. 1–2), and Anthony Kenny (vol. 3). Cambridge : Cambridge University Press, 1984–91.

Dietrich of Freiberg. *Opera omnia.* Edited by K. Flasch et al. Hamburg : Meiner, 1977–85.

Dilthey, Wilhelm. *Der Aufbau der Geschichtlichen Welt in den Geisteswissenschaften.* Frankfurt am Main: Suhrkamp, 1974.

Dilthey, Wilhelm. *Einleitung in die Geisteswissenschaften. Gesammelte Schriften*, vol. 1. Leipzig: Teubner, 1923.

Dilthey, Wilhelm. *Selected Writings*. Edited by R. A. Makkreel and F. Rodi. Vol. 1.
Princeton, NJ: Princeton University Press, 1989.

Dilthey, Wilhelm. *Selected Writings*. Translated by H. P. Rickman. Cambridge:
Cambridge University Press, 1976.

Diogenes Laertius. "Diogenis Laertii Vitae philosophorum." In *Bibliotheca
scriptorum Graecorum et Romanorum Teubneriana*, vol. 1: *Books I-X;* vol. 2:
Excerpta Byzantina; vol. 3. Edited by Miroslav Marcovich. Stuttgart: Teubner,
1999–2002.

Eckhart, Meister. *Die deutschen und lateinischen Werke*. Stuttgart: W. Kohlhammer,
1936.

Eckhart, Meister. *The Essential Sermons, Commentaries, Treatises, and Defense*.
Edited by Edmund Colledge and Bernard McGinn. Mahwah, NJ: Paulist Press,
1981.

Esprit, Jacques. *Discourses on the Deceitfulness of Humane Virtues*. Translated by
William Beauvoir. London: Andrew Bell, 1706.

Esprit, Jacques. *La faussete des vertus humaines*. Paris: Guillaume Desprez, 1678.

Evans, Gareth. *The Varieties of Reference*. Oxford: Oxford University Press, 1982.

Foucault, Michel. "L'eriture de soi." *Corps ecrit* No. 5, LAutoportrait (1983): 3–23.

Foucault, Michel. *Hermeneutics of the Subject: Lectures at the College de France
(1981–82)*. Translated by Graham Burchell. New York: Palgrave Macmillan, 2005.

Freud, Anna. *The Ego and the Mechanisms of Defense*. Translated by C. Baines.
London: Hogarth Press, 1966.

Freud, Sigmund. *Gesammelte Werke*. London: Imago, 1991.

Freud, Sigmund. *The Standard Edition of the Complete Psychological Works of
Sigmund Freud*. Translated and edited by James Strachey in collaboration with
Anna Freud, assisted by Alix Strachey and Alan Tyson. 24 vols. London: Hogarth
Press, 1956–74.

Guelincx, Arnold. *Ethics. With Samuel Beckett's Notes*. Translated by Martin Wilson,
edited by Han van Ruler, Anthony Uhlmann, and Martin Wilson. Boston: Brill,
2006.

Hadewijch. *Brieven*. Edited by Jozef Van Mierlo. 2 vols. Louvain: Vlaamsch
Boekenhalle, 1924–25.

Hadewijch. *The Complete Works*. Translated by Columba Hart. Mahwah, NJ: Paulist

Press, 1980.

Hadewijch. *Visioenen.* Edited by Jozef Van Mierlo. 2 vols. Louvain: Vlaamsch
Boekenhalle, 1924–25.

Hegel, Georg W. F. *Enzyklopudie derphilosophischen Wissenschaften im Grundrisse
(1830).* Edited by Wolfgang Bonsiepen and Hans-Christian Lucas. Hamburg :
Felix Meiner Verlag, 1992.

Hegel, Georg W. F. *Hegel's Philosophy of Mind.* Translated (from the 1830 edition,
together with the *Zusdtze)* by William Wallace and Arthur V. Miller with revisions
and commentary by Michael J. Inwood. New York: Oxford University Press, 2007.

Heidegger, Martin. *Being and Time.* Translated by John Macquarrie and Edward
Robinson. New York: Harper & Row, 1962.

Heidegger, Martin. *History of the Concept of Time: Prolegomena.* Translated by T.
Kisiel. Bloomington: University of Indiana Press, 1985.

Heidegger, Martin. "Platon: Sophistes." In *Gesamtausgabe*, vol. 19. Frankfurt am
Main: Vittorio Klostermann, 1992.

Heidegger, Martin. *Plato's "Sophist."* Translated by R. Rojcewicz and A. Schuwer
Bloomington: University of Indiana Press, 1997.

Heidegger, Martin. "Prolegomena zur Geschichte des Zeitbegriffs." In
Gesamtausgabe, vol. 15. Frankfurt am Main: Vittorio Klostermann, 1979.

Heidegger, Martin. *Sein undZeit.* Tubingen: Max Niemeyer, 1972.

Hilton, Walter. *The Scale of Perfection.* Manuscript: Cambridge University Library
MS Add. 6686, p. 284.

Hobbes, Thomas. *Leviathan.* Edited by Noel Malcolm. 3 vols. Oxford: Clarendon
Press, 2012.

Hobbes, Thomas. *Leviathan.* Edited by Richard Tuck. Cambridge: Cambridge
University Press, 1991.

Homer. *The Odyssey.* Translated and edited by Richard Lattimore. New York: Harper
& Row, 1967.

Homeri. *Opera.* Edited by Thomas W. Allen. Oxford: Clarendon Press, 1949-51.

Hume, David. *Essays Moral, Political, and Literary.* Edited by Eugene F. Miller.
Indianapolis: Liberty Fund, 1985.

Hume, David. *A Treatise of Human Nature.* 2nd ed. Edited by L. A. Selby-Bigge and
revised by P. H. Nidditch. Oxford: Clarendon Press, 1978.

Husserl, Edmund. *Cartesian Meditations*. Translated by Dorion Cairns. The Hague: Nijhoff, 1967.

Husserl, Edmund. *Collected Works*. Translated by Thomas Sheehan and Richard E. Palmer. Vol. 6. Dordrecht: Kluwer Academic Publishers, 1997.

Husserl, Edmund. *The Crisis of European Sciences and Transcendental Phenomenology: An Introduction to Phenomenological Philosophy*. Translated by David Carr. Evanston, IL: Northwestern University Press, 1970.

Husserl, Edmund. "Fichte's Ideal of Humanity [Three Lectures]." Translated by James G. Hart. *Husserl Studies* 12 (1995): 111–33.

Husserl, Edmund. *Formal and Transcendental Logic*. Translated by Dorion Cairns. The Hague : Nijhoff, 1969.

Husserl, Edmund. *Husserliana: Gesammelte Werke*. Dordrecht: Springer, 1956- . Husserl, Edmund. *Ideas for a Pure Phenomenology and Phenomenological Philosophy. First Book: General Introduction to Pure Phenomenology*. Translated by Daniel O. Dahlstrom. Indianapolis: Hackett, 2014.

Husserl, Edmund. "Ideas Pertaining to a Pure Phenomenology and to a Phenomenological Philosophy, Second Book." In *Collected Works*, vol. 3, translated by Richard Rojcewicz and Andre Schuwer. Dordrecht: Kluwer, 1989.

Husserl, Edmund. *Logical Investigations*. Translated by John N. Findlay. Edited by Dermot Moran. 2 vols. New York: Routledge, 2001.

Husserl, Edmund. *Shorter Works*. Translated and edited by Frederick Elliston and Peter McCormick. Notre Dame, IN: University of Notre Dame Press, 1981.

Jansenius, Cornelius. *Augustinus*. 3 vols. Leuven: Jacob Zegeri, 1640.

Kant, Immanuel. *Anthropology from a Pragmatic Point of View*. Translated and edited by Robert B. Louden. New York: Cambridge University Press, 2006.

Kant, Immanuel. *Critique of Practical Reason*. Translated and edited by Mary Gregor. New York: Cambridge University Press, 1997.

Kant, Immanuel. *Critique of Pure Reason*. Translated and edited by Paul Guyer and Allen W. Wood. Cambridge: Cambridge University Press, 1998.

Kant, Immanuel. *Gesammelte Schriften*. Edited by Preussische Akademie der Wissenschaften et al. Berlin: Verlag Georg Reimer, 1900–.

Kant, Immanuel. *Groundwork of the Metaphysics of Morals*. Translated and edited by Mary Gregor and Jens Timmermann. New York: Cambridge University Press,

2012.

Kant, Immanuel. *Kritik der reinen Vernunft*. Edited by Jens Timmermann. Hamburg : Felix Meiner Verlag, 1998.

Kant, Immanuel. *The Metaphysics of Morals*. Translated and edited by Mary Gregor. Cambridge: Cambridge University Press, 1997.

Kant, Immanuel. *Religion within the Boundaries of Mere Reason and Other Writings*. Translated and edited by Allen Wood and George di Giovanni. Cambridge: Cambridge University Press, 1998.

Kierkegaard, S0ren. *Christian Discourses*. Translated by Howard V. Hong and Edna H. Hong. Princeton, NJ: Princeton University Press, 1987.

Kierkegaard, S0ren. *The Concept of Anxiety*. Translated by Reidar Thomte. Princeton, NJ: Princeton University Press, 1980.

Kierkegaard, S0ren. *The Concept of Irony*. Translated by Howard V. Hong and Edna H. Hong. Princeton, NJ: Princeton University Press, 1989.

Kierkegaard, S0ren. *Concluding Unscientific Postscript*. Translated by Howard V. Hong and Edna H. Hong. Princeton, NJ: Princeton University Press, 1992.

Kierkegaard, S0ren. *Either/Or.* Translated by Howard V. Hong and Edna H. Hong. 2 vols. Princeton, NJ: Princeton University Press, 1987.

Kierkegaard, S0ren. *Fear and Trembling and Repetition*. Translated by Howard V. and Edna H. Hong. Princeton, NJ: Princeton University Press, 1983.

Kierkegaard, S0ren. *Judge for Yourself!* Translated by Howard V. Hong and Edna H. Hong. Princeton, NJ: Princeton University Press, 1987.

Kierkegaard, S0ren. *Kierkegaard's Journals and Notebooks*. Edited by Niels J0rgen Cappel0rn et al. Princeton, NJ: Princeton University Press, 2007-.

Kierkegaard, S0ren. *Letters and Documents*. Translated by Henrik Rosenmeier. Princeton, NJ: Princeton University Press, 1978.

Kierkegaard, S0ren. *Philosophical Fragments*. Translated by Howard V. and Edna H. Hong. Princeton, NJ: Princeton University Press, 1985.

Kierkegaard, S0ren. *The Sickness unto Death*. Translated by Howard V. Hong and Edna H. Hong. Princeton, NJ: Princeton University Press, 1980.

Kierkegaard, S0ren. *S0ren Kierkegaard's Journals and Papers*. Edited and translated by Howard V. Hong and Edna H. Hong. 7 vols. Bloomington : Indiana University Press, 1967-78.

Kierkegaard, S0ren. *S0ren Kierkegaards Skrifter.* Edited by Niels J0rgen Cappel0rn et al. Vols. 1–28 and K1–28. Copenhagen: Gad, 1997.

Kierkegaard, S0ren. *Two Ages.* Translated by Howard V. Hong and Edna H. Hong. Princeton, NJ: Princeton University Press, 1978.

Kierkegaard, S0ren. *Works of Love.* Translated by Howard V. Hong and Edna H. Hong. Princeton, NJ: Princeton University Press, 1995.

Lacan, Jacques. *Ecrits: A Selection.* Translated by Alan Sheridan. New York: Norton, 1977.

Mandeville, Bernard. *The Fable of the Bees.* Edited by F. B. Kaye. Oxford: Clarendon Press, 1924.

Marcus Aurelius. *Meditations.* Translated by R. Hardie. Ware: Wordsworth, 1997.

Matthew of Aquasparta. *Quaestiones de fide et cognitione.* Edited by PP. Collegii S. Bonaventurae. Quaracchi: Collegium S. Bonaventurae, 1957.

Natorp, Paul. *Einleitung in die Psychologie nach kritischer Methode.* Freiburg: Mohr, 1888.

Nicole, Pierre. *Essais de Morale.* 3 vols. Paris: Guillaume Desprez, 1701.

Nicole, Pierre. *Moral Essays, Contain'd in Several Treatises on Many Important Duties.* 4 vols. London: Printed for Samuel Manship, 1696.

Philodemus. "On the Stoics." In T. Dorandi, *Filodemo. Gli Stoici (PHerc 155 e 339). Cronache Ercolanese* 12 (1982): 91–133.

Plato. *The Complete Works of Plato.* Edited by John M. Cooper and D. S. Hutchinson. Indianapolis: Hackett, 1997.

Plato. "Phaedrus." In *Complete Works,* translated by Alexander Nehamas and Paul Woodruff, edited by John M. Cooper, 506-56. Indianapolis: Hackett, 1997.

Plotinus. *Plotinus in Seven Volumes.* Translated by A. H. Armstrong. Loeb Classical Library. Cambridge, MA: Harvard University Press, 1966–88.

Plotinus *Schriften.* Translated by Richard Harder. Hamburg : Felix Meiner Verlag, 1956.

Plotinus. *Opera.* Vols. 1–3. Edited by Paul Henry and Hans-Rudolph Schwyzer. Scriptorum Classicorum Bibliotheca Oxoniensis. Oxford: Oxford University Press, 1964–83.

Porete, Marguerite. *Le Mirouer des simple ames.* Edited by Romana Guarnieri. Turnhout: Brepols, 1986.

Richard de St. Victor. *De Trinitate: texte critique avec introduction, notes et tables.* Edited by Jean Ribaillier. Paris: Vrin, 1954.

Ricoeur, Paul. *Oneself as Another.* Translated by K. Blamey. Chicago: University of Chicago Press, 1992.

Ricoeur, Paul. *Soi-memecomme un Autre.* Paris: Editions du Seuil, 1990.

Rochefoucauld, Francois de la. *Collected Maxims and Other Reflections.* Translated by E. H. Blackmore, A. M. Blackmore, and Francine Giguere. Oxford: Oxford University Press, 2007.

Ruusbroec, Jan. *Werken.* 2nd ed. Edited by the Ruusbroecgenootschap. 4 vols. Tielt: Uitgeverij Lannoo, 1944–48.

Ruusbroec, John. *The Spiritual Espousals and Other Works.* Edited and translated by J. A. Wiseman. Mahwah, NJ: Paulist Press, 1985.

Ryle, Gilbert. *The Concept of Mind.* Chicago: University of Chicago Press, 1949.

Schopenhauer, Arthur. *Arthur Schopenhauer's sdmtliche Werke.* Edited by Paul Deussen. Munich: R. Piper Verlag, 1911–42.

Schopenhauer, Arthur. *Essay on the Freedom of the Will.* Translated by K. Kolenda. New York: Liberal Arts Press, 1960.

Schopenhauer, Arthur. *The World as Will and Representation.* Translated by E. F. J. Payne. 2 vols. New York: Dover, 1969.

Seneca. *Epistles.* 3 vols. Translated by R. M Gummere. Cambridge, MA: Harvard University Press, 1917–25.

Sextus Empiricus. *Against the Ethicists (Adversus Mathematicos XI).* Translated by Richard Bett. Oxford: Clarendon Press, 2000.

Sextus Empiricus. *Against the Logicians.* Translated by R. G. Bury. Loeb Classical Library No. 291. Cambridge, MA: Harvard University Press, 1983.

Shaftesbury, Anthony Ashley Cooper, Third Earl of. *Characteristics of Men, Manners, Opinions, Times.* Edited by Lawrence E. Klein. Cambridge: Cambridge University Press, 1999.

Shelley, Percy. *Shelley's Poetry and Prose.* Edited by Donald H. Reiman and Neil Fraistat. 2nd ed. New York: Norton, 2002.

Spinoza, Baruch de. *The Collected Works of Spinoza.* Edited and translated by Edwin Curley. Princeton, NJ: Princeton University Press, 1985.

Thomas Aquinas. *Quaestiones disputatae de veritate.* Editio Leonina XXII. Rome:

Commissio Leonina; Paris: Cerf, 1970-75.

Thomas Aquinas. *Summa theologiae*. Edited by Peter Caramello. Rome: Marietti, 1952.

Thomas Aquinas. *The Treatise on Human Nature: Summa Theologiae*. Edited and translated by Robert Pasnau. Indianapolis: Hackett, 2002.

Zinn, Grover, ed. and trans. *The Twelve Patriarchs, The Mystical Ark, and Book Three of The Trinity*. Mahwah, NJ: Paulist Press, 1979.

二手文献

Ackeren, Marcel van, ed. *A Companion to Marcus Aurelius*. Oxford: Blackwell, 2012.

Ackeren, Marcel van. *Die Philosophie Marc Aurels*. Vol. 1: *Textform— Stillmerkmale Selbstdialog*. Vol. 2: *Themen— Begriffe— Argumente*. Berlin: de Gruyter, 2011.

Ackeren, Marcel van, and Jan Opsomer, eds. *Meditations and Representations: The Philosopher and Emperor Marcus Aurelius in Interdisciplinary Light*. Wiesbaden: Reichert, 2012.

Allesse, Francesca. "Il tema delle affezioni nell'antropologia di Marco Aurelio." In *Antichi e moderni nella filosofia de eta imperiale,* edited by Aldo Brancacci, 111- 34. Naples: Bibliopolis, 2001.

Allesse, Francesca. *La Stoa e la tradizione socratica*. Naples: Bibliopolis, 2000.

Alston, William. "Varieties of Privileged Access." *American Philosophical Quarterly* 8 (1971): 223-41.

Annas, Julia. *Platonic Ethics, Old and New*. Ithaca, NY: Cornell University Press, 1999.

Annas, Julia. "Self-Knowledge in Early Plato." In *Platonic Investigations*, edited by D. J. O'Meara, 111-37. Washington, DC: Catholic University of America Press, 1985.

Asendorpf, Jens B., Veronique Warkentin, and Pierre-Marie Baudonniere. "Self- Awareness and Other-Awareness Ⅱ : Mirror Self-Recognition, Social Contingency Awareness, and Synchronic Imitation." *Developmental Psychology* 32.2 (1996): 313-21.

Aubry, Gwenaelle. "Metaphysics of Soul and Self in Plotinus." In *The Routledge Handbook of Neoplatonism*, edited by Pauliina Remes and Svetla Slaveva-Griffin, 266-72. New York: Routledge, 2014.

Barnouw, Jeffrey. "Persuasion in Hobbes's Leviathan." *Hobbes Studies* 1 (1988): 3–25. Beabout, Gregory R. *Freedom and Its Misuses: Kierkegaard on Anxiety and Despair*. Milwaukee : Marquette University Press, 1996.

Beckwith, Sarah. *Christ's Body: Identity, Culture, and Society in Late Medieval Writings*. London: Routledge, 1993.

Beierwaltes, Werner. *Platonismus im Christentum*. Frankfurt am Main: Vittorio Klostermann Verlag, 1998.

Benson, Hugh. "A Note on Socratic Self-Knowledge in the Charmides." *Ancient Philosophy* 23 (2003): 31–47.

Bernecker, Sven. "Kant zur moralischen Selbsterkenntnis." *Kant- Studien* 97 (2006): 163–83.

Bilgrami, Akeel. *Self- Knowledge and Resentment*. Cambridge, MA: Harvard University Press, 2006.

Booth, Edward. "St. Augustine's 'notia sui' Related to Aristotle and the Early Neo-Platonists." *Augustiniana* 27 (1977): 27–29.

Borgstadt, Elvira, trans. "The 'Sister Catherine' Treatise." In *Meister Eckhart: Teacher and Preacher*, edited by Bernard McGinn, 347–388. New York: Paulist Press, 1986.

Boyle, Matthew. "Two Kinds of Self-Knowledge." *Philosophy and Phenomenological Research* 78 (2009): 133–64.

Brachtendorf, Johannes. "Augustins Begriff des menschlichen Geistes." In *Seele, Denken, Bewuße tsein: Zur Geschichte der Philosophie des Geistes,* edited by U. Meixner und A. Newen, 90–123. Berlin: de Gruyter, 2003.

Brachtendorf, Johannes. *Die Struktur des menschlichen Geistes nach Augustinus: Selbstreflexion und Erkenntnis Gottes in "De Trinitate"*. Hamburg: Felix Meiner, 2000.

Brachtendorf, Johannes. "Endlichkeit und Subjektivität: Zur Bedeutung des Subjekts im Denken Augustins." In *Fluchtpunkt Subjekt: Facetten und Chancen des Subjektgedankens*, edited by G. Krieger and H.-L. Ollig, 37–53. Paderborn: Schoningh, 2001.

Brachtendorf, Johannes. *Gott und sein Bild— Augustins "De Trinitate" im Spiegelgegenwdrtiger Forschung*. Edited by Johannes Brachtendorf. Paderborn : Schoningh, 2000.

Brachtendorf, Johannes. "Time, Memory, and Selfhood in *De Trinitate*." In *Le "De Trinitate" de Saint Augustin: Exegese, logique et noetique*, edited by E. Bermon and G. P. O'Daly, 221–33. Paris: Institut d'Etudes Augustiniennes, 2012.

Brennan, Tad. "Reading Plato's Mind." In *Keeling Colloquium in Ancient Philosophy*, edited by Fiona Leigh. Forthcoming.

Brennan, Tad. *The Stoic Life: Emotions, Duties, and Fate*. Oxford: Oxford University Press, 2005.

Brouwer, Rene. *The Stoic Sage: The Early Stoics on Wisdom, Sagehood and Socrates*. Cambridge: Cambridge University Press, 2013.

Brower-Toland, Susan. "Medieval Approaches to Consciousness: Ockham and Chatton." *Philosophers' Imprint* 12.17 (2012): 1–29.

Burge, Tyler. "Our Entitlement to Self-Knowledge." *Proceedings of the Aristotelian Society* 96 (1996): 91–116.

Burkert, Walter. *Griechische Religion der archaischen und klassischen Epoche*. Stuttgart: Kohlhammer, 2011.

Burnyeat, Myles. "Aquinas on 'Spiritual Change' in Perception." In *Ancient and Medieval Theories of Intentionality*, edited by Dominik Perler, 129–53. Leiden: Brill, 2001.

Burnyeat, Myles. "The Truth of Tripartition." *Proceedings of the Aristotelian Society* 106 (2006): 1–23.

Bynum, Caroline Walker. *Fragmentation and Redemption: Essays on Gender and the Human Body in Medieval Religion*. New York: Zone Books, 1992.

Bynum, Caroline Walker. *Holy Feast and Holy Fast: The Religious Significance of Food to Medieval Women*. Berkeley: University of California Press, 1987.

Carlo, Irena, Hanne Jacobs, and Filip Mattens, eds. *Philosophy, Phenomenology, Sciences: Essays in Commemoration of Edmund Husserl*. Dordrecht: Springer, 2010.

Carruthers, Peter. *Consciousness: Essays from a Higher- Order Perspective*. Oxford: Oxford University Press, 2005.

Carruthers, Peter. Review of Cassam's *Self- Knowledge for Humans*. *Notre Dame Philosophical Reviews*, 2015.04.16.

Cary, Phillip. *Augustine's Invention of the Inner Self: The Legacy of a Christian Platonist*. Oxford: Oxford University Press, 2000.

Cassam, Quassim. *Self- Knowledge for Humans*. Oxford: Oxford University Press, 2014.

Chrystal, I. "Plotinus on the Structure of Self-Intellection." *Phronesis* 43 (1998): 264–86.

Clark, Henry. *La Rochefoucauld and the Language of Unmasking in Seventeenth-Century France*. Geneva: Librairie Droz, 1994.

Cory, Therese Scarpelli. *Aquinas on Human Self- Knowledge*. Cambridge : Cambridge University Press, 2014.

Courcelle, Pierre. " *Connais-toi toi meme" de Socrates a Saint Bernard*. 3 vols. Paris: Etudes Augustiniennes, 1974–75.

Dennett, Daniel C. "Conditions of Personhood." In *The Identity of Persons*, edited by Richard Rorty, 175–96. Berkeley : University of California Press, 1976.

Dodds, E. R. *Les sources de Plotin*. Geneva: Fondation Hardt, 1960.

Drecoll, Volker Henning. *Die Entstehung der Gnadenlehre Augustins*. Tiibingen: Mohr Siebeck, 1999.

Drever, M. *Image, Identity, and the Forming of the Augustinian Soul*. Oxford: Oxford University Press, 2013.

Emilsson, E. "Plotinus on the Objects of Thought." *Archiv fur Geschichte der Philosophie* 77 (1995): 21–41.

Engstrom, Stephen. "Self-Consciousness and the Unity of Knowledge." *International Yearbook of German Idealism* 11 (forthcoming).

Flasch, Kurt. *Dietrich von Freiberg. Philosophie, Theologie, Naturforschung um 1300*. Frankfurt am Main: Klostermann, 2007.

Frankfurt, Harry. "Freedom of the Will and the Concept of a Person." *Journal of Philosophy* 68 (1971): 5–20.

Friedman, Russell L., and Jean-Michel Counet, eds. *Medieval Perspectives on Aristotle's "De Anima"*. Louvain: Peeters, 2013.

Gallup, G. G. "Chimpanzees: Self-Recognition." *Science* 167 (1970): 86–87.

Garrett, Aaron. "Seventeenth-Century Moral Philosophy : Self-Help, SelfKnowledge, and the Devil's Mountain." In *Oxford Handbook of the History of Ethics*, edited by Roger Crisp, 229–79. Oxford: Oxford University Press, 2012.

Gerson, Lloyd P. "Neoplatonic Epistemology." In *The Routledge Handbook of Neoplatonism*, edited by Pauliina Remes and Svetla Slaveva-Griffin, 266–72. New

York: Routledge, 2014.

Gertler, Brie. "Self-Knowledge." In *The Stanford Encyclopedia of Philosophy,* edited by Edward N. Zalta. Summer 2015 ed. http://plato.stanford.edu/archives/ sum2015/entries/self-knowledge/.

Gertler, Brie. *Self- Knowledge.* New York: Routledge, 2011.

Giavatto, Angelo. *Interlocutore di se stesso: La dialettica di Marco Aurelio.* Hildesheim: Olms, 2008.

Gill, Christopher. "Marcus Aurelius' Meditations: How Stoic and How Platonic?" In *Platonic Stoicism— Stoic Platonism: The Dialogue between Platonism and Stoicism in Antiquity,* edited by Mauro Bonazzi and Christoph Helmig, 189–208. Leuven: Peters, 2007.

Gill, Christopher, trans. *Marcus Aurelius Meditations: Books 1-6.* Oxford: Oxford University Press, 2013.

Gill, Christopher. *The Self in Dialogue.* Oxford: Oxford University Press, 1998.

Gill, Christopher. *The Structured Self in Hellenistic and Roman Thought.* Oxford : Oxford University Press, 2006.

Gluck, J., and S. Bluck. "Laypeople's Conceptions of Wisdom and Its Development: Cognitive and Integrative Views." *Journal of Gerontology: Psychological Sciences* 66B (2011): 321–24.

Grundmann, Herbert. "Die Frauen und die Literatur im Mittelalter: Ein Beitrag zur Frage nach der Entstehung des Schrifttums in der Volkssprache." *Archiv fur Kulturgeschichte* 26 (1936): 129–61.

Guignon, Charles. *On Being Authentic.* London: Routledge, 2004.

Guion, Beatrice. *Pierre Nicole moraliste:* Paris: Honore Champion, 2002.

Guyer, Paul. "Moral Feelings in the *Metaphysics of Morals.*" In *Kant's Metaphysics of Morals: A Critical Guide,* edited by Lara Denis, 130–51. New York: Cambridge University Press, 2010.

Hadot, Pierre "L'image de la trinite dans lame chez Marius Victorinus et chez Saint Augustin." *Studia Patristica* 6 (1962): 409–42.

Hadot, Pierre. *The Inner Citadel: The Meditations of Marcus Aurelius.* Cambridge, MA: Harvard University Press, 2001.

Hadot, Pierre. *Philosophy as a Way of Life.* Edited by Arnold I. Davidson. Translated by Michael Chase. Oxford: Blackwell, 1995.

Hager, F.-P. "Selbsterkenntnis." In *Historisches Worterbuch der Philosophie,* edited by Joachim Ritter and Karlfried Grunder, 406–13. Basel: Schwabe, 1995.

Halfwassen, J. *Geist und Selbstbewufitsein: Studien zu Plotin undNumenios.* Mainz: Franz Steiner Verlag, 1994.

Halliwell, Stephen. *Between Ecstasy and Truth: Interpretations of Greek Poetics from Homer to Longinus.* New York: Oxford University Press, 2011.

Harcourt, Edward. "The First Person: Problems of Sense and Reference." In *Logic, Cause and Action: Essays in Honour of Elizabeth Anscombe*, edited by Roger Teichmann, 25–46. Cambridge: Cambridge University Press, 2001.

Henrich, D. "Fichtes ursprungliche Einsicht." In *Subjektivitdt und Metaphysik,* edited by D. Henrich und H. Wagner, 192–95. Frankfurt am Main: Klostermann, 1966.

Hollywood, Amy. *Sensible Ecstasy: Mysticism, Sexual Difference, and the Demands of History.* Chicago: University of Chicago Press, 2002.

Hong, Howard V., and Edna H. Hong. "Historical Introduction." In *S0ren Kierkegaard: The Moment and Late Writings*, translated by Howard V. Hong and Edna H. Hong, ix-xxxi. Princeton, NJ: Princeton University Press, 1998.

Horn, Christof. "Selbstbezuglichkeit des Geistes bei Plotin und Augustinus." In *Gott und sein Bild: Augustins "De Trinitate" im Spiegelgegenwdrtiger Forschung,* edited by J. Brachtendorf, 81–103. Paderborn: Schoningh, 2000.

Howing, Thomas. *Praktische Lust: Kant uber das Verhdltnis von Fuhlen, Begehren und praktischer Vernunft.* Boston: de Gruyter, 2013.

Hughes, Aaron. *The Texture of the Divine: Imagination in Medieval Islamic and Jewish Thought.* Bloomington: Indiana University Press, 2004.

Idel, Moshe, and Bernard McGinn. *Mystical Union in Judaism, Christianity, and Islam: An Ecumenical Dialogue.* New York: Continuum, 1999.

James, E. D. *Pierre Nicole, Jansenist and Humanist: A Study of His Thought.* The Hague: Martinus Nijhoff, 1972.

Jeremiah, Edward. *The Emergence of Reflexivity in Greek Language and Thought.* Boston: Brill, 2012.

Johnston, David. *The Rhetoric of the "Leviathan": Thomas Hobbes and the Politics of Cultural Transformation.* Princeton, NJ: Princeton University Press, 1986.

Kahn, Charles. "Plato's Charmides and the Proleptic Reading of the Dialogues." *Journal of Philosophy* 85 (1988): 541–49.

Kekes, John. "Wisdom." *American Philosophical Quarterly 20* (1983): 277–83.

Kraye, Jill. "Moral Philosophy." In *The Cambridge History of Renaissance Philosophy*, edited by Charles Schmitt and Quentin Skinner, 303–86. Cambridge: Cambridge University Press, 1984.

Laing, Ronald D. *The Divided Self.* Baltimore: Penguin, 1965.

Lear, Jonathan. *A Case for Irony.* Cambridge, MA: Harvard University Press, 2011.

Lear, Jonathan. *Freud.* New York: Routledge, 2005.

Lear, Jonathan. "Wisdom Won from Illness: The Psychoanalytic Grasp of Human Being." *International Journal of Psychoanalysis* 95 (2014): 677–93.

Leo, Friedrich. *Der Monolog im Drama: Ein Beitrag zurgriechisch-romischen Poetik.* Berlin: Weidmann, 1908.

Lerner, Robert. *The Heresy of the Free Spirit in the Later Middle Ages.* Berkeley : University of California Press, 1972.

Levi, Anthony. *French Moralists: The Theory of the Passions, 1585 to 1649.* Oxford: Clarendon Press, 1964.

Lewis, David. "Attitudes *De Dicto* and *De Se.*" *Philosophical Review* 88 (1979): 513–43.

Lippitt, John. *Humour and Irony in Kierkegaard's Thought.* Basingstoke: Palgrave, 2000.

Lippitt, John. *Kierkegaard and the Problem of Self-Love.* Cambridge: Cambridge University Press, 2013.

Lochrie, Karma. *Margery Kempe and Translations of the Flesh.* Philadelphia : University of Pennsylvania Press, 1991.

Long, Anthony A. *Epictetus: A Socratic and Stoic Guide to Life.* Cambridge: Cambridge University Press, 2002.

Long, Anthony A. *Stoic Studies.* Cambridge: Cambridge University Press, 1996.

Long, Anthony A., and David N. Sedley. *The Hellenistic Philosophers.* 2 vols. Cambridge: Cambridge University Press, 1987.

Lynn-George, Michael. *Epos: Word, Narrative and the "Iliad".* London: Macmillan, 1988.

Macdonald, Scott. "The Divine Nature: Being and Goodness." In *The Cambridge Companion to Augustine*, edited by David Vincent Meconi and Eleonore Stump, 17–36. 2nd ed. Cambridge: Cambridge University Press, 2014.

Makkreel, Rudolf, A. "Dilthey : Hermeneutics and Neo-Kantianism." In *The Routledge Companion to Hermeneutics*, edited by J. Malpas and H.-H. Gander, 74–84. London: Routledge, 2015.

McCabe, M. M. "'It Goes Deep with Me': Plato's Charmides on Knowledge, Self-Knowledge, and Integrity." In *Philosophy, Ethics, and a Common Humanity: Essays in Honour of Raimond Gaita*, edited by Christopher Cordner, 161–81. New York: Routledge, 2011.

McGinn, Bernard. *The Harvest of Mysticism in Medieval Germany (1300–1500)*. Vol. 4 of *The Presence of God: A History of Western Christian Mysticism*. New York: Herder and Herder, 2005.

McKim, Richard. "Socratic Self-Knowledge and 'Knowledge of Knowledge.'" In *Plato's Charmides: Transactions of the American Philological Association* (1985): 59–77.

Mitchell, Stephen. *Hope and Dread in Psychoanalysis*. New York: Basic Books, 1993.

Mooney, Edward F. *Selves in Discord and Resolve*. New York: Routledge, 1996.

Moran, Richard. *Authority and Estrangement: An Essay on Self- Knowledge*. Princeton, NJ: Princeton University Press, 2001.

Morgan, Ben. *On Becoming God: Late Medieval Mysticism and the Modern Western Self*. New York: Fordham University Press, 2013.

Moriarty, Michael. *Disguised Vices: Theories of Virtue in Early Modern French Thought*. Oxford: Oxford University Press, 2011.

Mortley, Raoul. *Plotinus, Self, and the World*. Cambridge: Cambridge University Press, 2013.

Muench, Paul. "Kierkegaard's Socratic Point of View." In *Kierkegaard Research: Sources, Reception and Resources*, vol. 2: *Kierkegaard and the Greek World*, book 1: *Socrates and Plato*, edited by Jon Stewart and Katalin Nun, 3–25. London: Ashgate, 2010.

Nenon, Thomas. "Freedom, Responsibility and Self-Awareness in Husserl." *New Yearbook for Phenomenology and Phenomenological Research II* (2002): 1–21.

Newman, Robert J. "Cotidie meditare: Theory and Practice of the Meditation in Imperial Stoicism." *Aufstieg und Niedergang der Romischen Welt III*, 36.3 (1989): 1473–517.

Oehler, Klaus. "Aristotle on Self-Knowledge." *Proceedings of the American Philosophical Society* 118 (1974): 493–506.

Oehler, Klaus. *Subjektivitdt und Selbstbewufasein in der Antike.* Wurzburg: Konighausen & Neumann, 1997.

O'Brien, Lucy. *Self- Knowing Agents.* Oxford: Oxford University Press, 2007.

O'Meally, Robert G. "Romare Bearden's Black Odyssey: A Search for Home." In *Romare Bearden: "A Black Odyssey".* New York: DC Moore Gallery, 2007.

Parke, H., and D. E. W. Wormell. *The Delphic Oracle.* 2 vols. Oxford: Blackwell, 1956.

Pasnau, Robert. *Thomas Aquinas on Human Nature: A Philosophical Study of "Summa Theologiae"Ia 75–89.* Cambridge: Cambridge University Press, 2002.

Perler, Dominik. *Theorien der Intentionalitatim Mittelalter.* Frankfurt am Main: Klostermann, 2002.

Perler, Dominik, ed. "Transformations of the Soul: Aristotelian Psychology 1250–1650." Special issue of *Vivarium* 46.3 (2008).

Perler, Dominik, and Sonja, Schierbaum, eds. *Selbstbezug und Selbstwissen: Texte zu einer mittelalterlichen Debatte.* Frankfurt am Main: Klostermann, 2014.

Putallaz, Francois-Xavier. *La connaissance de soi au XIIPsiecle.* Paris: Vrin, 1991.

Putallaz, Francois-Xavier. *Le sens de la reflexion chez Thomas dAquin.* Paris: Vrin, 1991. Race, William. 2014. "Phaeacian Therapy in Homer's *Odyssey.*" In *Combat Trauma and the Ancient Greeks*, edited by P. Meineck and D. Konstan, 47-66. New York: Palgrave, 2014.

Radt, Stefan. *Strabons Geographika.* 10 vols. Gottingen: Vandenhoeck & Ruprecht, 2002–11.

Rappe, Sara. "Self-Knowledge and Subjectivity in the *Enneads.*" In *The Cambridge Companion to Plotinus*, edited by L. P. Gerson, 250–74. Cambridge: Cambridge University Press, 1996.

Reale, Giovanni. *The Schools of the Imperial Age.* Albany: SUNY Press, 1990.

Recanati, Francois. "De re and de se." *Dialectica* 63 (2009): 249–69.

Reeve, C. D. C. *Socrates in the "Apology".* Indianapolis: Hackett, 1989.

Reginster, Bernard. *The Affirmation of Life.* Cambridge, MA: Harvard University Press, 2006.

Reginster, Bernard. "Knowledge and Selflessness: Schopenhauer and the Paradox of

Reflection." *European Journal of Philosophy* 16.2 (2008): 251–72.

Remes, Pauliina. *Plotinus on Self: The Philosophy of the "We"*. Cambridge: Cambridge University Press, 2007.

Remes, Pauliina. "Reason to Care: The Object and Structure of Self-Knowledge in the Alcibiades I." *Apeiron* 46.3 (2013): 270–301.

Renz, Ursula. "Self-Knowledge and Knowledge of Mankind in Hobbes' *Leviathan*." *European Journal of Philosophy*, forthcoming 2017.

Renz, Ursula. *Die Erklarbarkeit von Erfahrung: Realismus und Subjektivitat in Spinozas Theorie des menschlichen Geistes*. Frankfurt am Main: Klostermann, 2010.

Renz, Ursula. "Spinoza's Epistemology." In *Cambridge Companion to Spinoza*, edited by Don Garrett. New York: Cambridge University Press, forthcoming.

Renz, Ursula. "Spinozas Erkenntnistheorie: Eine naturalisierte Epistemologie?" *Deuts cheZeitschriftfurPhilosophie 57* (2009): 419–32.

Rist, John M. Augustine. *Ancient Thought Baptized*. Cambridge: Cambridge University Press, 1994.

Rodl, Sebastian. "Intentional Transaction." *Philosophical Explorations 17.3* (2014): 303–16.

Rodl, Sebastian. *Self-Consciousness*. Cambridge, MA: Harvard University Press, 2007.

Rosen, S. H. "Thought and Touch: A Note on Aristotle's *De Anima*." *Phronesis* 6 (1961): 27–137.

Roskam, Geert. *On the Path to Virtue: The Stoic Doctrine of Moral Progress and Its Reception in (Middle-)Platonism*. Leuven: Peters, 2005.

Sandbach, F. H. "A Transposition in Aristotle, *Metaphysics* A c. 9 1074 b." *Mnemosyne*, 4th ser., 7 (1954): 39–43.

Schneewind, Jerome. *The Invention of Autonomy*. Cambrid ge : Cambridge University Press, 1998.

Sedley, David N. "The School, from Zeno to Arius Didymus." In *The Cambridge Companion to the Stoics*, edited by Brad Inwood, 7–32. Cambridge: Cambridge University Press, 2003.

Sellars, John. *The Art of Living: The Stoics on the Nature and Function of Philosophy*. Aldershot: Ashgate, 2003.

Shields, Christopher. "Intentionality and Isomorphism in Aristotle." *Proceedings of the Boston Area Colloquium in Ancient Philosophy* 11 (1995): 307–30.

Shoemaker, Sidney. "Self-Knowledge and 'Inner Sense.'" *Philosophy and Phenomenological Research* 54 (1994): 249–314.

Shoemaker, Sidney. "Self-Reference and Self-Awareness." *Journal of Philosophy* 65 (1968): 555–67.

Skinner, Quentin. *Reason and Rhetoric in the Philosophy of Hobbes.* Cambrid ge : Cambridge University Press, 1996.

Sorabji, Richard. "Is the True Self an Individual in the Platonist Tradition?" In *Le commentaire entre tradition et innovation,* edited by M. O. Goulet-Caze, 293–300. Paris: Vrin, 2000.

Sorabji, Richard. *Self: Ancient and Modern Insights about Individuality, Life and Death.* Oxford: Oxford University Press, 2006.

Stokes, Patrick. *Kierkegaard's Mirrors.* Basingstoke: Palgrave, 2010.

Strayer, Brian E. *Suffering Saints: Jansenists and Convulsionnaires in France, 1640—1799.* Eastborne: Sussex Academic Press, 2008.

Szabados, Bela. "Freud, Self-Knowledge and Psychoanalysis." *Canadian Journal of Philosophy* 12.4 (1982): 691–707.

Taylor, Charles. *Hegel.* Cambridge : Cambridge University Press, 1975.

Taylor, Charles. "Overcoming Epistemology." In *Philosophical Arguments*, 1–19. Cambridge, MA: Harvard University Press, 1995.

Taylor, Charles. *Philosophy and the Human Sciences. Philosophical Papers*, vol. 2. Cambridge: Cambridge University Press, 1985.

Tennant, Bob. *Conscience, Consciousness and Ethics in Joseph Butler's Philosophy and Ministry.* Woodbridge: Boydell Press, 2011.

Teske, Roland. "Augustine's Philosophy of Memory." In *The Cambridge Companion to Augustine,* edited by Eleonore Stump and Norman Kretzmann, 148-58. Cambridge: Cambridge University Press, 2001.

Thomte, Reidar. "Historical Introduction." In *Kierkegaard, S0ren: The Concept of Anxiety*, translated by Reidar Thomte, vii-xvii. Princeton, NJ: Princeton University Press, 1980.

Tiberius, Valerie. *The Reflective Life: Living Wisely with Our Limits.* Oxford: Oxford University Press, 2008.

Tomkins, Calvin. *Calvin Tomkins Papers: Some Questions and Some Answers.* New York: MoMA Archive, Queens, 1976.

Tugendhat, Ernst. *Vorlesungen zur Einfuhrung in eine sprachanalytische Philosophie.* Frankfurt am Main: Suhrkamp, 2010.

Turner, Denys. *The Darkness of God: Negativity in Christian Mysticism.* Cambridge: Cambridge University Press, 1995.

Underhill, Evelyn. *The Essentials of Mysticism and Other Essays.* Oxford: Oneworld, 1995.

Van Fleteren, Frederick E. "Augustine's Ascent of the Soul in Book VII of the *Confessiones*: A Reconsideration." *Augustinian Studies* 5 (1974): 29–72.

Varga, Somogy. *Authenticity as an Ethical Ideal.* New York: Routledge, 2012.

Verbeke, G. "Connaissance de soi et connaissance de Dieu chez Saint Augustin." *Augustiniana* 4 (1954): 495–515.

Vernant, Jean-Paul. "A 'Beautiful Death' and the Disfigured Corpse in Homeric Epic" (originally published in 1982 as "La belle mort et la cadavre outrage"). In *Oxford Readings in Homer's Iliad*, edited by Douglas Cairns, 311–342. Oxford: Oxford University Press, 2001.

Vlastos, Gregory. "The Socratic Elenchos." *Oxford Studies in Ancient Philosophy* 1 (1983): 27–58.

Vlastos, Gregory. "The Socratic Elenchus: Method Is All." In *Socratic Studies*, edited by Myles Burnyeat, 1–37. Cambridge: Cambridge University Press, 1994.

Vogt, Katja M. *Law, Reason, and the Cosmic City.* Oxford: Oxford University Press, 2008.

Warren, Edward. "Consciousness in Plotinus." *Phronesis* 9 (1960): 83–98.

Watson, Nicholas. "Introduction." In *The Cambridge Companion to Medieval English Mysticism*, edited by Samuel Fanous and Vincent Gillespie, 1–28. Cambridge : Cambridge University Press, 2011.

Watts, Daniel. "Kierkegaard and the Search for Self-Knowledge." *European Journal of Philosophy* 21.4 (2013): 525–49.

Windeatt, Barry. *English Mystics of the Middle Ages.* Cambridge: Cambridge University Press, 1994.

Woolf, Raphael. "Socratic Authority." In *Ancient Philosophy of the Self*, edited by Pauliina Remes and Juha Sihvola, 77–107. Dordrecht: Springer, 2008.

Wright, Crispin. "Self-Knowledge: The Wittgensteinian Legacy." In *Knowing Our Own Minds*, edited Crispin Wright, Barry C. Smith, and Cynthia Macdonald, 13–45. Oxford: Clarendon Press, 1998.

Wroe, Anne. *Being Shelley: The Poet's Search for Himself*. London: Vintage, 2008.

Zahavi, Dan. "The Heidelberg School and the Limits of Reflection." In *Consciousness: From Perception to Reflection in the History of Philosophy*, edited by Sara Heinamaa, Vili Lahteenmaki, and Pauliina Remes, 267–85. Dordrecht: Springer, 2007.

中译本出版后记

这份译稿的成书可以说是为了一份纪念，它最初是我《哲学方法》课上的作业，参与者是四川大学哲学系2016级本科生。初稿译出后，由王萱婕和齐雨霁负责补译"反思"部分以及最后的统稿、校订工作。可喜的是，经过多年的打磨和修订，全书的翻译工作终于完成，这份工作成果也得以面世，其中王萱婕付出最多。而这个班的同学，本书的译者们很多都已经硕士毕业，或者升入博士阶段的学习，不知道他们在不在意这份迟来的成果，记不记得刚刚进入哲学系时的迷茫和欣喜，记不记得成长的历程和思想的来路。认识自己是一生的事，本书理应献给他们所有人，希望他们不断认识自己，成为自己。

感谢东方出版中心陈哲泓先生的悉心编辑，祝所有曾经、正在和未来认识自己的人幸福！

梁中和

2023年7月11日